REVELANDO

O APOCALIPSE

COMO OS PLANOS DE DEUS PARA O
FUTURO PODEM MUDAR SUA VIDA AGORA

REVELANDO

O APOCALIPSE

COMO OS PLANOS DE DEUS PARA O FUTURO PODEM MUDAR SUA VIDA AGORA

AMIR TSARFATI
COM O DR. RICK YOHN

Ágape

São Paulo, 2022

Revelando o Apocalipse: como os planos de Deus para o futuro podem mudar sua vida agora

Revealing Revelation: How God's plans for the future can change your life now

Copyright © 2022 by Amir Tsarfati

Copyright © 2022 by Editora Ágape Ltda.

Editor: Luiz Vasconcelos
Coordenação editorial: Stéfano Stella
Tradução: Edmilson Francisco Ribeiro
Preparação: Mauro Nogueira
Revisão: Marco Galhardi/Angélica Mendonça
Capa: Marcela Lois
Diagramação: Manoela Dourado

As citações bíblicas desta obra foram consultadas nas Bíblias Nova Almeida Atualizada e Almeida Revista e Atualizada

Texto de acordo com as normas do Novo Acordo Ortográfico da Língua Portuguesa (1990), em vigor desde 1º de janeiro de 2009.

Dados Internacionais de Catalogação na Publicação (CIP)
Angélica Ilacqua CRB-8/7057

Tsarfati, Amir
  Revelando o Apocalipse: como os planos de Deus para o futuro podem mudar sua vida agora
Amir Tsarfati; tradução de Edmilson Francisco Ribeiro.
Barueri, SP: Editora Ágape, 2022.
288p.: il.

Título original: Revealing Revelation: How God's plans for the future can change your life now

I. Bíblia. N.T. Apocalipse I. Título II. Ribeiro, Edmilson Francisco

22-4962   CDD-228

Índice para catálogo sistemático:
1. Bíblia. N.T. Apocalipse

EDITORA ÁGAPE LTDA.
Alameda Araguaia, 2190 – Bloco A – 11º andar – Conjunto 1112
CEP 06455-000 – Alphaville Industrial, Barueri – SP – Brasil
Tel.: (11) 3699-7107 | Fax: (11) 3699-7323
www.editoraagape.com.br | atendimento@agape.com.br

Dedico este livro a Deus, cujo plano perfeito revelado nas Escrituras é o que me dá paz em um mundo tumultuado.
Dedico este livro à minha família, amigos e parceiros de ministério. É o seu amor, orações e apoio que me dão a força e os recursos para realizar aquilo para o qual Deus me chamou.
Dedico este livro aos corajosos pastores que ainda andam por aí ensinando a Revelação com igual excitação e entusiasmo que eles têm por ensinar o resto da Bíblia.

Agradecimentos

Antes de mais nada, quero agradecer ao Senhor por dar Sua Palavra. Tenho um profundo amor pelas Escrituras e considero um privilégio humilde ter sido chamado por Deus tanto para estudar como para ensinar a verdade bíblica.

Quero agradecer ao Dr. Rick Yohn por sua sabedoria e compreensão das Escrituras, que se mostraram inestimáveis, não apenas durante a criação deste livro em particular, mas em muitas ocasiões ao longo dos anos. Sua amizade é uma verdadeira bênção para mim. Também, obrigado a Steve Yohn por sua ajuda na redação deste livro.

Meu amor e apreço vão para minha esposa, Miriam, meus quatro filhos e minha nora por seu amor e encorajamento através dos longos dias de trabalho e das ausências prolongadas.

Obrigado, time da Behold Israel, por vosso amor, apoio e dedicação: Mike, H. T. e Tara, Gale e Florene, Donalee, Joanne, Nick e Tina, Jason, Abigail, Jeff, Kayo e Steve. Além disso, graças a todos os seus cônjuges e filhos, que frequentemente sacrificaram seu tempo familiar para promover a difusão da Palavra de Deus.

Obrigado a Bob Hawkins, Steve Miller e à maravilhosa equipe da Harvest House por todo o seu árduo trabalho em fazer este livro acontecer.

Finalmente, muito obrigado às centenas de milhares de seguidores, parceiros de oração e apoiadores do ministério de Israel. Este ministério não existiria sem vocês.

Sumário

Bem-vindos à excursão 11

PARTE 1
JESUS E SUA IGREJA (APOCALIPSE 1-3)

Capítulo 1. Uma série de introduções 21
Capítulo 2. Uma reunião inesperada 37
Capítulo 3. Uma introdução à Igreja: uma visão geral 45
Capítulo 4. Cartas de amor à noiva 59

PARTE 2
UMA VIAGEM PARA O CÉU (APOCALIPSE 4-5)

Capítulo 5. A porta do céu aberta 79
Capítulo 6. O leão e o cordeiro 93

PARTE 3
OS JULGAMENTOS DO CORDEIRO (APOCALIPSE 6-18)

Capítulo 7. O cordeiro abre os selos 103
Capítulo 8. O primeiro interlúdio 115
Capítulo 9. Soam as trombetas 127

Capítulo 10. O segundo interlúdio. Parte um: João come o livro 141
Capítulo 11. O segundo interlúdio. Parte dois: as duas testemunhas 149
Capítulo 12. O terceiro interlúdio. Parte um: a guerra invisível 161
Capítulo 13. O terceiro interlúdio. Parte dois: o anticristo chega ao poder 171
Capítulo 14. O terceiro interlúdio. Parte três: prévias do que há de vir.. 181
Capítulo 15. Uma canção para o fim 193
Capítulo 16. O derramamento das taças 201
Capítulo 17. A queda da Babilônia 217

PARTE 4
O REINADO DO REI (APOCALIPSE 19-20)

Capítulo 18. O retorno do Rei... 235
Capítulo 19. Terminando as coisas... 247

PARTE 5
ETERNIDADE (APOCALIPSE 21-22)

Capítulo 20. Todas as coisas novas 265
Capítulo 21. Ora, vem.. 277

BEM-VINDOS À EXCURSÃO

O Apocalipse foi escrito para ser lido.
Isso pode parecer óbvio, mas quando se trata do último livro da Bíblia, muitas pessoas esquecem essa verdade. É claro que elas sabem que ele deve ser lido por alguém, talvez por teólogos, pastores ou mestres em profecias. No entanto, concluem que, para a pessoa comum da igreja, ele é muito complicado, estranho ou assustador. "É melhor deixar para os profissionais", dizem.

O problema é que muitos dos "profissionais" não estão lendo por si mesmos. Para alguns, isso ocorre porque seus seminários quase não falaram sobre esse importante livro durante o curso de panorama do Novo Testamento. Então eles não têm ideia do que o apóstolo João escreveu. Outros preferem se esquivar do livro, alegando incorretamente que não há aplicações pessoais nele. É mesmo? O que estão dizendo é que o Apocalipse é essencialmente irrelevante. Se isso é verdade, então por que está no cânon bíblico? Eu desafio você a me mostrar um livro da Bíblia que não seja aplicável – uma parte das Escrituras sobre a qual você possa dizer: "Sabe, eu meio que acho que Deus estava apenas preenchendo um assunto sem importância – com essa passagem". É triste que o Apocalipse seja evitado dessa forma, porque muitas pessoas na igreja estão perdendo todas as bênçãos que o próprio Deus promete a aqueles que o leem.

Escrevi este livro porque quero que todos experimentem as bênçãos que estão asseguradas no Apocalipse. É verdade que, no início, o Apocalipse pode ser intimidador. No entanto, assim que começar a ler, você ficará surpreso com a facilidade de compreensão. Novamente afirmo, Deus o escreveu para ser lido – não apenas pelos profissionais, mas por você.

Por muitos anos, fui guia turístico em Israel. Quando levava um grupo para um local como Cesareia de Filipe ou En-Gedi ou Getsêmani, meu objetivo era garantir que, quando nosso ônibus partisse, todos soubessem tudo o que precisavam sobre aquele local específico. Esse é o meu objetivo quando chegamos ao Apocalipse. Eu quero ser seu guia, e juntos iremos descobrir todo o maravilhoso conhecimento, as promessas e bênçãos encontrados nessa carta.

Este não é um comentário. É uma excursão. A minha esperança é que todos que chegarem à última página digam: "Muito bem, agora eu entendo. Que plano incrível Deus tem". Este livro é escrito para quem estuda a Palavra de Deus todos os dias. Se você quer se aprofundar mais, deixe-me encorajá-lo a verificar o **Livro de Estudos** que acompanha este conteúdo. Eu o escrevi com um homem que há décadas tem ensinado sobre profecia bíblica e com quem compartilho essa produção, o meu bom amigo Dr. Rick Yohn.

Agora, meus amigos, entrem no ônibus e encontrem um lugar. Estamos partindo neste momento, e os lugares que você está prestes a ver irão surpreendê-lo.

Uma Carta Longa

Em nossa era da tecnologia, não temos mais o hábito de enviar cartas uns aos outros. Em vez disso, usamos e-mail, textos e redes sociais. A utilização das redes sociais me permite alcançar centenas de milhares de pessoas em tempo real, com atualizações sobre eventos que estão ocorrendo no Oriente Médio. Isso seria impossível se ainda estivéssemos em épocas passadas, não digitais. Na época de João, ele não tinha nenhuma dessas opções sofisticadas.

Se você quisesse comunicar algo a alguém e não pudesse estar lá você mesmo, a sua única escolha seria utilizar papel e caneta.

Devemos ser muito gratos por não existirem redes sociais no primeiro século. Por quê? Porque as postagens geralmente são curtas, sucintas e muitas vezes sem sentido. Você consegue imaginar Paulo, ao invés de escrever as cartas para a igreja em Corinto, gastando seu tempo "trollando" Apolo e Pedro nas redes ou criando memes em que os "superapóstolos" de 2 Coríntios 11-12 são esmurrados? E se, em vez de escrever sobre as incríveis visões que lhe foram dadas na sala do trono de Deus, João tivesse passado seu tempo em Patmos postando fotos da vida na praia e do almoço que preparou com pequenos caranguejos que havia pegado nas poças deixadas pela maré?

O Império Romano do primeiro século era uma sociedade em que se escreviam cartas. Dos 27 livros que compõem o Novo Testamento, 22 tomam essa forma. Todos os escritos de Paulo são cartas, assim como os de Pedro, de João (exceto por seu Evangelho), do escritor anônimo de Hebreus, de Tiago, de Judas e dos irmãos de Jesus. Na verdade, quando você termina os Evangelhos e Atos, tudo o que vier depois pode muito bem ser colocado em um envelope com um endereço da igreja escrito na frente.

Apocalipse não é diferente. No momento glorioso, em uma ilha rochosa, João foi comissionado por Jesus Cristo a enviar uma carta a sete de Suas igrejas. Parte do conteúdo foi ditado por Jesus enquanto João escrevia intensamente; outra parte, o apóstolo iria testemunhar em primeira mão. A íntegra, no entanto, foi uma mensagem direta de Deus para o Seu povo.

Como pode ser, então, que tantos cristãos e seus pastores virem as costas para essa parte preciosa da verdade de Deus? Com certeza as igrejas que primeiro receberam essa carta não agiram assim, deixando de lê-la, balançando a cabeça e a jogando de lado, dizendo: "É, esse João sempre foi um pouco esquisito".

Ao invés disso, podemos imaginar a igreja em Éfeso reunida para o culto. Um silêncio toma conta da congregação quando o selo é quebrado e a carta é desenrolada. Todos estão prestando a máxima atenção. Essas podem ter sido as primeiras palavras que receberam de seu antigo pastor: o homem que havia casado muitos da congregação e enterrado outros tantos, aquele aos pés de quem por anos eles se assentaram para aprender, um dos apóstolos do círculo íntimo do Salvador – Jesus.

O pastor atual olha cuidadosamente os rostos das pessoas com um olhar sério, mas uma lágrima é visível no canto de seu olho. Ele começa:

Revelação de Jesus Cristo... (Ap 1.1).

Apenas essas quatro palavras. Elas dizem tudo. Como seria possível não querer ler o resto? Jesus Cristo, o próprio Deus, está prestes a revelar algo para o mundo. O desconhecido está prestes a ser conhecido. O que não estava claro está prestes a ser esclarecido. O Senhor, em sua infinita sabedoria, determinou que Ele tinha algumas coisas a serem expostas para Sua igreja, e aqui estavam elas na forma escrita.

No entanto, há cristãos que não têm tempo para ler essa carta.

E há pastores que se recusam a pregar sobre ela.

Isso é espantoso! Como alguém pode achar que isso é uma decisão sábia?

A igreja em Éfeso deve ter sorvido cada palavra. Cada uma delas deve ter sido como música para os ouvidos deles e mel para seu paladar. Isso deve ter acontecido até mesmo em relação às palavras amargas, que os condenavam como congregação, pois devem ter reconhecido que todas faziam parte da "Revelação de Jesus Cristo". A mensagem nessa carta deve ter sido o tema das conversas por semanas, meses e anos seguintes.

Sem a leitura dessa carta, você não será capaz de conhecer o Senhor como Ele é hoje e sempre foi. Haverá uma lacuna em seu conhecimento sobre o caráter Dele. Você não será capaz de saber o futuro que Ele preparou. Você será ignorante quanto aos planos Dele para o resto do mundo. O Senhor é o Grande Comunicador, e Ele se fez conhecer ao longo dos tempos em sonhos, visões, sinais, maravilhas e Sua Palavra. Como podemos rebaixar qualquer parte de Sua Palavra como nula ou inválida?

Esse 66º livro da Bíblia não só completa tudo o que Deus queria que soubéssemos acerca de Seus planos, mas também nos conta o resto da história sobre nosso Messias. Conhecemos Jesus como nosso Salvador sofredor que tomou nosso lugar na cruz. Conhecemos Jesus como o Cristo ressuscitado que foi preparar um lugar para nós. Mas e depois? A história Dele termina aí? O que Jesus está fazendo agora? Está andando pelo céu, esperando até que seja hora de colocar novamente os pés no Monte das Oliveiras? Está ansiosamente assistindo os eventos globais, procurando uma chance de voltar e se tornar relevante novamente? E a igreja, a noiva de Cristo? Há um futuro para nós? Vamos experimentar os dias em que Deus derrama Sua ira sobre este mundo?

Todas essas perguntas são respondidas no livro do Apocalipse. Deus não quer que você viva em ignorância quanto aos planos Dele. Ele não quer que você viva em um estado de ansiedade, imaginando se você vai experimentar o tempo de julgamento. Apocalipse deixa bem claro que a resposta para essa preocupação é não. Se você faz parte da igreja, você não estará aqui quando o martelo desferir o golpe.

Apesar de ser conhecida como de leitura desencorajadora, essa longa carta é uma mensagem de esperança, e de promessa. Quando terminar, você saberá que Jesus ressuscitará como prometido, que Ele voltará para nos levar para casa como prometido, que Ele voltará a Jerusalém conosco em companhia Dele como prometido, que Ele reinará sobre o mundo como prometido e que Ele julgará os incrédulos como Ele prometeu.

Se você, como um dos filhos de Deus, ler apocalipse até o fim, posso garantir que terminará com um sorriso no rosto. Então, vamos mergulhar nesse livro final da Bíblia, que contém as últimas palavras escritas de nosso Deus e Criador. Começaremos com uma visão geral do Apocalipse e depois seguiremos para o primeiro capítulo, em que você aprenderá que, como tudo mais na vida, tudo é sobre Jesus.

Uma Escolha de "-istas"

Sempre que alguém começa a ler um livro, o faz com um conjunto de pressupostos. Se você pegar um trabalho de história, vai abrir a primeira página esperando ler sobre eventos que realmente aconteceram. Se abrir um romance, terá a expectativa de desfrutar de uma história que não ocorreu 100% como está escrito. Caso contrário, estaria lendo sobre História.

Pressupostos fazem toda a diferença quando se trata de como lemos. Ao longo dos séculos, os cristãos abordaram o último livro da Bíblia com diferentes conjuntos de pressupostos. São eles que determinam se alguém acredita que o que está escrito no Apocalipse ocorrerá literalmente ou se é simplesmente uma imagem representando algum outro tempo ou várias verdades teológicas. Há quatro pressuposições básicas para abordar a carta de João.

A **preterista**, derivada de uma palavra que significa "passado", vê esse livro como história. É uma imagem simbólica dos primeiros séculos da igreja. A maioria dos preteristas acredita que o livro do Apocalipse foi escrito entre 64 e 67 d.C., e os eventos foram cumpridos no ano horrível de 70 d.C., quando Jerusalém e o templo foram destruídos por Roma. Mas para fazer isso funcionar, eles são forçados a "alegorizar" ou "simbolizar" muitos dos capítulos, como os 20-22, que falam sobre a nova Jerusalém, o novo céu e a nova Terra. A minha casa fica a uma curta distância de carro até Jerusalém e vou lá com muita frequência. Você pode encontrar um monte de coisas andando pelas ruas da grande cidade, mas ouro não é uma delas. O resultado dessa abordagem é que o Apocalipse se torna um livro de história exagerada e infundada, em vez de um livro de profecias.

A **historicista** diz que a carta de João se refere aos acontecimentos e às condições da igreja ao longo dos milênios até agora. Se o Apocalipse terminasse após os três primeiros capítulos, eu concordaria com eles. No entanto, depois do capítulo 4, não há menção à igreja novamente até o capítulo 19. A partir do momento em que João chega ao céu (Ap 4.1), tudo em diante teria que ser desconectado da realidade. O Apocalipse seria simplesmente uma peça de teatro complicada e confusa, de estranhos não eventos que de alguma forma comunicariam verdades profundas sobre Deus e a igreja. O que são essas verdades profundas? Pergunte a sete historicistas e eles terão sete opiniões diferentes. Uma vez que se diz que as palavras da Bíblia não significam o que normalmente significam, logo a compreensão delas se torna uma questão de interpretação pessoal.

A **idealista** diz que o Apocalipse é uma imagem grandiosa do grande embate entre Deus e Satanás. De certa forma, é o relato joanino épico da luta eterna entre o bem e o mal, semelhante ao Senhor dos Anéis de J. R. R. Tolkien – só que com menos *hobbits*. No final, o bem vence, todos respiramos aliviados e desfrutamos para sempre do reino eterno. A Bíblia, contudo, não é uma obra de ficção. Embora haja contos, como as parábolas de Jesus, eles são sempre breves, claramente identificados como histórias e têm um ponto claro.

Finalmente, há a abordagem **futurista**, que diz que tudo dos capítulos 4-22, exceto por alguns poucos "sinais" claramente identificados como tal, tratam de eventos futuros reais. Jesus disse a João em seu encontro em Patmos: "Escreve, pois, as coisas que viste, e as que são, e as que hão de acontecer depois destas" (Ap 1.19). Somente os futuristas podem dizer que eles se mantiveram fiéis a essa admoestação sem alegorizar, rejeitar ou convenientemente ignorar qualquer parte desse livro bíblico. Essa é a interpretação "-ista" que eu adoto.

Tudo é Sobre Jesus

Se você perguntar a um grupo de frequentadores da igreja qual é o tema do Apocalipse, provavelmente irá ouvir uma variedade de respostas. "É sobre o fim dos tempos". "É sobre as coisas horríveis durante a tribulação". Um membro muito estudioso do grupo talvez até diga: "Descreve a punição de Deus à nação de Israel e a salvação final do povo". Todos eles estariam certos.

No entanto, há um tema central recorrente ao longo dessa maravilhosa carta de dor e esperança, ira e amor, julgamento e graça, e não é um *o quê*, mas um *quem*. O livro do Apocalipse é totalmente sobre Jesus Cristo. Do começo ao fim, Jesus está lá realizando a vontade do Pai. João utilizou apenas duas palavras antes de chegar ao nome que está acima de todos os nomes. Então, quando você ler, lembre-se de que o foco final dessa carta não é o arrebatamento, nem a tribulação, nem Israel, nem a igreja, nem o novo céu ou a nova Terra. É o Rei dos reis, o Senhor de senhores, o poderoso Leão de Judá, o Cordeiro sacrificial sem defeito.

PARTE 1
JESUS E SUA IGREJA
(Apocalipse 1-3)

CAPÍTULO I
UMA SÉRIE DE INTRODUÇÕES

APOCALIPSE 1.1-8

João está prestes a enviar às igrejas o que ele sabe ser uma carta diferente de todas as anteriores. Enquanto ele está escrevendo, muito tempo havia se passado desde que Paulo e Pedro haviam escrito. Na verdade, estavam mortos há décadas. João conhecia os escritos deles. É provável que também já tivesse lido a carta aos Hebreus e a que Tiago, irmão de Jesus, havia escrito. Tinha conhecimento até mesmo da carta escrita por um outro irmão do Senhor – Judas, cuja pequena missiva às vezes beirava o incomum. Todavia, até mesmo a obscuridade ocasional de Judas não era nada, se comparada ao impacto que João estava prestes a causar na igreja.

Devido à natureza do que estaria contido em Apocalipse, quando inspirou João sobre o que escrever, o Senhor provavelmente decidiu que era melhor acalmar os leitores. Eles precisavam de uma boa série de introduções antes de Ele chegar às visões: uma introdução à carta, ao escritor e ao Autor. João, então, conduzido pelo Espírito, pega a sua caneta e começa a escrever:

> Revelação de Jesus Cristo, que Deus lhe deu para mostrar aos seus servos as coisas que em breve devem acontecer e que ele, enviando por intermédio do seu anjo, notificou ao seu servo João, o qual atestou a palavra de Deus e o testemunho de Jesus Cristo, quanto a tudo o que viu. Bem-aventurados aqueles que leem e aqueles que ouvem as palavras da profecia e guardam as coisas nela escritas, pois o tempo está próximo.
>
> João, às sete igrejas que se encontram na Ásia, graça e paz a vós outros, da parte daquele que é, que era e que há de vir, da parte dos sete Espíritos que se acham diante do seu trono e da parte de Jesus Cristo, a Fiel Testemunha, o Primogênito dos mortos e o Soberano dos reis da Terra.
>
> Àquele que nos ama e, pelo seu sangue, nos libertou dos nossos pecados, e nos constituiu reino, sacerdotes para o seu Deus e Pai, a ele a glória e o domínio pelos séculos dos séculos. Amém! Eis que vem com as nuvens, e todo olho o verá, até quantos o traspassaram. E todas as tribos da Terra se lamentarão sobre ele. Certamente. Amém! "Eu sou o Alfa e Ômega", diz o Senhor Deus, "aquele que é, que era e que há de vir, o Todo-Poderoso" (Ap 1.1-8).

Revelação! A revelação de algo que antes era invisível ou desconhecido. Curiosamente, a palavra grega usada aqui é *apokalypsis*, da qual provém *apocalipse*. Pense nessas duas palavras: *revelação* e *apocalipse*. Cada uma delas transmite emoções muito diferentes. *Revelação é uma palavra feliz e emocionante* que evoca a imagem da abertura de um presente ou de uma festa em que se irá revelar o sexo do bebê. Mas *apocalipse é muito diferente*. A sensação é que ele deveria ter o seu próprio efeito sonoro "Boom-boom-boommm" toda vez que é mencionado. Infelizmente, é provável que isso seja resultado de livros populares e de Hollywood. A literatura apocalíptica é seu próprio gênero, e o *Apocalipse Now*, de Francis Ford

Coppola, está o mais longe possível daquela festa em que se comemora a descoberta do sexo do bebê.

Essa compreensão do apocalipse é uma interpretação moderna. Quando o pastor leu a primeira linha da carta de João para sua congregação, o povo não gritou "Apocalipse?" e correu para debaixo de seus assentos. Deve ter havido entusiasmo, porque um mistério estava prestes a ser revelado. O que estava escondido preparava-se para ser revelado.

Por essa razão, é triste que tantos cristãos saibam tão pouco dessa Revelação. Deus revelou algo muito especial à sua igreja, mas tão poucos membros o sabem ou entendem. No entanto, eles são culpados apenas em parte. Como vimos no prefácio, poucos pregadores pregam esse livro do púlpito e poucos seminários o ensinam em suas salas de aula. Paige Patterson, ex-presidente da Convenção Batista do Sul dos Estados Unidos, escreveu:

> Se há algo mais lamentável do que o tratamento dado ao Apocalipse por entusiastas, é a negligência abjeta dispensada pela maioria dos pregadores evangélicos. Em parte, como uma reação ao sensacionalismo desenfreado de intérpretes imprudentes e em parte como resultado da preguiça intelectual e exegética, pastores evangélicos em geral nunca chegam ao Apocalipse.[1]

Eu nunca havia planejado escrever um livro sobre Apocalipse. Mas as pessoas precisam obter essa informação de alguma forma. Eventos maravilhosos são revelados à igreja do Senhor nessa carta. No centro de todas elas, há um homem: Jesus Cristo.

Jesus – o Autor e Foco da Carta

Eu estava tentado a chamar esse primeiro capítulo de "A Carta de Jesus". A razão é porque, como mencionei acima, Jesus é a

---

[1] PATTERSON, Paige. *Revelation*. Nashville, TN: B&H, 2012. V. 39. (Coleção The New American Commentary).

figura central do Apocalipse. Sim, João apóstolo é o autor da carta, mas ele escreveu apenas o que o Senhor o orientou a escrever. Ela é de Jesus, e do começo ao fim é sobre Ele.

É fácil esquecer que se trata de uma carta. Primeiro, porque muitas vezes a chamamos de livro do Apocalipse. Segundo, é mais longa do que qualquer outra carta do Novo Testamento. Ademais, também não se parece com uma carta – pelo menos não de uma forma moderna. Nossas cartas hoje geralmente começam com "Prezado Senhor". De início, nos dirigimos à pessoa a quem estamos escrevendo e terminamos a carta com nosso nome como remetente. No entanto, nos tempos bíblicos acontecia o inverso. Considere as seguintes cartas do apóstolo Paulo para a igreja em Corinto, e de Pedro, quando escreveram para os judeus da dispersão:

> Paulo, chamado pela vontade de Deus para ser apóstolo de Jesus Cristo, e o irmão Sóstenes, à igreja de Deus que está em Corinto... (1Co 1.1-2).

> Pedro, apóstolo de Jesus Cristo, aos eleitos que são forasteiros da Dispersão no Ponto, Galácia, Capadócia, Ásia e Bitínia (1Pe 1.1).

A abertura do Apocalipse é ainda mais confusa para os atuais leitores de cartas, pois inclui o tema da missiva ainda antes de chegar às saudações:

> Revelação de Jesus Cristo, que Deus lhe deu para mostrar aos seus servos as coisas que em breve devem acontecer e que ele, enviando por intermédio do seu anjo, notificou ao seu servo João, o qual atestou a palavra de Deus e o testemunho de Jesus Cristo, quanto a tudo o que viu (Ap 1.1-2).

João deixou claro desde o início que o autor é Jesus Cristo. Em um grande clássico do blues do início do século XX, canta-se "João, o Revelador", mas não há nenhum João, o Revelador. Jesus é o Revelador. João é o cara com a caneta.

Apocalipse – O Conteúdo da Carta

A palavra "de" na primeira frase da carta leva a uma pergunta. Essa é uma revelação sobre Jesus ou de Jesus? Ele é o Revelado ou o Revelador? A resposta é: as duas coisas. Mais uma vez, ele é o Revelador. É aquele que dita a João os capítulos 2-3 da carta e é o superintendente da revelação dos acontecimentos no restante dos capítulos. Ele inicia com um comando: "O que vês escreve em livro e manda às sete igrejas. ..." (Ap 1.11). E conclui com uma afirmação da mensagem: "Eu, Jesus, enviei o meu anjo para vos testificar estas coisas às igrejas. Eu sou a Raiz e a Geração de Davi, a brilhante Estrela da manhã" (Ap 22.16).

Frisando, Jesus é a figura central desse livro. Sim, a obra fala dos tempos finais, mas o primeiro capítulo começa com Jesus e o último capítulo termina com Jesus. O capítulo 1 o vê fazendo uma aparição surpresa, e o capítulo 22 o chama a fazer uma reaparição surpresa.

A carta, porém, não é apenas sobre Jesus aparecer inesperadamente, embora Ele faça isso várias vezes. É também sobre Ele trazer julgamento sobre o mundo. Você pode dizer: "Mas, Amir, Jesus é totalmente amor. O negócio dele não é julgar e punir". Você tem razão, Ele é totalmente amor. É por isso que Seu retorno ainda está por vir. O desejo de Deus é que todos venham para Ele. Paulo escreveu: "Isto é bom e aceitável diante de Deus, nosso Salvador, o qual deseja que todos os homens sejam salvos e cheguem ao pleno conhecimento da verdade" (1Tm 2.3-4).

Infelizmente, há aqueles que, apesar do sacrifício amoroso de Jesus na cruz para o perdão de seus pecados, escolherão rejeitar a Deus. Para eles, está reservado apenas o julgamento. E quem é o escolhido para trazer esse julgamento? Jesus, o Justo Juiz. Falando sobre Si mesmo, Ele disse: "O Pai a ninguém julga, mas ao Filho confiou todo julgamento, a fim de que todos honrem o Filho assim como honram o Pai" (Jo 5.22-23).

Bênção – o Benefício da Carta

Deus nos fez, então Ele sabe como pensamos e o que é preciso para nos motivar. É por isso que quando nos pede para fazer algo, muitas vezes Ele inclui uma cenoura pendurada no final de uma vara. "Isso é o que você deve fazer porque está de acordo com minha santidade. E, para um pouco de incentivo, eu vou incluir esta recompensa por sua obediência". É isso que encontramos em Apocalipse 1.3:

> Bem-aventurados aqueles que leem e aqueles que ouvem as palavras da profecia e guardam as coisas nela escritas, pois o tempo está próximo.

Por que devemos ler as palavras dessa profecia? Qual deve ser nossa motivação para ouvi-las e guardar os mandamentos nela escritos? Porque ela é a Palavra de Deus. Isso deveria ser suficiente. No entanto, como um pai que adora dar guloseimas aos seus filhos quando estão fazendo a coisa certa, Ele diz: "A propósito, quando você fizer o que você deveria estar fazendo, eu vou abençoá-lo aos poucos".

Essa bênção vem de muitas formas. Entre elas está o fato de que podemos saber o que está por vir para este mundo. Deus quer que estejamos cientes do que está por vir. Ele quer que nós e nossas famílias estejamos preparados para Seu retorno. Em Israel, temos sirenes que soam quando nossos vizinhos infelizes ao sul e ao norte decidem disparar foguetes em direção ao nosso país. Quando as ouvimos tocar, todos nós corremos para o abrigo mais próximo até que o perigo passe. Assim, nós nos tornamos duplamente abençoados – temos conhecimento do ataque e segurança nos abrigos.

Deus nos deu mais de dois mil anos para nos prepararmos para a próxima tempestade que varrerá toda a Terra. Quando isso acontecer, não haverá lugar para se esconder. Pragas, terremotos, granizo, fogo e fome correrão desenfreados por todo o mundo. A Covid vai parecer apenas uma gripe em comparação com o que as pessoas estarão expostas durante a catástrofe global de sete anos. "Abençoado" quase parece um eufemismo para aqueles que sobreviverão a esse período.

Mas a segurança não vem quando se fica parado ouvindo as sirenes dispararem. Dizer "Oh, não, foguetes a caminho" não ajuda em nada na proteção contra bombas caindo sobre a nossa cabeça. Temos que chegar ao abrigo. É aí que entra a última parte do versículo. Não basta apenas ler e ouvir as palavras dessa carta. Temos de "guardá-las". A palavra grega ali é *tereo* e significa "guardar, observar, proteger, manter". Aquele que o fizer se apropriará de sua mensagem central e se apegará a ela com tudo o que tem.

Qual é a mensagem central desse livro? É Jesus. Lembre-se: ele é o Autor e foco dessa carta. Aqueles que fazem de Jesus o seu Salvador e Senhor, arrependendo-se de seus pecados e dando suas vidas a Deus, receberão a maravilhosa bênção de abrigo da devastação. Esse abrigo, entretanto, não será subterrâneo. Será no céu com nosso Salvador, no lugar que Ele prometeu preparar para nós (Jo 14.1-4).

Próximo – O Tempo da Carta

Próximo.
Talvez essa seja a palavra mais difícil de se chegar a um consenso em toda a passagem. Ela tem incomodado leitores, pregadores e comentaristas há séculos. Na verdade, há aqueles que usam esse advérbio inocente para zombar dos cristãos que estão ansiosamente esperando pelo retorno de Jesus e pelo arrebatamento da igreja. Mas isso não é novidade. Até mesmo na época do Pedro,

havia aqueles que diziam: "Próximo, mentira". Pedro, no entanto, não dava a mínima para isso, e corrigiu severamente esses céticos.

> Porque, deliberadamente, esquecem que, de longo tempo, houve céus bem como Terra, a qual surgiu da água e através da água pela palavra de Deus, pela qual veio a perecer o mundo daquele tempo, afogado em água. Ora, os céus que agora existem e a erra, pela mesma palavra, têm sido entesourados para fogo, estando reservados para o Dia do Juízo e destruição dos homens ímpios.
>
> Há, todavia, uma coisa, amados, que não deveis esquecer: que, para o Senhor, um dia é como mil anos, e mil anos, como um dia. Não retarda o Senhor a sua promessa, como alguns a julgam demorada; pelo contrário, ele é longânimo para convosco, não querendo que nenhum pereça, senão que todos cheguem ao arrependimento (2Pe 3.5-9).

Essa passagem é uma combinação brilhante de confrontação e provocação de culpa. Ele começa com: "Vocês não entendem 'próximo'? É porque vocês não entendem Deus". Ele termina com: "Enquanto todos vocês estão com pressa, Deus está mostrando sua incrível paciência para que mais e mais pessoas possam inundar o reino". Há o cronograma de Deus e há o nosso. Do ponto de vista humano, a palavra "próximo" passou seus limites externos cerca de 1.800 anos atrás. De acordo com o calendário de Deus, é como se estivéssemos esperando há apenas alguns dias. Virá o tempo, contudo, quando Ele irá agir. E quando Ele o fizer, o fará muito rapidamente.

Um Bom "Como Vão Vocês?"

Após nos dar uma maravilhosa introdução, João agora apresenta o que é tanto uma saudação quanto uma benção. Ele se apresenta como o escritor da carta, as sete igrejas na Ásia como destinatárias e o Deus triúno como o Autor. Em seguida, uma vez que Jesus é mencionado, o apóstolo simplesmente não vê outra possibilidade senão acumular elogios sobre seu Salvador.

> João, às sete igrejas que se encontram na Ásia, graça e paz a vós outros, da parte daquele que é, que era e que há de vir, da parte dos sete Espíritos que se acham diante do seu trono e da parte de Jesus Cristo, a Fiel Testemunha, o Primogênito dos mortos e o Soberano dos reis da Terra. Àquele que nos ama e, pelo seu sangue, nos libertou dos nossos pecados, e nos constituiu reino, sacerdotes para o seu Deus e Pai, a Ele a glória e o domínio pelos séculos dos séculos. Amém! (Ap 1.4-6).

João rapidamente ultrapassa sua parte em uma palavra. Ele afirma seu nome; em seguida, passa para os destinatários, que também menciona rapidamente por enquanto. Irá tratar deles com muito mais detalhes nos próximos dois capítulos. O escritor e os destinatários podem ser importantes até certo ponto, mas certamente são menos importantes do que Aqueles que vem em seguida.

Deus em Três Pessoas – Santíssima Trindade

Alguns me perguntam: "Amir, você sabia que a palavra *Trindade* nunca foi usada nas Escrituras?". Sim, é verdade. Mas a palavra *bacon* também não, mas reconheço sua existência e sou muito grato por isso. Como sei que o bacon existe? Porque há amplas evidências para isso, particularmente na hora do café da manhã. À medida que se lê as Escrituras, as confirmações de que Deus é triúno são igualmente abundantes. Ao longo da vida de Jesus, podemos ver o Pai, o Filho e o Espírito Santo no batismo Dele, na transfiguração Dele, na promessa do próximo Consolador no discurso do cenáculo e na Grande Comissão. Essa saudação em Apocalipse não está escrita para agir como prova adicional da Trindade. Em vez disso, o fato é apenas aceito como verdade.

Graça e paz são oferecidas aos beneficiários da carta primeiro por parte do Eterno – o Pai que é, que era e que há de vir. Então, fora da ordem normal, as saudações são dadas da parte do Espírito Santo. Aqui Ele é descrito como os sete Espíritos que estão diante do trono do Pai. A implicação é que o Espírito Santo está pronto para ser enviado pelo Pai da mesma forma que Ele foi enviado para habitar os cristãos da igreja no dia de Pentecostes.

Por fim, chegamos ao Filho, colocado na terceira posição para que João possa mais facilmente elaborar sobre Ele sem ter que fazer nenhuma ginástica gramatical sofisticada. O que aprendemos sobre Jesus neste mini-hino de louvor?

Jesus é a Fiel Testemunha. Ele representava perfeitamente o Pai antes do mundo. O primeiro dos grandes profetas, Moisés, fez esta promessa: "O Senhor, teu Deus, te suscitará um profeta do meio de ti, de teus irmãos, semelhante a mim; a ele ouvirás" (Dt 18.15). Como Ele é a Palavra de Deus, Jesus não só agiu conforme as palavras de Seu Pai, mas também falou as palavras de Seu Pai. Como Ele disse ao discípulo Filipe: "Quem me vê a mim vê o Pai" (Jo 14.9).

Jesus é o primogênito de entre os mortos. Paulo escreveu: "Ele é a cabeça do corpo, da igreja. Ele é o princípio, o primogênito de entre os mortos, para em todas as coisas ter a primazia" (Cl 1.18). Ele é preeminente de duas maneiras. Primeiro, o fato de Ele ser o primogênito indica que haverá outros a seguir. Assim, através de Sua ressurreição, Ele abriu a porta para nossa ressurreição. Ele também é preeminente por ser Ele o perfeito e único sacrifício que poderia ser feito por causa de nossos pecados. Ele não só é o Sumo Sacerdote perfeito, mas também é a oferta perfeita. Como disse o escritor de Hebreus: "Com uma única oferta, aperfeiçoou para sempre quantos estão sendo santificados" (Hb 10.14). Como Sumo Sacerdote, Ele colocou a oferta no altar. E, como o Cordeiro sem defeito que foi morto, Ele se permitiu ser esse sacrifício.

Jesus é o Soberano sobre os reis da Terra. A Bíblia primeiro revelou Jesus como um bebê indefeso, deitado em uma manjedoura.

Contudo, como ocorre com todas as pessoas, Ele não permaneceu na infância. Ele cresceu em sabedoria, estatura e poder, superando de longe todos os outros. Mais tarde, em Apocalipse, João revelou quem o bebê se tornou quando escreveu:

> Ele mesmo as regerá com cetro de ferro e, pessoalmente, pisa o lagar do vinho do furor da ira do Deus Todo-Poderoso. Tem no seu manto e na sua coxa um nome inscrito: REI DOS REIS E SENHOR DOS SENHORES" (Ap 19.15-16).

Ele é Aquele diante do qual um dia todo joelho se curvará e toda pessoa reconhecerá como o legítimo Rei a quem pertence o trono.

Jesus é aquele que ama as nossas almas. Quantos de vocês amam seus filhos? Espero que as mãos de todos tenham se levantado. Todos nós amamos nossos filhos e de bom grado daríamos nossa vida por eles. Mas quão disposto você está a dar sua vida por alguém que é seu inimigo – uma pessoa que o odeia ou que arrogantemente age como se você nem existisse? Poucos de nós iriam se voluntariar para essa missão. No entanto, a Bíblia nos informa: "Deus prova o seu próprio amor para conosco pelo fato de ter Cristo morrido por nós, sendo nós ainda pecadores" (Rm 5.8). Jesus sacrificou a própria vida não apenas pelos amigos Dele, mas pelos inimigos também. Essa é a profundidade do amor de Jesus.

Jesus é aquele que nos lava de nossos pecados. Essa pode ser a característica de Cristo que me traz maior paz. O que antes me separava do meu Deus acabou agora por causa do que foi feito naquela cruz. Não só desapareceu da minha vida, como nunca mais voltou. "Tornará a ter compaixão de nós; pisará aos pés as nossas iniquidades e lançará todos os nossos pecados nas profundezas do mar" (Mq 7.19). Para aqueles que dizem "Bem, Amir, Deus não poderia enviar um anjo em algum tipo de submarino espiritual para trazê-los de volta à superfície?", você não está entendendo a metáfora. Por causa do sangue de Jesus Cristo, podemos chegar puros e santos na presença de nosso justo Criador, e isso é um direito e um privilégio que nunca será tirado.

Jesus é aquele que entroniza reis e consagra sacerdotes. Essa mesma promessa é reiterada em Apocalipse 5 pelos 24 anciãos no céu enquanto louvam o Cordeiro, dizendo que "para o nosso Deus os constituíste reino e sacerdotes; e reinarão sobre a Terra" (versículo 10). Na passagem posterior, aprendemos o propósito de nossos novos papéis. Vamos reinar na Terra. A nossa experiência após a morte não é de uma vida luxuosa deitados por aí, comendo bombons que não engordam. É uma vida de aprendizado, serviço e adoração. Imagine o que você irá ver, ouvir e experimentar com o passar dos anos e o cumprimento de seu chamado no futuro reino de Deus. Como será exatamente? Sabemos que, como reis, há um elemento político em nossa liderança enquanto lideramos as pessoas. Como sacerdotes, há também um elemento espiritual, pois agimos como ligação entre Deus e a humanidade. Porque Jesus é o Sumo Sacerdote, Ele tem pleno poder e autoridade para nos colocar nessas posições.

As Sete Igrejas – Os Destinatários da Carta

"João, às sete igrejas que se encontram na Ásia..." (Ap 1.4).

Para aqueles que desejam um pouco mais de especificidade quanto à localização, ao invés de "Ásia", Jesus menciona as cidades um pouco mais abaixo:

> O que vês escreve em livro e manda às sete igrejas: Éfeso, Esmirna, Pérgamo, Tiatira, Sardes, Filadélfia e Laodiceia (Ap 1.11).

Essas sete igrejas, que conheceremos muito melhor nos capítulos 2 e 3 da carta, eram todas congregações ativas na época de João. Ao lermos essa lista, fica claro que as igrejas são mencionadas em ordem geográfica, começando por Éfeso, que estava mais próxima da localização de João quando escreveu a carta. Hoje, embora não consiga encontrar as igrejas em si, você ainda pode visitar os locais das cidades na Turquia. Na verdade, minha esposa e eu passamos nossa lua de mel em Pamukkale, conhecida na Bíblia como Hierápolis – um resort hidrotermal ao norte da cidade de Laodiceia.

Atualmente, a igreja que se destaca das outras para aqueles que têm uma inclinação por arqueologia é Éfeso. Ela é uma mina de ouro para os amantes de história. Você pode passar um dia inteiro caminhando pelas ruínas reconstruídas. Particularmente intrigante são os dois teatros – um com capacidade para 1,5 mil pessoas sentadas, enquanto o outro comporta perto de 25 mil. Para os amantes da história do Novo Testamento, você pode ficar na plataforma de onde Paulo quis acalmar um motim ou passear pela ágora – a área do mercado –, para onde alguns dos discípulos de Jesus viajaram e onde compraram suprimentos para as necessidades deles.

"Eu Irei Retornar" – A Promessa do Noivo para Sua Noiva

Já fazia um tempo desde que Jesus prometeu: "Vou preparar-vos lugar. E, quando eu for e vos preparar lugar, voltarei e vos receberei para mim mesmo, para que, onde eu estou, estejais vós também" (Jo 14.2-3). Por um tempo – não quero dizer semanas, meses ou mesmo anos. Passaram-se décadas. A essa altura, João era o único ainda vivo de entre aqueles que ouviram Jesus pronunciar essas palavras no cenáculo na noite anterior à Sua crucificação. É compreensível se alguns na igreja estivessem dizendo: "João, tem certeza de que você O ouviu direito?".

O Senhor sabia que a reafirmação era necessária, então foi exatamente o que Ele concedeu:

> Eis que vem com as nuvens, e todo olho o verá, até quantos o traspassaram. E todas as tribos da Terra se lamentarão sobre ele. Certamente. Amém! (Ap 1.7).

Quando Jesus voltar, não será em uma limusine, um avião ou uma nave espacial. Ele está vindo com as nuvens. Essa é uma visão que observamos em outras partes da Escritura também:

> Eu estava olhando nas minhas visões da noite, e eis que vinha com as nuvens do céu um como o Filho do Homem, e dirigiu-se ao Ancião de Dias, e o fizeram chegar até ele (Dn 7.13).

> Aparecerá no céu o sinal do Filho do Homem; todos os povos da Terra se lamentarão e verão o Filho do Homem vindo sobre as nuvens do céu, com poder e muita glória (Mt 24.30).

> Respondeu-lhe Jesus: "Tu o disseste; entretanto, eu vos declaro que, desde agora, vereis o Filho do Homem assentado à direita do Todo-Poderoso e vindo sobre as nuvens do céu" (Mt 26.64).

Observe as preposições. Ele está vindo *com* as nuvens e *sobre* as nuvens. Ele não está vindo *nas* nuvens. Esse não é um retorno privado, nem é momentâneo. Todos os olhos O verão, incluindo aqueles que O "traspassaram":

> Olharão para aquele a quem traspassaram; pranteá-lo-ão como quem pranteia por um unigênito e chorarão por ele como se chora amargamente pelo primogênito (Zc 12.10).

Essa tranquilização da parte de Jesus não abordou diretamente a preocupação que muitos na igreja tinham: "Senhor, quando você vai voltar para nos levar para estarmos contigo?". Esse evento é o arrebatamento da igreja, quando Jesus vem *nas* nuvens e recolhe a Sua noiva.

> O Senhor mesmo, dada a sua palavra de ordem, ouvida a voz do arcanjo, e ressoada a trombeta de Deus, descerá

dos céus, e os mortos em Cristo ressuscitarão primeiro; depois, nós, os vivos, os que ficarmos, seremos arrebatados juntamente com eles, nas nuvens, para o encontro do Senhor nos ares, e, assim, estaremos para sempre com o Senhor (1Ts 4.16-17).

Mais uma vez, note a preposição "nas". O evento prometido no Apocalipse 1 é a segunda vinda de Cristo. É quando Ele retorna para trazer julgamento sobre o mundo e para estabelecer Seu reino, que Ele governará a partir de Seu trono em Jerusalém. Embora esse seja certamente um momento para se aguardar, a bendita esperança da igreja não é a segunda vinda. O arrebatamento é o nosso "tempo de ir". Na segunda vinda, estaremos nas nuvens com Jesus.

O Começo e o Fim

Essa introdução termina com o seguinte verso:

> Eu sou o Alfa e Ômega, diz o Senhor Deus, aquele que é, que era e que há de vir, o Todo-Poderoso (Ap 1.8).

A minha edição da New King James Version (NKJV), com as palavras de Jesus em vermelho, atribui essa declaração ao Senhor Jesus Cristo. Mas no versículo 4, a frase "da parte daquele que é, que era e que há de vir" é atribuída a Deus, o Pai. Então, "o Senhor" aqui está se referindo ao Pai ou a Jesus, o Filho? Como sempre na interpretação das Escrituras, o contexto é fundamental.

O versículo começa com a frase "Alfa e Ômega". Esse título é usado três vezes no livro do Apocalipse (1.8; 21.6; 22.13). As duas primeiras podem estar falando do Pai ou do Filho. A terceira é definitivamente uma declaração vinda de Jesus, o Filho:

> E eis que venho sem demora, e comigo está o galardão que tenho para retribuir a cada um segundo as suas obras. Eu

sou o Alfa e o Ômega, o Primeiro e o Último, o Princípio e o Fim (Ap 22.12-13).

Quem é que vem? Como já vimos, é Jesus Cristo. Assim, tanto o Pai quanto o Filho são Aqueles "que são e que foram e que estão por vir". O "Alfa e o Ômega" refere-se à eternidade de Deus ou à Sua existência eterna. Ele nunca teve um começo, então Ele sempre foi. Ele nunca terá um final, então Ele sempre será.

"Amir, eu sei que você é judeu e tudo, talvez então você não saiba sobre essa coisa chamada Natal que celebra o nascimento de Jesus". Na verdade, já ouvi falar do evento, e *mazel tov* (parabéns) para José e Maria. Naquele dia, em Belém, quando a virgem deu à luz foi o início da humanidade de Jesus. Mas o próprio João, muito antes de escrever essa carta desde a ilha de Patmos, abriu seu Evangelho com estas palavras:

> No princípio era o Verbo, e o Verbo estava com Deus, e o Verbo era Deus. Ele estava no princípio com Deus. Todas as coisas foram feitas por intermédio dele, e, sem ele, nada do que foi feito se fez (Jo 1.1-3).

Jesus, a Palavra, era, é e está por vir. Nesse contexto, baseado no que vemos no restante de Apocalipse, foi Jesus quem falou as palavras do versículo 8. Se alguma vez houve alguma dúvida na mente de alguém quanto a Jesus ser o próprio Deus, Ele usa o título "o Todo-Poderoso" para se referir a Si mesmo. A palavra grega usada ali aparece outras oito vezes em Apocalipse e uma vez fora dessa carta, utilizada por Paulo em 2 Coríntios 6.18 quando cita o Antigo Testamento. É aplicada apenas em referência a Deus. Quando Jesus estava diante de João, o discípulo estava olhando para o rosto do próprio Todo-Poderoso.

CAPÍTULO 2
UMA REUNIÃO INESPERADA

APOCALIPSE 1.9-20

É DOMINGO, O PRIMEIRO DIA DA SEMANA. COSTUMAVA SER quando João estaria adorando com sua igreja em Éfeso. Durante a abertura do culto, uma, duas, talvez três pessoas costumavam compartilhar algo que o Senhor havia colocado em seus corações. Então João – discípulo, escritor, evangelista, pregador – ensinava a Palavra de Deus ao povo.

Posteriormente, no ministério de João, o cânon das Escrituras teria incluído em si não apenas o Antigo Testamento, mas as cartas de Paulo e Pedro, os Evangelhos de Mateus, Marcos, Lucas, o próprio Evangelho de João, a carta aos Hebreus da diáspora e as epístolas de Tiago e Judas. Em outras palavras, toda a Bíblia havia sido escrita... quase. Havia mais uma adição – uma conclusão para tratar do que havia passado e do que estava acontecendo no momento, mas que também se concentraria no que Deus havia planejado para o futuro. Uma vez que isso fosse incluído, então a mensagem que o Senhor queria comunicar à humanidade estaria completa.

É domingo. Mas em vez de estar em Éfeso com sua igreja, João estava na rocha estéril de uma ilha no Mar Mediterrâneo. Em vez de sua congregação, ele tinha um coro de gaivotas, juntamente com alguns lagartos e um punhado de caranguejos eremitas. Ainda assim, embora seja maravilhoso adorar com irmãos e irmãs em Cristo, você não precisa de uma congregação para louvar ao Senhor. Por isso João estava orando e honrando a Deus, quando, de repente, tudo foi para um outro nível:

> Eu, João, irmão vosso e companheiro na tribulação, no reino e na perseverança, em Jesus, achei-me na ilha chamada Patmos, por causa da palavra de Deus e do testemunho de Jesus. Achei-me em espírito, no dia do Senhor, e ouvi, por detrás de mim, grande voz, como de trombeta, dizendo: "O que vês escreve em livro e manda às sete igrejas: Éfeso, Esmirna, Pérgamo, Tiatira, Sardes, Filadélfia e Laodiceia" (Ap 1.9-11).

A frase "em Espírito" é uma expressão especial. Ela é usada treze vezes no Novo Testamento. O apóstolo Paulo a usou seis vezes em suas epístolas, e João, três vezes em Apocalipse. Refere-se a um indivíduo sendo "possuído" pelo Espírito Santo a fim de profetizar. Segundo Jesus, Davi profetizou pelo Espírito (Mt 22.43). O velho Simeão profetizou movido pelo Espírito quando viu o Messias bebê nos braços de Sua mãe (Lc 2.27). Naquele momento, o apóstolo João estava "em Espírito" enquanto escrevia as palavras proféticas de seu Salvador. E embora sua localização física possa ter mudado – seja pela visão ou pela realidade – de Patmos para o céu (Ap 4.2), depois para uma montanha alta na eternidade, da qual ele viu a Nova Jerusalém descer à Terra (21.10), sua localização espiritual nunca mudou. Ele estava no Espírito do começo ao fim.

Quando João entrou nesse estado, uma voz clamou com uma identidade e uma convocação. Primeiro, o que falava Se apresentou: "Eu sou o Alfa e o Ômega, o Primeiro e o Último". Imediatamente, João deve ter percebido a divindade da voz, porque as palavras usadas por Aquele que falava para se identificar deveriam ser familiares a qualquer judeu criado em um bom lar hebraico:

> Assim diz o Senhor, Rei de Israel,
> seu Redentor, o Senhor dos Exércitos:
> "Eu sou o primeiro e eu sou o último,
> e além de mim não há Deus" (Is 44.6).
>
> Dá-me ouvidos, ó Jacó,
> e tu, ó Israel, a quem chamei;
> eu sou o mesmo, sou o primeiro
> e também o último (Is 48.12).

Essa carta, no entanto, foi enviada principalmente para a igreja gentia em todo o mundo. Então, embora os judeus imediatamente percebessem a identidade do orador, a menos que deixassem escapar um alerta de *spoiler*, o resto da congregação ainda ficaria no escuro. João, em pleno modo autor, parece destacar o suspense, deixando-o se intensificar um pouco mais.

Tire um segundo e imagine o choque que correu pelo corpo velho e cansado de João. Ele provavelmente estava convencido de que seus dias de escrita estavam terminados. Teve alguns *best-sellers* em sua época, mas quem realmente ainda se importava com o que esse exilado idoso, preso em uma rocha, tinha a dizer? Já havia sangue novo na igreja. A nova geração a havia assumido e provavelmente estava no processo de passá-la para a nova próxima geração. No entanto, Deus demonstrou que ainda tinha planos para João. Não há aposentadoria quando se trata de servir ao Senhor. Naquela ilha, Jesus apareceu para Seu discípulo idoso e o escolheu para uma experiência única na vida.

> Voltei-me para ver quem falava comigo e, voltado, vi sete candeeiros de ouro e, no meio dos candeeiros, um semelhante a filho de homem, com vestes talares e cingido, à altura do peito, com uma cinta de ouro. A sua cabeça e cabelos eram brancos como alva lã, como neve; os olhos, como chama de fogo; os pés, semelhantes ao bronze polido, como que refinado numa fornalha; a voz, como voz de muitas águas. Tinha na mão direita sete estrelas, e da

boca saía-lhe uma afiada espada de dois gumes. O seu rosto brilhava como o sol na sua força. Quando o vi, caí a seus pés como morto. Porém ele pôs sobre mim a mão direita, dizendo: "Não temas; eu sou o primeiro e o último e aquele que vive; estive morto, mas eis que estou vivo pelos séculos dos séculos e tenho as chaves da morte e do inferno. Escreve, pois, as coisas que viste, e as que são, e as que hão de acontecer depois destas. Quanto ao mistério das sete estrelas que viste na minha mão direita e aos sete candeeiros de ouro, as sete estrelas são os anjos das sete igrejas, e os sete candeeiros são as sete igrejas" (Ap 1.12-20).

Quando João se virou para ver quem estava falando com ele, viu sete candeeiros de ouro. Então, enquanto piscava seus velhos olhos, também viu uma figura: "Um semelhante a filho de homem". Esse termo descritivo aparece 189 vezes no Antigo e no Novo Testamento. O profeta Ezequiel é responsável por quase metade delas, porque esse é o apelido que Deus deu a ele. Todavia, com o livro seguinte da Bíblia, Daniel, ocorreu uma mudança. O que antes era um termo genérico para a humanidade ou um apelido para um profeta tornou-se um nome descritivo para uma pessoa.

> Eu estava olhando nas minhas visões da noite, e eis que vinha com as nuvens do céu um como o Filho do Homem, e dirigiu-se ao Ancião de Dias, e o fizeram chegar até ele. Foi-lhe dado domínio, e glória, e o reino, para que os povos, nações e homens de todas as línguas o servissem; o seu domínio é domínio eterno, que não passará, e o seu reino jamais será destruído (Dn 7.13-14).

O Messias, o Filho do Homem, vem com as nuvens do céu! Não é isso que todos esperamos, o dia em que Jesus virá para estabelecer seu reino? Esse título tornou-se conhecido para o Messias que viria, e é por isso que foi tão poderoso quando Jesus tomou o nome para si nos Evangelhos. Quase oitenta vezes lemos sobre Jesus usando a terceira pessoa para se referir a si mesmo como o Filho do Homem. Então, quando João usou a frase, não foi por confusão. Ele não estava dizendo: "Havia uma figura humana ali provavelmente nascida de outro humano". Ele estava dizendo: "Eu vi Jesus parado lá, ou pelo menos alguém que se parecia muito com Ele".

Houve algumas mudanças em seu professor e amigo. A figura que João via diante dele parecia muito mais com o Jesus que ele havia visto no Monte da Transfiguração do que com o homem sobre o qual ele havia se reclinado no cenáculo, ou havia visto ascender ao céu. O Homem-Deus ainda era o mesmo Deus, mas a parte do homem havia experimentado algumas grandes renovações. Jesus estava:

> Com vestes talares e cingido, à altura do peito, com uma cinta de ouro. Sua cabeça e cabelos eram brancos como alva lã, como neve; os olhos, como chama de fogo; os pés, semelhantes ao bronze polido, como que refinado numa fornalha; a voz, como voz de muitas águas. Tinha na mão direita sete estrelas, e da boca saía-lhe uma afiada espada de dois gumes. O seu rosto brilhava como o sol na sua força (Ap 1.13-16).

A mudança foi dramática e aterrorizante. Os joelhos do ancião cederam e ele caiu. Então algo bonito aconteceu. Seu velho amigo tocou nele. Apenas um simples toque e algumas palavras reconfortantes foram suficientes. João não escreve que a cura ou o poder restaurador percorreu os dedos de Jesus ou que o poder de Deus o colocou de pé. Foi apenas o toque suave de Jesus e a declaração reconfortante "Não temas", provavelmente ditas no mesmo tom que o Senhor havia usado para acalmar Maria Madalena quando ela havia ido ao túmulo e o encontrou vazio. A paz inundou João, certamente com uma abundância de alegria também.

Jesus continuou a falar:

> Eu sou o primeiro e o último e aquele que vive; estive morto, mas eis que estou vivo pelos séculos dos séculos e tenho as chaves da morte e do inferno (Ap 1.17-18).

Agora, antes de avançarmos, vamos parar aqui por um momento e olhar para o título "O Primeiro e o Último". Esse título, semelhante ao "Alfa e o Ômega, o Primeiro e o Último" do versículo oito, vem do livro de Isaías e mais uma vez liga Jesus a Yahweh, ou Jeová, do Antigo Testamento:

> Assim diz o Senhor, Rei de Israel, seu Redentor, o Senhor dos Exércitos: "Eu sou o primeiro e eu sou o último, e além de mim não há Deus" (Is 44.6).

Lembre-se de que o nome de Jeová pode ser traduzido por "EU SOU". Foi Jesus quem disse aos seus ouvintes judeus que Ele era igual a Deus, o Pai: "Em verdade, em verdade eu vos digo: antes que Abraão existisse, EU SOU" (Jo 8.58).

Sim, esse era o velho amigo de João na frente dele – aquele com quem ele viajava, pescava, ria e comia. Mas João também estava vendo Jesus em Sua plena glória, o esplendor do Filho do Homem sobre o qual Daniel havia escrito. Seu cabelo era o branco perfeito da pureza, ao contrário do cinza do velho João. Suas roupas afirmavam sua realeza e tudo Nele transmitia força – Ele parecia tão diferente daquela tarde trágica seis décadas antes. João viu o EU SOU.

Todavia, naquele momento parece que houve uma mudança. Ao invés de a glória de Deus entre os candeeiros, havia o homem ao lado de João. No versículo 20, quando Jesus se referiu às estrelas em Sua mão, Ele o fez no passado. Com base no contexto, os candeeiros poderiam ser facilmente incluídos na frase "que viste". Aqui está o Rabi dizendo ao Seu discípulo: "Meu amigo, eu tenho mais uma tarefa para você, mas você vai precisar pegar a sua caneta e alguns pergaminhos para realizá-la".

> Escreve, pois, as coisas que viste, e as que são, e as que hão de acontecer depois destas (Ap 1.19).

Esse mandamento mantém o tema que o Senhor estabeleceu no início com o Seu título "Aquele que é, que era e que há de vir" (versículos 4, 8). Aqui, porém, Jesus mudou a ordem para que correspondesse ao esboço do livro: "coisas que viste" (capítulo 1), "as que são" (capítulos 2-3) e "as que hão de acontecer depois destas" (capítulos 4-22).

Antes de essa cena ser encerrada, Jesus deu uma explicação para a visão que João havia acabado de ter. A propósito, tal "explicação da visão" é algo que ocorre várias vezes ao longo da carta, facilitando muito sua interpretação. Se o Senhor, através de Seus representantes, diz que é isso que uma passagem significa, podemos ter certeza de que é o que ela significa.

As sete estrelas, disse Jesus, são os anjos das sete igrejas, e os sete candeeiros de ouro são de fato as sete igrejas. Alguns comentaristas dizem que as sete estrelas são anjos literais, mas acredito que ele esteja se referindo aos sete mensageiros ou pastores das igrejas. Por que eu digo isso? Primeiro, porque a palavra grega *angelos* pode significar "anjo" ou "mensageiro". Segundo, a localização das estrelas na mão de Jesus comunica duas verdades. Um, elas estão lá para serem usadas por Ele – como ferramentas prontas. Isso serve tanto para anjos quanto pastores. E dois, estar nas mãos do Senhor é conforto e proteção. Em nenhum outro lugar nas Escrituras encontramos anjos acomodados na mão de Deus, pois esse é um lugar para os filhos Dele, em especial aqueles que estão servindo na linha de frente da guerra espiritual.

Não sabemos o que acontece em seguida. João e Jesus vão para a cabana caindo aos pedaços do discípulo? Eles se sentam para comer e falam sobre os velhos tempos, antes de voltar ao trabalho? João já tem consigo o material de escrita e eles simplesmente se põem a trabalhar? A narrativa para em Apocalipse 1.20 e só volta em 4.1. No entanto, o contexto estava dado, sabemos que em algum momento Jesus começou a falar e João passou a escrever, e essa maravilhosa carta do Noivo para Sua noiva teve início.

CAPÍTULO 3

UMA INTRODUÇÃO À IGREJA: UMA VISÃO GERAL

ANTES DE COMEÇAR O MINISTÉRIO BEHOLD ISRAEL, EU conduzia excursões por Israel. Amava esse ministério por muitas razões, e uma das principais é que ele me dava a oportunidade de conhecer muitas pessoas. Como ensinava a elas sobre a história de Israel e os planos de Deus para o futuro da nação e do mundo, comecei a notar um padrão nas perguntas que me faziam. Uma das indagações mais frequentes naquela época e ainda hoje em minhas conferências é: "Onde fica a igreja durante a tribulação?". É uma ótima pergunta. No entanto, antes que possamos dar uma boa resposta e antes de começarmos a examinar os capítulos 2 e 3 de Apocalipse, devemos dar um passo atrás e fazer uma pergunta mais fundamental: O que é a igreja? Hoje, o que deveria ser um conceito muito básico está se tornando cada vez mais nebuloso.

O que é a Igreja?

Jesus era batista, presbiteriano ou metodista? "Ah, Amir, você está apenas sendo bobo", talvez você diga. "Jesus não era membro de nenhuma igreja em particular. Ele não era denominacional".

Bem, meu amigo, a primeira parte da sua declaração está 100% correta, e a segunda parte está 100% errada. Jesus não fazia parte de nenhuma igreja, porque a igreja só teve início após Sua morte, ressurreição e ascensão ao céu.

Jesus era um judeu que cresceu indo à sinagoga. A Bíblia Dele era composta pelas Escrituras hebraicas. Na verdade, Jesus nunca citou um versículo do Novo Testamento em todos os Seus ensinamentos. No entanto, embora Ele nunca tenha levantado as mãos com os pentecostais ou cantado em um coro luterano, Ele ainda tem uma relação muito especial com a igreja. Nas Escrituras, a palavra traduzida como "igreja" vem do termo grego *ekklesia*, do qual deriva *eclesiástica*. Refere-se a um povo chamado para fora do sistema mundial e para dentro de uma relação pessoal com Deus, através de Jesus Cristo. E esta é a chave – a igreja não é um edifício, uma religião ou uma denominação. A igreja é composta por pessoas que receberam Jesus como seu Senhor e Salvador.

A proximidade entre Jesus e a igreja pode ser vista em dois termos descritivos que encontramos no Novo Testamento. Algumas vezes, a igreja é chamada de "corpo de Cristo" (1Co 12.27) e, em outras, de "noiva" de Cristo ou do Cordeiro (Ap 21.9). Ambos os termos enfatizam a intimidade e a singularidade da igreja.

Ser o corpo e a noiva, no entanto, não significa que somos iguais a Cristo. Ao contrário do que alguns sistemas de crenças dizem, não somos deuses, nem jamais seremos. Pense nisso: como noiva de Cristo, a igreja deve ser separada de Cristo. Como prova de que você pode encontrar qualquer coisa on-line, encontrei exemplos de homens e mulheres casando-se consigo mesmos, mas não em um sentido que seja real ou sancionado por algum Estado. No entanto, da forma como a cultura cria tendências, isso não seria ir longe demais? Os noivos devem ser duas pessoas diferentes. Portanto, Jesus não pode fazer parte da igreja se ela for Sua noiva. Em vez disso, o que as Escrituras nos dizem é que o Senhor tem um amor intenso e sacrificial por aqueles que pertencem a Ele como Sua noiva (Ef 5.25-27).

Sabendo do amor que Cristo tem por sua noiva, devemos nos perguntar quais aspectos dos graves e violentos eventos escritos nos capítulos 4 a 19 de Apocalipse pertencem à igreja e quais pertencem a Israel e ao resto do mundo. "Opa, opa, opa", alguns dirão. "Devagar aí, Amir. O que quer dizer com 'o que pertence à igreja' e 'o que pertence a Israel'? Eles são uma coisa só". Essa crença é mantida por muitos na tradição reformada que se apega ao que é chamado de Teologia da Substituição. Segundo essa visão, quando os judeus rejeitaram Jesus, Deus os rejeitou. Assim, todas as promessas que antes pertenciam a Israel, com exceção da promessa sobre a terra, agora pertencem à igreja.

Essa mentira existe desde o início. Até mesmo Paulo foi forçado a combatê-la de frente em sua carta aos Romanos. Falando de Israel como "seu povo", ele escreveu: "Terá Deus, porventura, rejeitado o seu povo? De modo nenhum! Porque eu também sou israelita da descendência de Abraão, da tribo de Benjamim. Deus não rejeitou o seu povo, a quem de antemão conheceu" (Rm 11.1-2).

No entanto, há tantos pastores e teólogos conhecidos e respeitados hoje que leem essas palavras de Paulo e dizem: "Bem, isso realmente não significa o que parece". Eu tratei dessa mentalidade "Em quem você vai confiar, em mim ou em seus próprios olhos mentirosos?" no meu livro *Israel e a Igreja*, que é totalmente voltado para os papéis distintos que ambos desempenham no plano de Deus. Deixe-me expor uma série de distinções entre Israel e a igreja.

A filiação de Israel é por nascimento; a filiação da igreja é por novo nascimento. Israel é uma nação composta por judeus; a igreja é um povo composto por cristãos. O foco de Israel é Jerusalém; o foco da igreja é o céu. Israel possui uma esperança temporal na Terra Prometida; a igreja possui uma esperança celestial na eternidade. Israel começou com Abraão; a igreja começou com o Pentecostes.

Israel e a igreja são dois grupos diferentes. O primeiro é étnico e o segundo é espiritual. Como vimos, eles têm dois inícios distintos e, como aprenderemos em Apocalipse, têm dois auges distintos. A remoção da igreja deste mundo virá no arrebatamento, e a salvação de Israel virá na segunda vinda de Cristo, quando todos os que restaram como parte de Israel reconhecerão Aquele a quem transpassaram e, como indivíduos, o receberão como seu Senhor e Salvador.

Isso é o que a leitura simples das Escrituras mostra. A única maneira de unir as duas individualidades é deixar de lado a exegese – "extrair significado do texto" – em favor de alegorias, significados e opiniões ocultas. Quando isso acontece, as Escrituras se tornam "o que eu acho que ela deveria significar" ao invés do que ela diz claramente. A Bíblia já não é mais a Palavra de Deus. Em vez disso, torna-se palavras que colocamos na boca de Deus.

A Igreja Hoje

Se você é casado, provavelmente você se lembra do período entre o início do seu noivado e a data em que o casamento finalmente ocorreu. É um tempo cheio de emoções e expectativas, planejamento e preparação – muito parecido com o tempo que estamos experimentando na igreja agora. Se fomos prometidos a Cristo como Sua noiva, então até o dia da festa de casamento, sobre o qual leremos em Apocalipse 19, estamos em nosso período de noivado. O apóstolo Paulo explica desta forma: "Aquele que nos confirma convosco em Cristo e nos ungiu é Deus, que também nos selou e nos deu o penhor do Espírito em nosso coração" (2Co 1.21-22).

A palavra traduzida como "penhor" é a grega *arrabon*. É uma bela palavra cheia de significado. Além de "penhor", pode ter o sentido de "uma promessa, um pagamento adiantado, um compromisso". O que Paulo está nos dizendo é que o Espírito Santo, de certa forma, é o símbolo do compromisso de Deus em garantir que Ele completará o que Ele começou. Como o Senhor disse aos Seus discípulos: "Vou preparar-vos lugar. E, quando eu for e vos preparar lugar, voltarei e vos receberei para mim mesmo, para que, onde eu estou, estejais vós também" (Jo 14.2-3).

Jesus estava preparando os discípulos para Sua partida. Queria que eles soubessem que, embora Ele estivesse indo para o Seu Pai, não seriam abandonados. Mandaria o Espírito Santo viver dentro deles. O Espírito dentro deles garantiria que o Senhor retornaria para Sua noiva, a igreja.

Hoje, o Espírito dentro de nós é o nosso símbolo de noivado com nosso Noivo, o Senhor Jesus Cristo. E acredito que somos a geração que não morrerá, mas viverá para experimentar o arrebatamento da igreja, quando Jesus virá levar Sua noiva à cerimônia de casamento.

A Igreja durante a Tribulação

Agora que estabelecemos o que é a igreja, voltaremos a nossa pergunta original: Onde fica a igreja durante a tribulação? Será que a igreja experimentará a ira de Deus enquanto Ele derrama juízo sobre a Terra? Há muitos cristãos que estão convencidos de que é isso que vai acontecer. Eles sentem que nós, como igreja, não atingimos o nível de noiva pura e impecável, então precisamos de um pouco de correção. A tribulação será um tempo que irá aparar algumas de nossas arestas e nos dará uma palmada como punição para as coisas ruins que temos feito.

Estou tentando entender a mentalidade de um noivo nessa situação. "Minha querida, mal posso esperar para me casar com você, mas não sei se você é suficientemente dedicada a mim ainda. Então, eu vou fazê-la enfrentar alguma infelicidade, para que você possa aprender a me amar mais". Duvido que seja essa a perspectiva incluída no regime de aconselhamento pré-matrimonial da maioria dos pastores.

Mas há aqueles que realmente sentem que a igreja deveria padecer a tribulação, e para eles eu digo: "Fique à vontade!". Eu, por outro lado, tomarei o primeiro voo deste mundo para encontrar o Noivo nas nuvens. Felizmente, um arrebatamento pré-tribulação não é apenas um desejo. É bíblico. Considere as seguintes passagens e as preposições que indicam procedência:

> Eles mesmos, no tocante a nós, proclamam que repercussão teve o nosso ingresso no vosso meio, e como, deixando os ídolos, vos convertestes a Deus, para servirdes o Deus vivo e verdadeiro e para aguardardes dos céus o seu Filho, a quem ele ressuscitou dentre os mortos, Jesus, que nos livra da ira vindoura (1Ts 1.9-10).
>
> Porque guardaste a palavra da minha perseverança, também eu te guardarei da hora da provação que há de vir sobre o mundo inteiro, para experimentar os que habitam sobre a Terra (Ap 3.10).

A promessa de Jesus, o Noivo, é que Ele livrará Sua igreja *da* ira vindoura. Ele não está entregando a igreja à ira vindoura, ou mesmo *através da* ira vindoura. Seremos livrados *da* "provação que há de vir sobre o mundo inteiro".

É assim que Deus trabalha. Há precedentes para tal remoção. Deus disse a Noé que o livraria em meio ao dilúvio? "Continue pisando na água. Em um ano, você estará de volta à terra seca". E o caso de Ló? Quando Deus fez chover fogo e enxofre em Sodoma e Gomorra, será que Ele disse ao sobrinho de Abraão: "Continue se desviando das bolas de fogo. Você pode ficar um pouco chamuscado, mas pelo menos você irá sobreviver"? Claro que não! Deus livrou Noé e sua família *do* julgamento do dilúvio ao determinar que ele construísse uma arca. Deus livrou Ló e sua família *do* julgamento sobre Sodoma e Gomorra, enviando anjos para apressá-los a saírem da cidade. E Deus livrará a igreja *da* tribulação vindoura nos arrebatando para encontrar Jesus nas nuvens.

Se somos livrados *de* permanecer aqui, somos livrados *para* onde? O céu, é claro – o lugar que nosso Noivo prometeu preparar para nós. Ele virá para a Sua noiva e a levará para a casa de Seu Pai. Além disso, naquele momento, nós, como igreja, apareceremos diante do *bema* de Cristo. O que é um *bema*? Antigamente, era uma plataforma elevada onde um árbitro, um prefeito ou alguma outra autoridade distribuía coroas e outros troféus aos vencedores em uma corrida. A palavra é traduzida como "tribunal" nas Escrituras.

É por isso que também nos esforçamos, quer presentes, quer ausentes, para lhe sermos agradáveis. Porque importa que todos nós compareçamos perante o tribunal de Cristo, para que cada um receba segundo o bem ou o mal que tiver feito por meio do corpo (2Co 5.9-10).

Esse tribunal de Cristo não determina a nossa entrada no céu. Já estaremos lá nesse momento. No entanto, determina se recebemos ou perdemos recompensas, dependendo de nossa fidelidade ao Senhor enquanto estivermos vivos na Terra.

Quando sete anos tiverem passado, será hora do retorno de Jesus à Terra – dessa vez vindo como Rei e Juiz. Ele irá nos deixar para trás para cuidar do céu enquanto Ele está fora? Com certeza não. Nós voltaremos com Ele!

> Naquele dia, estarão os seus pés sobre o monte das Oliveiras, que está defronte de Jerusalém para o oriente;
> o monte das Oliveiras será fendido pelo meio,
> para o oriente e para o ocidente,
> e haverá um vale muito grande; metade do monte se apartará para o norte, e a outra metade, para o sul.
>
> Fugireis pelo vale dos meus montes, porque o vale dos montes chegará até Azal; sim, fugireis como fugistes do terremoto nos dias de Uzias, rei de Judá; então, virá o Senhor, meu Deus, e todos os santos, com ele (Zc 14.4-5).

Com que propósito iremos voltar? Pode-se pensar que uma vez que tenhamos um gostinho do céu, não vamos querer retornar para este planeta, especialmente depois de toda a destruição dos sete anos precedentes. Mas devemos vir porque um evento incrível está prestes a acontecer, e nós somos os convidados de honra.

> Alegremo-nos, exultemos e demos-lhe a glória, porque são chegadas as bodas do Cordeiro, cuja esposa a si

mesma já se ataviou, pois lhe foi dado vestir-se de linho finíssimo, resplandecente e puro. Porque o linho finíssimo são os atos de justiça dos santos. Então, me falou o anjo: "Escreve: Bem-aventurados aqueles que são chamados à ceia das bodas do Cordeiro" (Ap 19.7-9).

Após o período de tribulação, a grande festa de casamento começará. Tanto o Noivo (Jesus) quanto a noiva (a igreja) descerão do céu e virão para a Terra, onde ocorrerá o banquete de casamento. O reinado milenar de Cristo, a partir de Jerusalém, incluirá aquela grande festa de casamento.

Se a igreja está no céu, quem é deixado na Terra para a tribulação? Os "deixados para trás" incluem a Israel incrédula e as nações do mundo. A tribulação não foi planejada por Deus para a igreja. Ela foi planejada para Israel e para o mundo em geral. Deus tem sido paciente por milhares de anos por causa de Sua misericórdia e graça. Ele reteve Sua ira da humanidade. É a paciência do Senhor que O mantém no céu. Um dia, contudo, o Pai dirá ao Filho: "É hora de ir buscar Sua noiva e trazê-la para casa".

O Propósito da Tribulação

Na igreja, tendemos a ser míopes quando se trata de interpretação bíblica. Em outras palavras, queremos saber onde nos encaixamos. Essa é uma das razões pelas quais é tão difícil para alguns cristãos aceitar que a maior parte do livro do Apocalipse, incluindo os sete anos da tribulação, não tem nada a ver com a igreja. E também é levantada a questão: se a intenção da tribulação não é purificar a igreja, então qual é o seu propósito?

Felizmente, Deus torna a resposta muito evidente. Basta uma pequena investigação para vermos que há três grandes razões pelas quais Deus trará Sua ira para este mundo. Começaremos com Israel.

A Tribulação Preparará Israel para Seu Messias

A tribulação é um tempo de fazer o povo de Israel se voltar para o Senhor. Inicialmente, eles confiarão em um falso Messias, conhecido como Anticristo, antes de perceberem que ele não é quem diz ser. Considere as seguintes promessas que Deus fez ao Seu povo:

> De lá, buscarás ao Senhor, teu Deus, e o acharás, quando o buscares de todo o teu coração e de toda a tua alma. Quando estiveres em angústia, e todas estas coisas te sobrevierem nos últimos dias, e te voltares para o Senhor, teu Deus, e lhe atenderes a voz, então, o Senhor, teu Deus, não te desamparará, porquanto é Deus misericordioso, nem te destruirá, nem se esquecerá da aliança que jurou a teus pais (Dt 4.29-31).

> Ah! Que grande é aquele dia, e não há outro semelhante! É tempo de angústia para Jacó; ele, porém, será livre dela (Jr 30.7).

> Nesse tempo, se levantará Miguel, o grande príncipe, o defensor dos filhos do teu povo, e haverá tempo de angústia, qual nunca houve, desde que houve nação até àquele tempo; mas, naquele tempo, será salvo o teu povo, todo aquele que for achado inscrito no livro (Dn 12.1).

> Quando, pois, virdes o abominável da desolação de que falou o profeta Daniel, no lugar santo (quem lê entenda), então, os que estiverem na Judeia fujam para os montes (Mt 24.15-16).

O nosso Deus cumpre todas as Suas promessas. Ele deu ao Seu povo escolhido, geração após geração, a oportunidade de retornar para o Messias dele, mas eles se recusaram. Então Deus enviou uma cegueira parcial sobre Israel. O que poderia abrir suas mentes e corações para Cristo? O terrível tempo da tribulação. Nesse período, eles descobrirão, em três anos e meio, que aquele com quem fizeram aliança, prometendo que poderiam mais uma vez construir seu templo e adorar como antes faziam, voltou-se contra eles e se instalou ele mesmo no templo para ser adorado.

Esse é o momento em que a ira total de Deus descerá sobre a Terra. Enquanto a destruição e a calamidade cercarão a todos, 144 mil evangelistas judeus irão adiante pregando o Evangelho. Ao final dessa terrível devastação, Jesus pousará no Monte das Oliveiras, todo o olho O verá e todos se lamentarão por causa Dele.

> Logo em seguida à tribulação daqueles dias, o sol escurecerá, a lua não dará a sua claridade, as estrelas cairão do firmamento, e os poderes dos céus serão abalados. Então, aparecerá no céu o sinal do Filho do Homem; todos os povos da Terra se lamentarão e verão o Filho do Homem vindo sobre as nuvens do céu, com poder e muita glória. E ele enviará os seus anjos, com grande clamor de trombeta, os quais reunirão os seus escolhidos, dos quatro ventos, de uma a outra extremidade dos céus (Mt 24.29-31).

Essa é a mesma promessa feita pelo apóstolo Paulo, quando ele escreveu o seguinte sobre a eventual salvação de Israel:

> Porque não quero, irmãos, que ignoreis este mistério (para que não sejais presumidos em vós mesmos): que veio endurecimento em parte a Israel, até que haja entrado a plenitude dos gentios. E, assim, todo o Israel será salvo, como está escrito:

> "Virá de Sião o Libertador e ele apartará de Jacó as impiedades. Esta é a minha aliança com eles, quando eu tirar os seus pecados" (Rm 11.25-27).

Alguns críticos de Israel afirmam que aqueles que entendem essa passagem literalmente estão dizendo que Deus salvará os judeus porque eles são judeus. Isso definitivamente não é verdade. Ninguém será salvo senão através de uma aceitação pessoal de Jesus como Salvador e Senhor. Essa passagem diz que, naquele dia, toda a Israel finalmente reconhecerá o que não havia entendido todo esse tempo, e cada judeu dará esse passo individual para receber Jesus e confiar Nele para salvá-los.

Quando isso vai acontecer? Paulo diz que isso acontecerá quando a plenitude dos gentios chegar. A Bíblia fala tanto da "plenitude dos gentios" (Rm 11.25) quanto dos "tempos dos gentios" (Lc 21.24). É fácil confundi-los, mas eles não são a mesma coisa. A plenitude dos gentios refere-se ao tempo em que o último gentio chegará à fé em Cristo. Por outro lado, os tempos dos gentios referem-se a algo muito diferente.

A Tribulação Trará um Fim aos Tempos dos Gentios

Os "tempos dos gentios" começaram sob o rei Nabucodonosor, quando destruiu Jerusalém e levou o povo de Israel em cativeiro. Desde aquele momento, até 1948, Israel esteve sob controle gentio. Deus espalhou Seu povo por todas as nações do mundo por causa de sua desobediência, como prometeu que faria (Ez 36.16-19).

O dia 14 de maio de 1948, o Dia da Independência de Israel, pôs fim aos "tempos dos gentios"? Alguns comentaristas acreditam que sim. No entanto, a paz atual da região é apenas temporária, porque Deus nos diz que mais uma vez Jerusalém será cercada por exércitos – como ocorreu em 586 a.C., sob o rei Nabucodonosor, e em 70 d.C., sob a Décima Legião Romana, ambos os quais destruíram a cidade de Jerusalém.

Israel será mais uma vez sitiada, desta vez por Gogue, o príncipe de Magogue, e seus companheiros da Rússia, do Irã, da Turquia, do Sudão e da Líbia, como descrito em Ezequiel 38-39. Essas nações "virão para tomar o despojo" (Ez 38.13), referindo-se à atual prosperidade de Israel. Mas Deus intervirá e destruirá esses exércitos.

Isso significa que Israel estará novamente seguro? De modo algum. Uma vez que esses poderes forem removidos pela intervenção de Deus, será aberto o caminho para a ascensão do Anticristo. E, como acabamos de falar, três anos e meio após a tribulação, o Anticristo quebrará seu pacto com Israel e se levantará para ser adorado. Por fim, exércitos de todo o mundo se reunirão em um lugar chamado *Har Megiddo*, ou Armagedom, e marcharão até Jerusalém para destruí-la. Deus intervirá mais uma vez em nome de Seu amado povo e acabará com os tempos dos gentios. Isso acontecerá quando Cristo descer do céu e estabelecer Seu reino milenar na Terra.

Jesus falou desse tempo quando disse:

> Quando, porém, virdes Jerusalém sitiada de exércitos, sabei que está próxima a sua devastação. Então, os que estiverem na Judeia, fujam para os montes; os que se encontrarem dentro da cidade, retirem-se; e os que estiverem nos campos, não entrem nela. Porque estes dias são de vingança, para se cumprir tudo o que está escrito. Ai das que estiverem grávidas e das que amamentarem naqueles dias! Porque haverá grande aflição na Terra e ira contra este povo. Cairão a fio de espada e serão levados cativos para todas as nações; e, até que os tempos dos gentios se completem, Jerusalém será pisada por eles (Lc 21.20-24).

Será uma época horrível. Eu não entendo os que são ávidos por punição na igreja e tão desesperadamente procuram evidências de que a noiva de Cristo está destinada a suportar esses dias. Como Jesus explica na passagem de Lucas, serão dias de vingança e momentos de aflição. Os judeus têm de suportar esse período para que finalmente se voltem para o Messias. Os gentios não salvos passarão por isso porque é a punição justa por seus pecados. Mas para aqueles que já se entregaram a Cristo, a salvação chegou e todos na igreja já foram totalmente purificados pelo sangue de Jesus. Simplesmente não há propósito na tribulação para a igreja.

A Tribulação Punirá a Humanidade pelo Pecado

Quantas vezes você já ouviu alguém perguntar "Por que Deus permitiu que isso acontecesse?" ou "Por que Ele não faz algo a respeito da falta de humanidade do homem para com o homem?". Bem, aqui está sua resposta: Ele vai fazer algo sobre isso. Por enquanto, Ele continua a esperar pacientemente que a humanidade O obedeça. À medida que o tempo passa, todavia, há cada vez mais rejeição a Deus e ódio expresso de uns contra os outros.

Está chegando a hora em que Deus dirá: "Chega!". Então Ele derramará neste planeta os juízos dos selos, das trombetas e das taças que se encontram em Apocalipse. Esses juízos serão apenas resultados da rebelião e da antipatia que este mundo direcionou contra seu Criador. Por meio de Isaías, Deus promete julgamento sobre as nações:

> Vai, pois, povo meu, entra nos teus quartos
> e fecha as tuas portas sobre ti;
> esconde-te só por um momento,
> até que passe a ira.
> Pois eis que o Senhor sai do seu lugar,
> para castigar a iniquidade dos moradores da Terra;
> a Terra descobrirá o sangue que embebeu
> e já não encobrirá aqueles que foram mortos (Is 26.20-21).

Esse será um tempo diferente de qualquer outro. Meu amigo, não queira estar aqui para isso. Como você pode ter certeza de que escapará desse momento de ira? Tornando-se parte da igreja, a noiva de Cristo. Como você faz isso? Romanos 10.9-10 deixa bem claro:

> Se, com a tua boca, confessares Jesus como Senhor e, em teu coração, creres que Deus o ressuscitou dentre os mortos, serás salvo. Porque com o coração se crê para justiça e com a boca se confessa a respeito da salvação.

Tudo se resume a Jesus. Você vai confiar Nele para sua salvação? Você vai fazer Dele o centro de sua vida? Você irá segui-lo fazendo Dele seu Salvador e seu Senhor? Se você quiser, então você pode saber que antes de toda a loucura começar aqui na Terra, você estará são e salvo com Jesus no céu.

CAPÍTULO 4
CARTAS DE AMOR À NOIVA

APOCALIPSE 2-3

A MULHER CHEGOU DO TRABALHO EXAUSTA, MAS NÃO SEM um pouco de agitação. Depois de dirigir o carro para a entrada da garagem, saiu do carro e se voltou para a rua em vez de entrar em casa. Ela correu para a caixa de correio e, abrindo-a, pegou algo, sem olhar – retirando o conteúdo e fechando rapidamente a caixa. Às pressas, recolheu sua bolsa e sua caneca sobre o teto do carro e entrou em casa. A caneca foi deixada na bancada junto com sua bolsa e chaves. Ela sentou-se à mesa da cozinha, respirou fundo e passou os olhos na correspondência.

"Conta, conta, lixo, conta..." murmurou enquanto uma carta após outra do monte que estava em suas mãos ia para a mesa. Então segurou a respiração. O resto da correspondência foi posta sobre a mesa, enquanto os olhos dela liam o nome escrito no envelope com a grafia típica de seu marido. No canto superior esquerdo havia um endereço de retorno que começava com APO – Army Post Office (Correio do Exército). Não querendo arriscar danificar seu precioso conteúdo, levou-a para a cozinha, onde usou uma faca para abrir o envelope.

"À minha amada..." ela leu. As lágrimas começaram a descer. Sabia que não havia ninguém na Terra que a amasse mais, e isso tornava cada palavra que lia muito mais preciosa. Quando terminou de ler, levou a carta inestimável para o seu quarto e a colocou na cabeceira, onde seria lida várias vezes antes de ser guardada com outras cartas em uma caixa especial que tinha feito apenas para elas.

O que estamos prestes a ler em Apocalipse são cartas de amor do Noivo para a Sua futura noiva. Há palavras de admiração e palavras de admoestação. O Noivo encoraja Sua noiva, mas Ele também a desafia. Em meio a tudo isso, o amor que Jesus sente por Sua igreja nunca pode ser questionado. Nós somos Dele, e Ele é nosso.

Há um padrão em cada uma das sete mensagens curtas que Jesus ditou a João. Vemos (1) a localização da igreja, (2) o Remetente, (3) o que Jesus sabe sobre a igreja, (4) uma palavra de encorajamento a todas, menos a duas igrejas, (5) uma repreensão a todas, menos a duas igrejas, (6) um estímulo a que todas se arrependam, exceto a duas igrejas, e (7) uma promessa às fiéis.

O Senhor inicia com a igreja natal de João, de Éfeso, depois continua em ordem geográfica, indo para o norte no que se tornará um círculo no sentido horário. Não é interessante que Sua primeira carta de amor vá para uma igreja que havia perdido seu primeiro amor?

A Igreja de Éfeso

Éfeso era a melhor e a pior das cidades. Pelo lado positivo, tinha excelente porto e mercado. Sua população era enorme, parte dela sempre flutuante – quando os marinheiros entravam no porto, tiravam algum tempo de licença, depois partiam. A reputação de Éfeso se espalhou por toda parte, porque era o lar do que mais tarde ficou conhecido como uma das Sete Maravilhas do Mundo – o Templo de Diana. Com colunas que se elevavam a quase vinte metros de altura, essa incrível estrutura trazia adoradores de todo o império.

Esse templo, contudo, também era o centro da pior parte de Éfeso. Diana, também conhecida como Artêmis, era a deusa da fertilidade. Portanto, grande parte da adoração a ela envolvia imoralidade sexual e prostituição. Isso, combinado com as constantes idas e vindas de marinheiros que haviam estado no mar por longos períodos, levava Éfeso a se tornar uma fossa de pecado e devassidão. Se às vezes você se pergunta como é possível alcançar as pessoas em uma cultura tão obcecada pelo pecado como é hoje a nossa, basta pensar em Paulo em sua segunda jornada missionária passeando por essa cidade, que faz Las Vegas parecer um acampamento infantil de verão.

Como de costume, Paulo primeiro focou nos judeus nas sinagogas – até que eles se voltaram contra ele. "Opondo-se eles e blasfemando, sacudiu Paulo as vestes e disse-lhes: 'Sobre a vossa cabeça, o vosso sangue! Eu dele estou limpo e, desde agora, vou para os gentios'" (At 18.6).

Quem eram esses gentios? Eles eram pagãos que faziam o que todo mundo fazia em Éfeso, adoravam Artêmis. Paulo não virou as costas para eles simplesmente porque estavam envolvidos em pecado e confusão. Ele reconheceu que haviam sido enganados pelo inimigo e estavam seguindo a liderança do diabo. Paulo mostrou-lhes um novo caminho, um caminho de verdade e justiça. Nos dois anos seguintes, trabalhou com esses pagãos, ensinando-lhes a salvação pela fé em Cristo e como viver como servos de Jesus. Posteriormente, o nosso autor de Apocalipse, João, entrou como pastor e serviu naquela igreja até seu exílio a oitenta quilômetros a oeste, em Patmos.

No final do primeiro século, a congregação da igreja de Éfeso era composta por pessoas teologicamente saudáveis e envolvidas com o serviço em prol Evangelho. Eles sabiam no que acreditavam e porque acreditavam.

> Conheço as tuas obras, tanto o teu labor como a tua perseverança, e que não podes suportar homens maus, e que puseste à prova os que a si mesmos se declaram apóstolos

e não são, e os achaste mentirosos; e tens perseverança, e suportaste provas por causa do meu nome, e não te deixaste esmorecer (Ap 2.2-3).

Que elogio maravilhoso dos lábios de nosso Senhor! A maioria dos pastores adoraria ter tal congregação. Eles eram ativos no serviço, tinham uma boa conduta moral e a sua teologia era sadia e correta. Contudo, algo estava faltando. Embora o cérebro e os músculos trabalhassem em conjunto, havia um problema cardíaco. O amor que a primeira geração de cristãos tinha pelo Senhor começara a se dissipar. A segunda geração manteve a teologia e o compromisso com o serviço, mas sua paixão estava esvaziando, da mesma forma que um pneu furado por um prego.

Tenho, porém, contra ti que abandonaste o teu primeiro amor. Lembra-te, pois, de onde caíste, arrepende-te e volta à prática das primeiras obras; e, se não, venho a ti e moverei do seu lugar o teu candeeiro, caso não te arrependas (Ap 2.4-5).

A igreja deve ter tido a sensação de um chute na canela enquanto ouvia o pastor lendo a carta. Provavelmente, havia um pouco de orgulho espiritual na congregação. Afinal, o próprio Paulo havia escrito uma de suas cartas sagradas à igreja algumas décadas antes, na qual ele havia dito: "Também eu, tendo ouvido a fé que há entre vós no Senhor Jesus e o amor para com todos os santos, não cesso de dar graças por vós, fazendo menção de vós nas minhas orações" (Ef 1.15-16). O que havia acontecido entre essas duas gerações de cristãos?

Essa mudança muitas vezes acontece na transição da geração visionária e construtiva para a próxima, que colhe os frutos dos trabalhos anteriores. A segunda geração não conhece as dificuldades e as provações. Ela não vivencia ocasiões em que sua fé é desafiada e vê o Senhor trabalhando. Pense na diferença entre o rei Davi e o rei Salomão. Davi era um guerreiro que sabia como era encarar a morte. A realeza lhe havia custado luta e sangue. O rei Salomão era um palaciano que sabia como era encarar um reino cheio de seguidores que o bajulavam. Toda a sabedoria do mundo não seria capaz de impedir o segundo governante na linha davídica de desviar o seu amor do verdadeiro Deus para os falsos deuses ídolos de suas esposas estrangeiras.

O aviso que o Noivo deu a Sua noiva de Éfeso carregava em si uma severa penalidade, caso eles se recusassem a se arrepender por terem abandonado seu primeiro amor. Ele daria um fim na igreja. Removeria o candeeiro deles do lugar. A história nos diz que os cristãos de Éfeso devem ter respondido positivamente a esse aviso, porque eles, mais uma vez, se tornaram uma igreja próspera.

Todos podemos citar exemplos de igrejas como Éfeso, a quem Cristo escreveu. Ou talvez você esteja em uma igreja "efésia". Há estudos bíblicos em abundância na igreja e nas casas. Elas têm várias equipes de adoração talentosas que se revezam de domingo a domingo. Realizam inúmeros cultos simultaneamente, talvez até em diferentes locais, com os sermões transmitidos via vídeo. Têm aulas de treinamento para crescimento cristão e liderança, têm grupos de homens e mulheres, auxiliares de estacionamento, equipe de recepção alegre, centros de distribuição de alimentos e um grande orçamento destinado a missões. Todos esses podem ser fortes indicadores de uma igreja ativa.

Todavia, às vezes, as atividades cristãs podem impedir os cristãos de passar tempo com Cristo. As igrejas podem estar tão cheias de coisas para fazer que não há tempo para o povo simplesmente estar com o Senhor. Os estudos bíblicos são tão lotados que é preciso mudá-los para o santuário. A noite de oração, porém, é relegada a uma pequena sala de aula infantil onde os participantes têm de sentar nas minúsculas cadeiras. É preciso distribuir ingressos para que todos tenham um lugar garantido na apresentação especial para convidados. No entanto, o líder da noite de adoração e contemplação tem de pedir a todos que se mudem para a seção central do santuário para que o salão não fique tão vazio.

Isso não acontece apenas com igrejas. Também pode acontecer em nós. Ouvi muitas vezes que 10% da igreja faz 90% do trabalho, e estou inclinado a acreditar nisso. Embora devêssemos ser sempre gratos a esses 10%, eles precisam ter cuidado para que não estejam tão ocupados para Deus a ponto de perderem o contato com o próprio Deus. Se você está tão dedicado ao ministério da igreja a ponto de ficar sem tempo para a oração pessoal e a meditação na Palavra, então você está sacrificando o ótimo no altar do bom. Se o culto não é construído sobre uma base de tempo diário de proximidade com Deus, torna-se inevitável a infiltração da amargura, da raiva, do territorialismo e dos motivos errados. Jesus ensinou essa verdade à grande "fazedora", Marta, quando disse da irmã dela, Maria, que necessário é "uma só coisa; Maria, pois, escolheu a boa parte, e esta não lhe será tirada" (Lc 10.42). Que coisa era essa? Maria estava sentada aos pés de Jesus, aprendendo a amá-lo ao permanecer na presença Dele.

Lembrar-se, arrepender-se e refazer – é para isso que Jesus convocava os cristãos de Éfeso. Lembre-se de seu primeiro amor. Lembre-se da emoção de saber que você está bem com o Senhor e seus pecados estão perdoados. Experimente em seu coração mais uma vez a remoção do medo da morte e a alegria da vida eterna.

Arrependa-se – deixe o que estava fazendo e comece a fazer as coisas certas. Abandone o seu pecado e viva uma vida de santidade. Muitas pessoas que se dizem cristãs querem viver uma vida dupla. Elas têm a mentalidade de "pecado no sábado e oração no domingo". Mas isso não funciona com Deus, porque o arrependimento não vem dos lábios, em uma oração de pedido de perdão. Ele vem do coração, em uma atitude de tristeza e humildade. Decida-se agora a parar com o pecado para que você possa viver por Cristo.

Então refaça. A igreja de Éfeso passou do reavivamento para a repreensão. Um retorno ao reavivamento estava à distância apenas de uma mudança de coração. O mesmo se aplica a você. Se você tem deixado o seu amor por Jesus diminuir ou se nunca conheceu a Jesus bem o suficiente para estabelecer essa relação de "primeiro amor", que hoje seja o seu dia de se aproximar. Note que o Senhor não deu aos efésios uma longa lista de penitências para obter mais uma vez o favor Dele. Ele simplesmente os chamou de volta. Afaste-se do que está fazendo agora e viva a vida do jeito de Deus. Passe tempo com Ele, adeque-se à Palavra Dele, construa o relacionamento. Você vai se surpreender com a rapidez com que seu amor por Ele crescerá.

A Igreja em Esmirna

O foco do Senhor então se volta para o norte, para Esmirna, a maior cidade da Ásia Menor. Ela tinha um belo porto e era o centro político da região. Foi também o local de nascimento de Homero em 750 a.C. No século 6 a.C., os mermnadas esmagaram a poderosa cidade até que ela não passasse de uma vila destruída. Três séculos depois, Alexandre, o Grande, decidiu restaurar Esmirna e dar uma nova vida a ela. Como muitas outras cidades gregas, ela tinha vários templos e um grande teatro que comportava vinte mil espectadores.

O nome Esmirna é derivado da palavra *mirra*, um fluido de embalsamamento que era um dos principais produtos de exportação dessa cidade. Lembre-se de que esse foi um dos três presentes trazidos a Jesus pelos sábios do Oriente. Junto com o ouro, que era adequado para um rei, e o incenso, que era usado para adorar deuses ou ídolos, a mirra foi dada aos pais desse bebê especial em um dos maiores atos de prenúncio poético de todos os tempos.

A igreja em Esmirna estava sofrendo. A perseguição pela qual ela passava era grande.

> Conheço a tua tribulação, a tua pobreza (mas tu és rico) e a blasfêmia dos que a si mesmos se declaram judeus e não são, sendo, antes, sinagoga de Satanás. Não temas as coisas que tens de sofrer. Eis que o diabo está para lançar em prisão alguns dentre vós, para serdes postos à prova, e tereis tribulação de dez dias. Sê fiel até à morte, e dar-te-ei a coroa da vida. Quem tem ouvidos, ouça o que o Espírito

diz às igrejas: O vencedor de nenhum modo sofrerá dano da segunda morte (Ap 2.9-11).

O Noivo viu o sofrimento de Sua noiva por causa de Seu nome. Ele elogiou essa igreja por sua fidelidade em meio à grande perseguição e pobreza, mas Ele não deu a Esmirna um aviso "no entanto". Não havia necessidade.

Ele também não acrescentou um "Não se preocupe, Eu vou protegê-la do sofrimento" ou "Tudo bem, Eu não vou deixar que eles machuquem você". Em vez disso, Ele disse: "Sê fiel até à morte, e dar-te-ei a coroa da vida". Uau!

Ouço tantos cristãos hoje em dia falando sobre o sofrimento pelo qual estão passando por não poderem se reunir quando querem ou porque o governo quer que eles usem máscaras ou tomem vacinas. Embora eu não acredite que o governo tenha o direito de exigir qualquer uma dessas coisas, isso não é perseguição! Deixe-me dizer novamente: o governo dizer a você quantas pessoas podem estar em seu santuário e forçar você a usar uma máscara pode ser algo tolo, inconstitucional, sem base científica e médica; mas não é perseguição contra a igreja. Como é que eu sei? Porque a mesma coisa está acontecendo em templos, mesquitas, teatros e restaurantes. Confie em mim, quando a perseguição vier contra a igreja, você saberá.

Se você quiser saber sobre perseguição, fale com um cristão do Sudão do Sul, do norte da Nigéria, do Irã, da Coreia do Norte ou da China. Eles lhe dirão o que é o verdadeiro sofrimento. Também lhe dirão como Deus tem caminhado com eles através da dor e da perda. Esses queridos irmãos e irmãs entendem o que é ser "fiel até a morte". Eles continuam confiando em Deus, porque conhecem a promessa abençoada que acompanha essa admoestação – "e dar-te-ei a coroa da vida".

A Igreja em Pérgamo

Continuando ao norte de Esmirna, Jesus se concentrou em Pérgamo, localizada a cerca de três quilômetros para o interior, partindo do Mar Egeu. Uma grande cidade de formidável riqueza, com muitos templos, uma universidade e uma biblioteca com duzentos mil volumes. Sua exportação mais importante era o pergaminho, sendo a cidade da qual se derivou o nome do material de pele de animal utilizado para a escrita.

Pérgamo também era notável por outro fato: era onde Satanás tinha seu trono.

> Ao anjo da igreja em Pérgamo escreve: "Estas coisas diz aquele que tem a espada afiada de dois gumes: Conheço o lugar em que habitas, onde está o trono de Satanás, e que conservas o meu nome e não negaste a minha fé, ainda nos dias de Antipas, minha testemunha, meu fiel, o qual foi morto entre vós, onde Satanás habita" (Ap 2.12-13).

Esse Antipas de quem o Senhor fala era um verdadeiro homem de Deus. No entanto, como vimos em Esmirna, isso não impede que você passe por sofrimento. O povo da cidade pegou esse homem e tentou forçá-lo a rejeitar o Senhor. Quando se recusou, eles o queimaram em um altar em forma de touro de bronze. Apesar dessa perseguição, havia "muitos" na igreja que permaneceram fiéis a Deus, mantendo seus olhos Nele e vivendo de forma justa.

Infelizmente, tive de incluir essa palavra de ressalva *"muitos"* na frase anterior. Isso porque embora a fé fosse forte na igreja, também o eram o pecado e o erro teológico. Havia um grande contingente de membros da igreja que vivia como descrente – comendo comida oferecida a ídolos e participando de pecado sexual.

> Tenho, todavia, contra ti algumas coisas, pois que tens aí os que sustentam a doutrina de Balaão, o qual ensinava a Balaque a armar ciladas diante dos filhos de Israel para

comerem coisas sacrificadas aos ídolos e praticarem a prostituição. Outrossim, também tu tens os que da mesma forma sustentam a doutrina dos nicolaítas (Ap 2.14-15).

Havia três problemas nessa igreja: (1) a doutrina de Balaão, (2) a idolatria e (3) a imoralidade. Muitos só conhecem Balaão como o cara cujo burro teve que dar uma palavrinha com ele (Nm 22.27-30), mas foi uma figura muito importante e destrutiva para os israelitas. Balaque, o rei de Moabe, contratou Balaão, o profeta, para amaldiçoar a nação errante. Balaão, entretanto, recusou-se a pronunciar qualquer coisa sobre o povo de Deus que o próprio Senhor não lhe tivesse ordenado dizer. No entanto, embora o profeta não amaldiçoasse os israelitas, ele tinha um plano B para derrubá-los. Ele pensou: *Talvez eu não possa amaldiçoá-los, mas eu posso corrompê-los*. Ensinou o rei Balaque a colocar uma pedra de tropeço, encorajando as pessoas a comer o que foi sacrificado aos ídolos e a cometer imoralidade sexual.

Antes de Moisés aparecer para levar o povo para fora do Egito, a adoração aos ídolos era desenfreada entre os hebreus. É por isso que eles foram tão rápidos em fazer um ídolo bezerro, quando pensaram que Moisés não desceria mais a montanha. Eles foram envolvidos nos pecados da nação em que residiram. É exatamente com isso que a igreja de Pérgamo, assim como todas as outras, estava lidando. Eram antigos consumidores de alimentos sacrificados a ídolos e participantes da adoração sexualmente ativa aos deuses. E, como os hebreus, não foi preciso muito para persuadir muitos deles a voltar aos seus velhos costumes. Só foi preciso trazer algumas lindas mulheres estrangeiras que disseram: "Sabe, eu adoro meus ídolos com sexo. Alguém quer adorar comigo?". De repente, os homens de Israel tornaram-se muito devotos aos deuses estrangeiros.

Jesus também os condenou por guardar a doutrina dos nicolaítas. É bem provável que o fundador dessa seita gnóstica fosse Nicolau de Antioquia, um líder do início da igreja e um dos sete especialmente designados pelos discípulos para servir (At 6.5-6). Dois pais da igreja primitiva, Irineu e Clemente de Alexandria, apontam para Nicolau como o fundador dessa heresia. Também Hipólito, em sua obra *Refutação de todas as heresias*, disse que Nicolau havia "se afastado da sã doutrina e tinha o hábito de inculcar a displicência para com a vida e a comida". Hipólito estava se referindo à crença gnóstica de que a carne não é real, então não importa o que você faça com o seu corpo, porque não conta como pecado.

Infelizmente, essa crença nicolaíta não é muito diferente do que temos encontrado na igreja hoje. O aborto está se tornando cada vez mais aceito dentro de muitas denominações. A imoralidade heterossexual e homossexual está desenfreada. Recentemente, uma pessoa transgênero foi ordenada como bispo na Igreja Luterana Evangélica. A tendência é o afastamento das Escrituras. Se você permanecer fiel à moralidade bíblica, logo você estará em minoria na igreja.

Como cristãos, devemos ter muito cuidado para não escorregarmos em nossos velhos costumes. Muitas vezes, é preciso apenas uma ação para desencadear hábitos antigos ou começar novos. Devemos ser diligentes. Devemos estar comprometidos com a justiça. E devemos estar na Palavra e em oração todos os dias, porque não podemos lutar contra o mundo, a carne e o diabo sozinhos. Mas também sabemos que, como o próprio João nos lembrou: "Maior é aquele que está em vós do que aquele que está no mundo" (1 Jo 4.4).

A Igreja de Tiatira

Quando Paulo, Silas e Timóteo chegaram a Filipos, na segunda jornada missionária de Paulo, eles desceram para a beira do rio, onde conheceram um grupo de mulheres – uma das quais se destacou das outras.

> Certa mulher, chamada Lídia, da cidade de Tiatira, vendedora de púrpura, temente a Deus, nos escutava; o Senhor lhe abriu o coração para atender às coisas que Paulo dizia. Depois de ser batizada, ela e toda a sua casa,

> nos rogou, dizendo: "Se julgais que eu sou fiel ao Senhor, entrai em minha casa e aí ficai". E nos constrangeu a isso (At 16.14-15).

Como habitante de Tiatira, não é surpresa que Lídia comercializasse tecidos de púrpura. A cidade natal dela era bem conhecida pelas indústrias de lã e tinturaria. Localizada a sudeste de Pérgamo, no rio Lico, Tiatira era pequena, mas incrivelmente rica. Também era bem organizada – sendo todos os artesãos da cidade obrigados a pertencer a uma guilda.

A igreja de Tiatira era bastante ativa no serviço ao próximo, parecendo continuar tão hospitaleira quanto a sua primeira membra.

> Conheço as tuas obras, o teu amor, a tua fé, o teu serviço, a tua perseverança e as tuas últimas obras, mais numerosas do que as primeiras (Ap 2.19).

Obras, amor, fé, serviço e perseverança. O que mais qualquer igreja poderia querer de seus membros? A maioria das igrejas de hoje adoraria ouvir essas palavras de louvor da parte do Senhor. Essa igreja, no entanto, tinha um problema gritante – tolerava o pecado.

> Tenho, porém, contra ti o tolerares que essa mulher, Jezabel, que a si mesma se declara profetisa, não somente ensine, mas ainda seduza os meus servos a praticarem a prostituição e a comerem coisas sacrificadas aos ídolos. Dei-lhe tempo para que se arrependesse; ela, todavia, não quer arrepender-se da sua prostituição. Eis que a prostro de cama, bem como em grande tribulação os que com ela adulteram, caso não se arrependam das obras que ela incita. Matarei os seus filhos, e todas as igrejas conhecerão que eu sou aquele que sonda mentes e corações, e vos darei a cada um segundo as vossas obras. Digo, todavia, a vós outros, os demais de Tiatira, a tantos quantos não têm essa doutrina e que não conheceram, como eles dizem,

as coisas profundas de Satanás: Outra carga não jogarei sobre vós (Ap 2.20-24).

A igreja em Tiatira permitiu que uma mulher que se autodenominava profetisa ensinasse e influenciasse os outros. Como a Jezabel de outrora, a esposa do notório rei Acabe de Israel, essa mulher encorajava a adoração a outros deuses, juntamente com a imoralidade que era praticada em muitos dos cultos religiosos da época. Ela não só tinha levado muitos na congregação a segui-la, mas eles estavam descaradamente se recusando a se arrepender de suas ações. Isso era uma rebelião moral, e a congregação ou não estava disposta ou não era capaz de fazer nada a respeito.

Note o que Jesus disse à igreja: "Dei-lhe tempo para que se arrependesse". O nosso Deus é longânimo e não tem prazer em disciplinar. Ele preferiria que voltássemos para Ele por nossa própria vontade, após reconhecermos nosso pecado e nos arrependermos. No entanto, há um ponto em que Deus por fim dirá: "Já basta. Você teve tempo. Eu lhe dei muitas oportunidades para mudar suas atitudes e suas ações, mas você recusou. Portanto, é isto que vou fazer". Não queira chegar a esse ponto em sua igreja, nem em sua vida. Deus está estendendo o perdão para você, não importa o que tenha feito ou esteja fazendo no momento. Mude agora. Deixe-o purificá-lo de seu pecado. Coloque-se no caminho da justiça, esperança e alegria.

A Igreja em Sardis

Jesus continuou em direção ao sudeste, mais cinquenta quilômetros até Sardis. Outrora a capital do antigo reino da Lídia, Sardis era uma das maiores e mais nobres cidades do Oriente. Juntamente com a produção têxtil, o tingimento e a fabricação de joias, outro de seus maiores negócios era a sabedoria humana. Conhecida como um centro de filosofia e estudo, Tales, o grande filósofo grego, fez de Sardis a sua casa. Entretanto, como frequentemente acontece, junto com o estudo de mistérios vieram cultos e adoração idólatra.

Sardis era atormentada pelas orgias e depravação que fazem parte das práticas desse tipo de paganismo.

A igreja em Sardis tinha uma grande reputação. Jesus, no entanto, sabia quão imerecido era o status deles.

> Ao anjo da igreja em Sardes escreve: "Estas coisas diz aquele que tem os sete Espíritos de Deus e as sete estrelas: Conheço as tuas obras, que tens nome de que vives e estás morto. Sê vigilante e consolida o resto que estava para morrer, porque não tenho achado íntegras as tuas obras na presença do meu Deus" (Ap 3.1-2).

Ai! Como uma árvore de Natal que parece festiva e bonita por fora, mas por dentro está morrendo rapidamente, o verniz de saúde que cobria a igreja em Sardis estava escondendo a podridão interna. Jesus, muito facilmente poderia ter dedicado a ela o mesmo epíteto dado aos fariseus, "sepulcros caiados", que por fora são bonitos, mas interiormente estão cheios de morte (Mt 23.27).

Isso se aplica a muitas igrejas hoje. Como sabemos se estamos em uma igreja saudável? Procure sinais de vida. Há amor na igreja uns pelos outros e pelos de fora? Há discórdias na igreja? Quão acolhedora é a igreja para os visitantes? Não procure simplesmente por atividades. Um robô pode realizar muitas das mesmas tarefas que um humano, embora não haja nenhum coração dentro. Quando você entra em sua igreja, tudo o que você vê é um belo prédio, um pastor simpático e uma banda bem ensaiada? Ou vê Jesus no calor humano das pessoas ao seu redor, na paixão dos líderes no púlpito, no compromisso do pastor com a Palavra de Deus?

Enquanto busca vida em sua igreja, tire um tempo para examinar a si mesmo. Há evidências de Cristo em você? Tiago desafiou os leitores de sua carta: "Mostra-me essa tua fé sem as obras, e eu, com as obras, te mostrarei a minha fé" (Tg 2.18). Você está investindo tempo em oração e na Palavra? Você está usando seus dons espirituais para abençoar a igreja não por obrigação ou culpa, mas por amor? Você está doando sacrificialmente para apoiar o trabalho de Deus? A sua fé é evidente em sua vida?

A Igreja na Filadélfia

Depois de ouvir a repreensão contundente dada à igreja em Sardis, os cristãos da Filadélfia devem ter ficado nervosos. Eles conheciam geografia. Eles sabiam que eram os próximos na lista de Jesus.

Filadélfia estava a cerca de cinquenta quilômetros a sudeste de Sardis. Situada na porta de entrada do planalto central do que hoje é a Turquia, a cidade era o centro de um grande distrito com vinhedos, com um próspero negócio de vinho. Acostumada às adversidades, a cidade teve que ser reconstruída várias vezes após terremotos causarem graves danos.

Quando o pastor da igreja leu as palavras "Ao anjo da igreja em Filadélfia escreve", é provável que todos gelaram. No entanto, quando as palavras vieram, relaxaram e talvez tenham até deixado escapar um grito. Na mesma medida que Sardis recebeu más notícias, Filadélfia recebeu boas notícias. Jesus não tinha nada de positivo a dizer sobre Sardis. Ele não tinha nada de negativo a dizer sobre Filadélfia.

> Conheço as tuas obras – eis que tenho posto diante de ti uma porta aberta, a qual ninguém pode fechar – que tens pouca força, entretanto, guardaste a minha palavra e não negaste o meu nome. Eis que farei que alguns dos que são da sinagoga de Satanás, desses que a si mesmos se declaram judeus e não são, mas mentem, eis que os farei vir e prostrar-se aos teus pés e conhecer que eu te amei (Ap 3.8-9).

Quando o apóstolo Paulo se mudava de um lugar para outro para espalhar o Evangelho, pedia aos outros que intercedessem por ele para que Deus abrisse novas portas de ministério:

> Perseverai na oração, vigiando com ações de graças. Suplicai, ao mesmo tempo, também por nós, para que Deus nos abra porta à palavra, a fim de falarmos do mistério de Cristo, pelo qual também estou algemado; para que eu o manifeste, como devo fazer (Cl 4.2-4).

Esse era o tipo de porta que estava aberta para Filadélfia. Por causa de sua localização, essa igreja estava na entrada dos reinos da Lídia, Mísia e Frígia. Todos os comerciantes que viajavam para esses locais e os que vinham de lá tinham que passar pela cidade. Isso dava à igreja na Filadélfia uma grande oportunidade de alcançar muitas pessoas em todo o Império Romano com o Evangelho. A porta para o evangelismo estava escancarada para eles, e os cristãos da Filadélfia estavam aproveitando a oportunidade.

Esta deveria ser a oração de todos nós. "Senhor, abra uma porta de oportunidade para eu amar os outros e compartilhar a verdade do Seu Evangelho". Você consegue imaginar o que aconteceria em todo o mundo se os que estão dentro da igreja procurassem "portas abertas" para tornar Jesus conhecido por aqueles que vivem sem esperança? A maioria da população desta Terra não tem consciência de que Jesus voltará um dia. Sabemos a verdade e somos chamados a ser arautos Dele para um mundo perdido.

A Igreja em Laodiceia

Finalmente, Jesus chegou à parte mais ao sul das sete igrejas. Localizada ao longo do rio Lico, Laodiceia era uma cidade rica conhecida por sua produção de tecido de lã. Em 60 d.C., Laodiceia foi dizimada por um terremoto, mas sua população foi capaz de reconstruir a cidade sem precisar da ajuda de Roma. Localizada a quinze quilômetros a noroeste de Colossos, ela era a cidade irmã, mais rica e popular dos colossenses. Embora Paulo nunca tenha visitado as igrejas em Laodiceia ou Colossos, considerou ambas dignas de uma carta sua, embora apenas uma tenha sido impelida pela inspiração do Espírito Santo, tornando-a digna de fazer parte da Bíblia (Cl 4.16).

No alto de Laodiceia estão montanhas cobertas de neve branca cintilante. Abaixo flui uma fonte de água quente que sai da Terra. À medida que a neve derrete e a água gelada desce a montanha, o fluxo se funde com as fontes termais. O resultado? Um rio morno e sem graça.

Infelizmente, assim como os donos de cães às vezes parecem assumir as características físicas de seus cães, a igreja de Laodiceia tomou para si a característica espiritual de sua geografia. Jesus escreveu a eles:

> Conheço as tuas obras, que nem és frio nem quente. Quem dera fosses frio ou quente! Assim, porque és morno e nem és quente nem frio, estou a ponto de vomitar-te da minha boca (Ap 3.15-16).

Essa imagem nítida comunica claramente a frustração do Senhor com cristãos casuais. Quando Jesus falou sobre discipulado, Ele estabeleceu o padrão elevado: "Se alguém quer vir após mim, a si mesmo se negue, tome a sua cruz e siga-me. Porquanto, quem quiser salvar a sua vida perdê-la-á; e quem perder a vida por minha causa achá-la-á" (Mt 16.24-25).

Se você está procurando uma receita para a melhor vida que pode viver, você a encontra nas palavras de Jesus para Seus discípulos. O enganador diz: "Pense naquilo de que você está abrindo mão. Pense no sacrifício. Você não tem aquela lista de coisas que quer realizar antes de morrer?". O que ele não diz a você é que a vida de discipulado é aquilo para o que fomos criados. Ela é perfeita para nós. Ela fornece tudo o que é necessário para nos dar alegria, paz e propósito. Não há perda na abnegação, só há ganho. Se você está preso na mornidão de Laodiceia, é hora de esquentar, conectar-se a Jesus e viver a vida para a qual você foi criado.

PARTE 2
UMA VIAGEM PARA O CÉU

(Apocalipse 4-5)

CAPÍTULO 5
A PORTA DO CÉU ABERTA

APOCALIPSE 4

O CAPITÃO CORREU, COM OS MEMBROS DE SUA TRIPULAÇÃO logo atrás. Bem no encalço deles estava o inimigo – criaturas de aparência estranha com armas avançadas. Um grito soou de trás, e o capitão se virou e viu um tripulante de camisa vermelha cair após uma explosão de laser. O momento havia se tornado crítico. Não havia como eles escaparem de seus perseguidores, especialmente no terreno do inimigo. Levando a mão ao cinturão, o capitão pegou seu comunicador. Ele o abriu e gritou: "Transporte-nos para cima, Scotty!".

Os membros restantes da tripulação começaram a dissolver-se em um milhão de pequenos pedaços antes de desaparecer, deixando para trás um contingente confuso de criaturas assustadoras. No momento seguinte, na sala de transporte da USS Enterprise, os milhões de pequenos pedaços de pessoas reapareceram e logo se reagruparam na forma da tripulação transportada. O capitão James T. Kirk havia mais uma vez escapado por pouco da aniquilação certa.

Algo acontece com a igreja entre os capítulos 3 e 4 do Apocalipse. A palavra "igreja" ocorre dezenove vezes nos capítulos 1-3, e depois ela só volta a aparecer no capítulo 22. Para onde nós fomos?

Simplesmente, fomos "transportados para cima". A palavra que usamos é *arrebatamento*, e, sim, para aqueles de vocês que se apressaram a levantar as mãos, o arrebatamento é um conceito que está na Bíblia. Paulo escreveu:

> Porquanto o Senhor mesmo, dada a sua palavra de ordem, ouvida a voz do arcanjo, e ressoada a trombeta de Deus, descerá dos céus, e os mortos em Cristo ressuscitarão primeiro; depois, nós, os vivos, os que ficarmos, seremos arrebatados juntamente com eles, entre nuvens, para o encontro do Senhor nos ares, e, assim, estaremos para sempre com o Senhor (1Ts 4.16-17).

Depois que os mortos em Cristo forem ressuscitados para Ele, aqueles na igreja que ainda estiverem vivos na Terra serão "arrebatados" com nossos irmãos e irmãs anteriormente mortos no Senhor, e encontraremos nosso Salvador nas nuvens. A palavra grega traduzida como "arrebatados" é *harpazo*. Quando o Novo Testamento foi traduzido para o latim, a palavra tornou-se *rapturo*, que é de onde tiramos a palavra *arrebatamento*. Embora não seja Scotty que está nos controles, quando chegar a hora, a igreja será removida da Terra enquanto Jesus cumpre Sua promessa à Sua noiva: "voltarei e vos receberei para mim mesmo, para que, onde eu estou, estejais vós também" (Jo 14.3).

João nos permite dar uma espiada em como é ser arrebatado quando ele escreve:

> Depois destas coisas, olhei, e eis não somente uma porta aberta no céu, como também a primeira voz que ouvi, como de trombeta ao falar comigo, dizendo: Sobe para aqui, e te mostrarei o que deve acontecer depois destas coisas (Ap 4.1).

Em um momento João estava solidamente em terra firme e no outro estava na presença do próprio Deus. Que dia glorioso será quando Jesus nos disser: "Suba para aqui, e eu lhe mostrarei o lugar que preparei para você".

Movendo-se para Cima

Até agora, temos nos concentrado em "as coisas que tens visto" (capítulo 1) e "as coisas que são" (capítulos 2 e 3). Agora é hora de voltar nossa atenção para as coisas "que hão de acontecer depois destas".

João se vê transportado para cima, chegando à sala do trono de Deus. Imagine que experiência deve ter sido! João tinha ouvido falar do céu e pregou sobre ele. Mas agora está vendo a casa de Deus e o Glorioso sentado em seu trono. Apenas um punhado de pessoas na história foram convidadas a testemunhar esse que é o mais santo dos locais; e, a cada vez, mais detalhes são adicionados à descrição da sala do trono de Deus.

Um dia, o profeta Isaías entrou no templo do Senhor. Não seria sua primeira vez lá dentro, mas foi certamente a mais memorável.

> No ano da morte do rei Uzias, eu vi o Senhor assentado sobre um alto e sublime trono, e as abas de suas vestes enchiam o templo. Serafins estavam por cima dele; cada um tinha seis asas: com duas cobria o rosto, com duas cobria os seus pés e com duas voava. E clamavam uns para os outros, dizendo: "Santo, santo, santo é o Senhor dos Exércitos; toda a Terra está cheia da sua glória" (Is 6.1-3).

Não sabemos quantos serafins havia – talvez cinco, talvez cinco mil ou quinhentos mil. Cada um estava entoando louvor ao Santo Deus, cujas abas do manto encheram o interior do grande templo de Salomão. Infelizmente, a vastidão do traje de Deus e uma sala cheia de fumaça são realmente os únicos detalhes que temos Daquele no trono e da grande sala na qual Ele estava sentado.

Cerca de um século depois, Ezequiel preencheu algumas das lacunas. Em uma visão, o profeta foi transportado do exílio para o templo em Jerusalém. Lá viu quatro criaturas, que, em um capítulo posterior, identificou como querubins, cada um com quatro faces e quatro asas (Ez 10.14). Acima delas havia um firmamento no céu – uma divisão na atmosfera física que se abriu em dimensão espiritual.

> Por cima do firmamento que estava sobre a sua cabeça, havia algo semelhante a um trono, como uma safira; sobre esta espécie de trono, estava sentada uma figura semelhante a um homem. Vi-a como metal brilhante, como fogo ao redor dela, desde os seus lombos e daí para cima; e desde os seus lombos e daí para baixo, vi-a como fogo e um resplendor ao redor dela. Como o aspecto do arco que aparece na nuvem em dia de chuva, assim era o resplendor em redor. Esta era a aparência da glória do Senhor (Ez 1.26-28).

Cores, fogo, arco-íris – você tem a sensação de que Ezequiel estava buscando palavras para tentar descrever a grandiosidade do que estava diante dele? Era como tentar descrever o sentimento de amor ou a cor verde. Algumas visões estão simplesmente além das palavras.

Então veio Daniel, e sua visão nos levou de uma TV a cores simples para uma de alta definição. Ele era contemporâneo de Ezequiel, mas tinha uma posição muito diferente. Ezequiel era um profeta para o povo, enquanto Daniel era um conselheiro dos reis. No entanto, os escritos de ambos foram direcionados aos judeus e para um público futuro mais amplo, formado por todos os que pertencem a Deus. Por causa desse foco no fim dos tempos, era tão importante para ambos serem lembrados de que Deus está em Seu trono. Não importa a visão que eles comunicam aos seus leitores, não importa o quão violenta e caótica ela possa soar, não há razão para ninguém entrar em pânico. O Senhor está no controle, assim como Ele sempre esteve.

A visão de Daniel o levou a um tribunal e o apresentou ao Ancião de Dias:

> Continuei olhando, até que foram postos uns tronos,
> e o Ancião de Dias se assentou;
> sua veste era branca como a neve,
> e os cabelos da cabeça, como a pura lã;
> o seu trono eram chamas de fogo,
> e suas rodas eram fogo ardente.
> Um rio de fogo manava
> e saía de diante dele;
> milhares de milhares o serviam,
> e miríades de miríades estavam diante dele;
> assentou-se o tribunal,
> e se abriram os livros (Dn 7.9-10).

Mas a imagem de Daniel não terminou com Deus em Seu trono e Sua vasta multidão de servos angelicais. Outra pessoa entrou no local. Alguém que um dia viria à Terra e mudaria tudo:

> Eu estava olhando nas minhas visões da noite,
> e eis que vinha com as nuvens do céu
> um como o Filho do Homem,
> e dirigiu-se ao Ancião de Dias,
> e o fizeram chegar até ele.
> Foi-lhe dado domínio, e glória, e o reino,
> para que os povos, nações e homens de todas as línguas
> o servissem;
> o seu domínio é domínio eterno,
> que não passará,
> e o seu reino
> jamais será destruído (Dn 7.13-14).

O Jesus pré-encarnado havia entrado! Mas o que Ele estava fazendo lá na sala do trono na presença do Ancião de Dias? O Antigo Testamento deixou essa pergunta suspensa. Nem mesmo no Novo Testamento nos é dada uma resposta sobre o motivo da presença do Filho do Homem lá. O apóstolo Paulo pode ter testemunhado "o restante da história" quando foi arrebatado (*harpazo/rapturo/ arrebatado*) para o céu, mas não recebeu permissão para falar das coisas que ele viu (2 Co 12.2-5). Apenas quando João foi convidado "Sobe para aqui", é que finalmente temos uma visão completa daquela incrível sala do trono, do Pai, que está no trono, e do Filho do Homem, que assumiu Seu lugar de direito no plano redentor para a humanidade.

> Imediatamente, eu me achei em espírito, e eis armado no céu um trono, e, no trono, alguém sentado; e esse que se acha assentado é semelhante, no aspecto, à pedra de jaspe e de sardônio, e, ao redor do trono, há um arco-íris semelhante, no aspecto, à esmeralda (Ap 4.2-3).

João viu o céu em cores brilhantes. O que estava sentado no trono tinha a aparência de jaspe e sardônio, que é uma variedade de cornalina. Embora o jaspe tenha muitas vezes uma cor marrom, em 21.11 é claro como cristal. A cornalina é vermelha, como um rubi. As pedras jaspe e cornalina são as primeiras e últimas no peitoral do sumo sacerdote (Êx 28.15-20). Ao redor do trono estava um rico arco-íris verde que João comparou com uma bela esmeralda.

Como João não dá uma descrição física Daquele que estava no trono, como fez Daniel, há aqueles que dizem que João viu Jesus, não o Pai. Contudo, quando olharmos para o próximo capítulo, veremos Cristo entrar na sala para pegar um pergaminho da parte do que está assentado no trono. Então, a menos que Jesus esteja entregando algo a Si mesmo, é melhor entender que é Deus o Pai que está governando a partir dessa posição sublime.

Os Anciãos na Sala

O Pai não estava sozinho na sala. Ele tinha uma extensa comitiva sentada com Ele.

> Ao redor do trono, há também vinte e quatro tronos, e assentados neles, vinte e quatro anciãos vestidos de branco, em cujas cabeças estão coroas de ouro (Ap 4.4).

Vinte e quatro anciãos cercavam o trono. Cada um com uma *stephanos* de ouro, uma coroa de vencedor, sobre suas cabeças. É claro que a questão é: quem são esses homens? Alguns acreditam que eles representam a igreja. Outros dividem os vinte e quatro em dois grupos de doze – as tribos de Israel e os apóstolos da igreja. Para aumentar a confusão, há aqueles que não os veem como pessoas, mas como um grupo especial de anjos ministros.

Aqueles que dizem que os anciãos representam a igreja, primeiramente falam da relação que esses homens têm com o Cordeiro de Deus. Muitas vezes, apontarão para Apocalipse 5.9, que, na versão Almeida Revista e Atualizada, os anciãos dizem ao Cordeiro: "Digno és de tomar o livro e de abrir-lhe os selos, porque foste morto e com o teu sangue compraste para Deus os que procedem de toda tribo, língua, povo e nação". A New King James Version, entretanto, termina a passagem com "porque foste morto, e nos redimiste para Deus por seu sangue". Stanley Toussaint, ex-professor do Novo Testamento no Seminário Teológico de Dallas, discorda que isso seja uma evidência de uma relação especial, principalmente porque a palavra "nos" não está nos melhores e mais antigos manuscritos gregos. A maioria das traduções modernas diz que o Cordeiro resgatou "pessoas" ou comprou "homens" ou algo semelhante, fazendo com que se aplique de forma mais ampla ao que o Salvador fez pelo mundo inteiro, e não especificamente por esses anciãos.[2]

Em segundo, os defensores da visão de que se trata da igreja também apontam para as coroas. São coroas de vencedores, que falam sobre a igreja vencendo o mundo. Então nós os vemos lançando suas merecidas coroas aos pés do Cordeiro. Há problemas com os dois pontos. Começando pelo último ponto, vemos que

---

2 TOUSSAINT, Stanley. *Revelation*. Aula em vídeo para graduados do Dallas Theological Seminary.

quando os anciãos se prostram para adorar o Cordeiro em 5.8, já haviam depositado as suas coroas diante do Pai em 4.10. Além disso, esses anciãos não são os únicos que usam as *stephanos* de ouro. O Anticristo usa uma em 6.2, como possivelmente o fazem os gafanhotos que saem do abismo no capítulo 9. Embora as coroas certamente possam falar da igreja, há muitas outras opções "coroadas" para ser uma opção definitiva.

É possível acrescentar mais evidências de que esses anciãos talvez representem a igreja devido ao fato de que eles estão usando roupas brancas. No entanto, anjos também são vistos com o mesmo traje (Jo 20.12). Por isso, mais uma vez, uma coisa não é necessariamente igual a outra. A conclusão de Toussaint é dizer que eles são seres celestiais com autoridade, mas o nosso conhecimento chega até aí.[3] Porque só afirmaremos com certeza o que pudermos ter certeza. Sobre esta questão estaremos confortáveis em nossa incerteza sabendo que um dia em breve teremos uma resposta à essa pergunta.

Sete Tochas de Fogo, Um Mar e Quatro Criaturas

João adiciona outro detalhe intrigante que não foi mencionado por nenhum dos profetas anteriores:

> Do trono saem relâmpagos, vozes e trovões, e, diante do trono, ardem sete tochas de fogo, que são os sete Espíritos de Deus (Ap 4.5).

Sete tochas de fogo, representando os sete espíritos de Deus. Em Apocalipse, encontramos esses espíritos pela primeira vez na saudação da carta:

> João, às sete igrejas que se encontram na Ásia, graça e paz a vós outros, da parte daquele que é, que era e que há de vir,

---

3 TOUSSAINT, Stanley. *Revelation*.

da parte dos sete Espíritos que se acham diante do seu trono e da parte de Jesus Cristo, a Fiel Testemunha, o Primogênito dos mortos e o Soberano dos reis da Terra (Ap 1.4-5).

Eles aparecem novamente com Jesus em sua repreensão a Sardis (3.1) e como olhos no Cordeiro, a quem encontraremos no próximo capítulo (5.6).

Os sete espíritos que João descreve representam o Espírito Santo. O número sete, ao longo desse livro, comunica completude ou perfeição. Na sala do trono de Deus, então, a plenitude do Espírito Santo está em evidência. O que é o caráter sétuplo que constitui o Espírito Santo? Isaías lista desta forma:

> Repousará sobre ele o Espírito do Senhor,
> o Espírito de sabedoria e de entendimento,
> o Espírito de conselho e de fortaleza,
> o Espírito de conhecimento e de temor do Senhor (Is 11.2).

O Pai no trono e o Espírito Santo na frente! Você consegue imaginar a visão? Mas João ainda não acabou de descrever o que testemunhou. Diante do trono também se estendia um mar de vidro claro como cristal, e ao seu redor havia quatro criaturas muito estranhas:

> Há diante do trono um como que mar de vidro, semelhante ao cristal, e também, no meio do trono e à volta do trono, quatro seres viventes cheios de olhos por diante e por detrás. O primeiro ser vivente é semelhante a leão, o segundo, semelhante a novilho, o terceiro tem o rosto como de homem, e o quarto ser vivente é semelhante à águia quando está voando. E os quatro seres viventes, tendo cada um deles, respectivamente, seis asas, estão cheios de olhos, ao redor e por dentro; não têm descanso, nem de dia nem de noite, proclamando:
> "Santo, Santo, Santo
> é o Senhor Deus, o Todo-Poderoso,
> aquele que era, que é e que há de vir" (Ap 4.6-8).

Antes de olharmos para as criaturas, quero conferir mais de perto as palavras delas. O primeiro foco do louvor celestial é a santidade de Deus. Trata-se do caráter Dele, quem Ele é. Ele vive completamente longe do pecado. Quando Isaías foi convidado a testemunhar a sala do trono de Deus, ouviu o mesmo louvor dos serafins, que clamavam: "Santo, santo, santo é o Senhor dos Exércitos; toda a Terra está cheia da sua glória" (Is 6.3). É essa absoluta "separação" do pecado que personifica a perfeição de Deus e que sempre nos faltará deste lado da eternidade.

A segunda parte do louvor celestial de Apocalipse vem alguns versos depois, da parte dos vinte e quatro anciãos:

> Tu és digno, Senhor e Deus nosso,
> de receber a glória, a honra e o poder,
> porque todas as coisas tu criaste,
> sim, por causa da tua vontade vieram a existir e foram criadas (Ap 4.11).

O que vemos é uma imagem perfeita de louvor. Ela começa com quem Deus é – santo e digno – e depois passa para o que Ele fez. Ele criou todas as coisas perfeitamente. Para obter apenas um indício do esplendor da criação, toque em uma superfície dura. Agora pense na composição molecular necessária tanto em sua mão quanto dentro dessa superfície para fazer com que um toque aconteça. A combinação de inteligência, criatividade e poder necessários para ir do nada até quem somos e o mundo em que vivemos é fora de série.

De volta às criaturas, o que são essas coisas que estão pairando ao redor do trono? Se você estudou as profecias do Antigo Testamento, então provavelmente há algo no fundo de sua mente dizendo: "Ei, acho que já encontrei esses caras antes". Se isso está acontecendo, então ouça a si mesmo. Você está correto. Ezequiel estava perto do rio Quebar quando encontrou as criaturas descritas em Apocalipse:

Olhei, e eis que um vento tempestuoso vinha do Norte, e uma grande nuvem, com fogo a revolver-se, e resplendor ao redor dela, e no meio disto, uma coisa como metal brilhante, que saía do meio do fogo. Do meio dessa nuvem saía a semelhança de quatro seres viventes, cuja aparência era esta: tinham a semelhança de homem. Cada um tinha quatro rostos, como também quatro asas. As suas pernas eram direitas, a planta de cujos pés era como a de um bezerro e luzia como o brilho de bronze polido... A forma de seus rostos era como o de homem; à direita, os quatro tinham rosto de leão; à esquerda, rosto de boi; e também rosto de águia, todos os quatro (Ez 1.4-7,10).

O que são esses seres estranhos? Infelizmente, como é o caso de outras perguntas que surgem no curso da leitura desse maravilhoso livro de Apocalipse, não há nenhum "texto-prova" que nos forneça uma resposta exata. Se o Senhor quisesse que soubéssemos, sem dúvida, ele teria deixado isso tão claro quanto João 3.16. Deixe-me colocar diante de você quatro interpretações possíveis e em seguida digo qual eu acho melhor.

A primeira opção é que essas criaturas representam os atributos de Deus. As quatro faces são as de leão, bezerro, homem e águia voadora. O leão mostra majestade e força. O bezerro ou boi é um servo, revelando a natureza sacrificial de Deus. Lembre-se das palavras de Jesus quando Ele disse que Ele "não veio para ser servido, mas para servir" (Mt 20.28). O rosto de um homem revela inteligência e soberania. A de uma águia voadora revela a soberania e a supremacia de Deus. Tudo faz sentido e se encaixa em um pacote bonito e fácil. O problema com essa visão é que você tem que fazer uma leitura de fora para dentro para chegar a essa explicação. Como dissemos com as coroas, só porque algo é semelhante não significa que "uma coisa é igual à outra".

A segunda opção é que essas criaturas representem os quatro Evangelhos. O leão representa o Evangelho de Mateus, que foi escrito aos judeus sobre seu Rei como o Leão da tribo de Judá. O boi ou bezerro representa o Evangelho de Marcos, mostrando Jesus como um servo fazendo a vontade de seu Pai. O homem representa o Evangelho de Lucas, que foi escrito para a humanidade em geral e mostra Jesus como o Filho do Homem. A águia é vista como representante do Evangelho de João, que revela Jesus como Deus. Esse argumento soa persuasivo, e eu mesmo o usei ao ensinar os quatro Evangelhos. No entanto, nem todos concordam com a identidade do público a quem cada escritor está escrevendo, nem que a natureza de cada Evangelho possa ser tão sucintamente categorizada. Outra pergunta difícil é a motivação de Deus para representar todos os quatro Evangelhos de forma separada e distinta como as criaturas que O cercam.

A opção três vê as criaturas como simbolizando as doze tribos de Israel. Quando os israelitas estavam vagando no deserto antes de entrar na Terra Prometida, montavam seus campos de uma forma semelhante ao que lemos sobre o arranjo das criaturas em Apocalipse. Números 2 nos diz que no lado leste ficava a tribo de Judá, juntamente com Simeão e Gade. O símbolo de Judá era um leão. No sul ficavam Rúben, Simeão e Gade, sob o símbolo de Rúben de um homem. Efraim, Manassés e Benjamin ficavam a oeste, e Efraim era simbolizado por um boi. E, finalmente, ao norte, estavam Dan, Asser e Naftali. Não é surpresa que o símbolo de Dan fosse o de uma águia. Essa é uma conexão muito convincente e lógica de se fazer, até que você perceba que os símbolos de cada tribo não vêm da Bíblia, mas da tradição. Não há como dizer quando e de onde a tradição encontra sua origem.

A opção quatro vê um grupo especial de anjos nas criaturas. O foco desses anjos não é apenas servir o Senhor, mas adorá-lo também. Isso se encaixa perfeitamente no que sabemos sobre os anjos e o seu propósito, e também se encaixa no contexto bíblico mais amplo. Quando Isaías viu o trono, viu-o cercado por serafins (Is 6.2-3). Quando Ezequiel viu as criaturas com as rodas fora do templo, tinha certeza de que eram querubins (Ez 10.20).

Baseado no contexto bíblico e nas atividades dessas criaturas, a ideia de serem anjos faz muito sentido. Eles estão lá para exaltar e adorar o Senhor; além de estarem à disposição Dele, prontos para servir. Robert L. Thomas resume:

> A fusão desses quatro aspectos resulta na seguinte identificação dos quatro seres vivos do Apocalipse: eles são de uma ordem angelical exaltada, engajada na adoração, que tem uma relação especial com aqueles seres angelicais descritos em Ezequiel e Isaías, cuja função especial no contexto do Apocalipse é a administração da justiça divina no reino da criação animada.[4]

A cena agora terá uma ligeira mudança. Mais indivíduos serão introduzidos e a ação se intensificará. Isso me lembra um pouco da moda *flash mob* de alguns anos atrás. Alguém entrava em um lugar público movimentado e começava a cantar em voz alta. Inicialmente, poucos prestavam atenção. No entanto, do meio da multidão, mais dois ou três se juntavam à canção – possivelmente incorporando coreografias. Em seguida, cada vez mais pessoas se juntavam à apresentação, até que houvesse um grande grupo de artistas cercados por admiradores, a maioria gravando o evento com seus celulares.

Os primeiros grupos começaram a música e o louvor está aumentando. Muito em breve, a performance vai atingir seu ponto máximo quando um convidado especial fizer Sua aparição e botar a casa abaixo

---

4 THOMAS, Robert L. *Revelation 1-7: An Exegetical Commentary*. Chicago, IL: Moody, 1992. v. 1.

CAPÍTULO 6
O LEÃO E O CORDEIRO

APOCALIPSE 5

O CULTO DE ADORAÇÃO NA SALA DO TRONO DE DEUS FOI suficiente para sacudir o teto, presumindo que a sala tenha um teto. Gritos de "Santo" e canções de louvor encheram os ouvidos de João, e seus olhos continuaram a contemplar a beleza ao redor dele. Então, ocorreu uma crise. Foi uma situação preocupante o suficiente para fazer João romper em lágrimas, não de alegria, mas de tristeza.

> Vi, na mão direita daquele que estava sentado no trono, um livro escrito por dentro e por fora, de todo selado com sete selos. Vi, também, um anjo forte, que proclamava em grande voz: "Quem é digno de abrir o livro e de lhe desatar os selos?". Ora, nem no céu, nem sobre a Terra, nem debaixo da Terra, ninguém podia abrir o livro, nem mesmo olhar para ele; e eu chorava muito, porque ninguém foi achado digno de abrir o livro, nem mesmo de olhar para ele (Ap 5.1-4).

À medida que os belos sons de adoração desvaneciam, o apóstolo voltou sua atenção para O que estava assentado no trono.

Havia algo em Sua mão direita – um pergaminho escrito por dentro e por fora. Normalmente a parte escrita se restringia ao interior, por uma questão de privacidade e segurança. Havia sete selos que mantinham o pergaminho fechado. Os testamentos romanos daquele tempo eram selados assim. Por isso, é bem possível que esse fosse um documento legal que não pudesse ser aberto até a morte da pessoa para quem ele fora escrito.

Curioso quanto ao conteúdo, João esperava pela leitura do pergaminho. Uma voz clamou: "Quem é digno de abrir o livro e de lhe desatar os selos?". João olhou em volta para ver quem iria dar um passo à frente. Mas nada aconteceu. Imobilidade. Silêncio.

A tragédia dos planos de Deus sendo interrompidos de repente atingiu João duramente. Ele começou a chorar pela indignidade da criação do Senhor. Talvez tenha chorado de culpa devido à sua própria história pecaminosa, que lhe removeu o nome da lista de "dignos". Todavia, quando parecia que sua visita celestial poderia ser interrompida devido à falta de pessoal qualificado, João ouviu um dos anciãos dizer a ele: "Não chores; eis que o Leão da tribo de Judá, a Raiz de Davi, venceu para abrir o livro e os seus sete selos" (Ap 5.5).

Imediatamente, o humor de João deve ter mudado. Ele reconheceu aqueles títulos messiânicos que eram tão populares e tão poderosos desde a época de sua juventude. Primeiro, há o Leão da tribo de Judá. Quando o patriarca Jacó estava em seu leito de morte, reuniu seus filhos ao seu redor. Um por um, pronunciou uma bênção sobre cada qual deles. Quando Judá se aproximou de seu pai, Jacó disse:

> Judá, teus irmãos te louvarão;
> a tua mão estará sobre a cerviz de teus inimigos;
> os filhos de teu pai se inclinarão a ti.
> Judá é leãozinho;
> da presa subiste, filho meu.
> Encurva-se e deita-se como leão e como leoa;
> quem o despertará?
> O cetro não se arredará de Judá,

> nem o bastão de entre seus pés,
> até que venha Siló;
> e a ele obedecerão os povos.
> Ele amarrará o seu jumentinho à vide
> e o filho da sua jumenta, à videira mais excelente;
> lavará as suas vestes no vinho
> e a sua capa, em sangue de uvas.
> Os seus olhos serão cintilantes de vinho,
> e os dentes, brancos de leite (Gn 49.8-12).

Judá é a tribo real. Embora o primeiro rei de Israel tenha vindo da tribo de Benjamin, a linhagem real de Davi veio de Judá. Essa era a linha permanente, como evidenciado pela promessa proferida por Jacó de que "o cetro não se arredará de Judá". É por isso que as multidões estavam tão animadas naquele dia quando Jesus entrou em Jerusalém montado em um jumentinho. Elas o saudaram como seu rei, seu leão. Mas quando Jesus não se armou para a batalha e nem derrubou os odiados romanos, o povo rapidamente ficou desiludido. É por isso que os gritos de "Hosana" logo se transformaram em "Crucifica-o!". O povo não percebeu que a vinda do Leão teria que esperar até o retorno de Cristo. A primeira chegada de Jesus aqui foi focada em um papel muito diferente.

A segunda denominação messiânica pronunciada pelo ancião foi a Raiz de Davi. Esse título restringia a linhagem de Jesus de tribo para família. Ele não era apenas um judeu da tribo de Judá, Ele fazia parte da linhagem real. Esse título tinha Messias escrito por toda parte desde o momento em que Isaías o pronunciou pela primeira vez: "Do tronco de Jessé sairá um rebento, e das suas raízes, um renovo" (Is 11.1). Jessé era o pai do Rei Davi. Sobre essa prole é que Isaías disse que repousaria o Espírito Santo e que ela julgaria com retidão e justiça.

Leão de Judá, Raiz de Davi, João sabia que esses eram títulos para o Messias. Então, quando ele seguiu o dedo estendido do ancião, estava pronto para ver seu Salvador, Senhor, Amigo em toda Sua merecida glória. Entretanto, a figura que seus olhos viram era algo bem diferente.

O Cordeiro Digno

Como os judeus na entrada triunfal, João havia deixado suas expectativas se concentrarem no Rei Guerreiro. Em vez disso, ele viu o Cordeiro Sacrificial.

> Então, vi, no meio do trono e dos quatro seres viventes e entre os anciãos, de pé, um Cordeiro como tendo sido morto. Ele tinha sete chifres, bem como sete olhos, que são os sete Espíritos de Deus enviados por toda a Terra. Veio, pois, e tomou o livro da mão direita daquele que estava sentado no trono (Ap 5.6-7).

Um Cordeiro, uma das mais indefesas e dóceis criaturas, que fornece lã por um tempo até chegar a hora de seu abate. Jesus, o próprio Deus, "a si mesmo se esvaziou, assumindo a forma de servo, tornando-se em semelhança de homens; e, reconhecido em figura humana, a si mesmo se humilhou, tornando-se obediente até à morte e morte de cruz" (Fp 2.7-8). O Todo-Poderoso Deus tornou-se impotente. O soberano Senhor tornou-se subserviente. Ele forneceu sabedoria e ensino por um tempo até chegar a hora de Seu abate. Assim como a carne do cordeiro proporciona a vida física, a carne de Jesus e Seu sangue fornecem "a vida eterna, e eu [Jesus] o ressuscitarei no último dia" (Jo 6.54).

João deve ter reconhecido Jesus nesse papel. Ele tinha visto o Salvador na cruz – dilacerado, espancado e ensanguentado. Jesus entrou na sala como o sacrifício redentor. O Cordeiro morto era um lembrete para todos da justiça do que estava prestes a acontecer. Jesus havia sofrido e morrido na cruz, para que cada pessoa que estava prestes a experimentar a ira que se aproximava tivesse uma oportunidade de redenção. Todavia, elas rejeitaram o dom gratuito que tanto custou ao Salvador e viraram as costas para a misericórdia de Deus. O que quer que estivessem prestes a enfrentar, seria baseado na própria escolha delas.

Outra razão para Jesus vir como o Servo Sofredor e o Sacrifício Suficiente foi mostrar visualmente todo o caráter de Deus, o

Todo-Poderoso Senhor no trono que se tornou um de nós, como afirmado em Filipenses 2.7-8. Soberania perfeita e humildade perfeita. Aquele que aceita, com razão, louvor e honra e que voluntariamente se entregou para morrer. O Deus que é amor expondo completamente o Seu amor.

O Cordeiro estava no trono cercado pelas quatro criaturas viventes e pelos anciãos. Havia algumas propriedades físicas incomuns para o Cordeiro – sete chifres, que representam seu poder completo, e sete olhos, que são os sete espíritos de Deus, ou o Espírito Santo, de quem falamos anteriormente. Chegando-se Àquele que se assenta no trono, o Cordeiro removeu o pergaminho de Sua mão.

O lugar entrou em erupção!

A magnificência de ver o Filho, sobre quem repousa o Espírito Santo, recebendo o pergaminho da mão do Pai, fez prostrar as criaturas e os anciãos. O Deus triúno, unido em pessoa e propósito bem diante dos olhos deles. Espontaneamente, rompeu a adoração. As criaturas e os anciãos seguravam cada um "taças de ouro cheias de incenso, que são as orações dos santos" (Ap 5.8). Quem são esses santos cujas orações oferecem um aroma tão agradável ao Criador?

Stanley Toussaint os chama de cristãos da presente era da igreja, que estão orando pelo reino de Deus que está por vir. Na Oração do Senhor, o nosso pedido é que "venha o teu reino; faça-se a tua vontade, assim na Terra como no céu" (Mt 6.10). Na língua grega original, esse pedido parece mais um comando. É um apelo enfático para que Deus "traga Seu reino para a Terra!".[5] Toussaint vê essas orações como as vozes de dois milênios de cristãos da era da igreja clamando pelos eventos que o Cordeiro está prestes a desencadear.

Uma segunda opção é que essas são as orações dos santos que aparecem em Apocalipse 7. Esses santos foram martirizados pelo Anticristo. Mesmo que os selos ainda estivessem no pergaminho, a perseguição contra esses santos da tribulação já havia começado. Mais uma vez, não podemos ter certeza de nenhuma das opções.

Em um grande feito de equilíbrio, as criaturas e os anciãos seguravam as taças de incenso em uma mão e uma harpa na outra.

---

5 TOUSSAINT, Stanley. *Revelation*.

Com uma habilidade divinamente dada, eles começaram a tocar. Em seguida, as vozes se uniram em uma melodia, que em parte é um hino fascinante e em parte, uma canção de amor:

> Digno és de tomar o livro
> e de abrir-lhe os selos,
> porque foste morto
> e com o teu sangue compraste para Deus
> os que procedem de toda tribo, língua, povo e nação
> e para o nosso Deus os constituíste reino e sacerdotes;
> e reinarão sobre a Terra (Ap 5.9-10).

Esse coro de adoração começa a se expandir e crescer. Feche os olhos e imagine que você está sentado no David Geffen Hall, no Lincoln Center de Nova York. O aquecimento para a Orquestra Filarmônica de Nova York acabou e o maestro foi para o centro. Ele toca sua estante de partitura com a batuta, em seguida, levanta as mãos. Todos os instrumentos ficam em posição.

Apontando para os instrumentos de cordas, ele gentilmente move as mãos. Os violinos começam uma melodia suave e doce. Logo, entram as violetas e os violoncelos, junto com o contrabaixo. À medida que a sinfonia aumenta em tempo e volume, olha para os instrumentos de sopro. As flautas tocam, seguidas por oboés, clarinetes, saxofones e a intensidade aguda dos fagotes. A melodia está a todo vapor, e o maestro sacode um braço em direção aos metais. Trompetes perfuram o tecido da canção, acompanhados pela alta extensão dos fliscornes e trombones, dos barítonos mais graves e do baixo das tubas. A essa altura, o cabelo do maestro está saltando e seus braços estão balançando enquanto a orquestra intensifica em direção à conclusão da partitura. Finalmente, ambas as mãos chegam à percussão. Os tímpanos ecoam à medida que os címbalos retinem, culminando em um *dong* estremecedor da baqueta no gongo.

O dinâmico culto de adoração em que João se viu, semelhantemente, começou de forma reservada, mas rapidamente se intensificou. O que começou com as criaturas e os anciãos expandiu-se para "muitos anjos", que se tornaram "dez mil vezes dez mil, e milhares de milhares" (versículo 11). A canção que eles cantaram era puro amor e louvor ao Cordeiro:

> Digno é o Cordeiro que foi morto
> de receber o poder, e riqueza, e sabedoria,
> e força, e honra, e glória, e louvor (v. 12).

Os adoradores louvaram o Senhor por ser digno. Essa é a própria definição de adoração. Em inglês, a palavra adoração é *worship* que vem das palavras antigas *weorþ* ("digno") e *scipe* ("navio"). Quando adoramos nosso Salvador, estamos reconhecendo que Ele é Aquele que era, é e sempre será digno de nossa adoração e lealdade.

Isso levou à intensificação final que abarcou "toda criatura que há no céu e sobre a Terra, debaixo da Terra e sobre o mar, e tudo o que neles há" (v. 13). Não há uma pessoa, mamífero, pássaro, réptil, peixe ou inseto que não tenha participado deste próximo refrão. Admito que não sei como será isso. Será que cada pessoa vai cantar, cada cão latir, cada pássaro gorjear, peixe roncar e cada inseto zumbir as seguintes palavras? Será que o fato sobrenatural de sua criação e a própria existência dela gritarão este refrão? Será que, de repente, todos se tornarão como mulas de Balaão e cantarão com vozes humanas? Não faço ideia, mas mal posso esperar para ouvir.

> O que é que esse coro formado por toda a criação cantou?
> Àquele que está sentado no trono e ao Cordeiro,
> seja o louvor, e a honra, e a glória,
> e o domínio pelos séculos dos séculos (v. 13).

Quando o gongo soou e a sinfonia silenciou, as criaturas encerraram a celebração com um adequado "Amém!". Os anciãos, porém, não estavam prontos para encerrar o abençoado momento e "os vinte e quatro anciãos prostraram-se, e adoraram ao que vive para todo o sempre" (v. 14).

Uma Triste Despedida

É difícil deixar Apocalipse 4 e 5. Eles são o ponto alto do livro. Um culto sagrado e celestial como nenhum outro que já tenhamos experimentado. Também é difícil partir por causa do que está por vir. O pergaminho está nas mãos do Cordeiro. Os selos estão prestes a serem abertos. O martelo da justiça de Deus está prestes a bater. Embora seja verdade que nós, que fazemos parte da igreja, não experimentaremos nada do que estamos prestes a ler, ainda é difícil imaginar aqueles que amamos – e até mesmo aqueles que talvez nem amemos tanto – passando pelo que será desencadeado pela abertura dos selos, pelo som das trombetas e pelo derramamento das taças.

Antes de seguirmos em frente, vamos tirar um momento para nos lembrarmos do que João experimentou até agora. No capítulo 1, o "discípulo a quem Jesus amava" recebeu uma surpresa incrível. Uma voz o chamou, e ele se virou para encontrar seu glorioso Salvador e querido amigo andando entre as sete igrejas, segurando os sete pastores ou líderes em sua mão. Para cada uma dessas igrejas da Ásia, ele tinha uma mensagem especial – geralmente tanto boas quanto más notícias, mas nem sempre.

Tendo completado as partes "o que era" e "o que é" da carta, João foi então transportado para a sala do trono de Deus para começar a registrar "o que está por vir". Ao redor do trono, onde o Senhor se assentava, havia beleza, música, louvor e adoração como nada que possa ser experimentado neste lado da eternidade. Justo quando parecia que a adoração não poderia ficar melhor, o Convidado de Honra chegou – o Leão de Judá, que também é o Cordeiro que foi morto. Somente Ele, descobriu-se, era digno de abrir o pergaminho fechado com sete selos. Essa verdade não só desencadeou uma torrente de louvores no céu, mas também da parte de todas as criaturas na Terra.

Espero que vocês tenham gostado da celebração, porque agora tudo ficará tenebroso rapidamente.

PARTE 3
OS JULGAMENTOS DO CORDEIRO

(Apocalipse 6-18)

CAPÍTULO 7
O CORDEIRO ABRE OS SELOS

APOCALIPSE 6

TENTE OLHAR PARA TRÁS E IMAGINAR ONDE VOCÊ ESTAVA quando ouviu falar pela primeira vez da Covid-19. Você consegue se lembrar do que estava fazendo quando a notícia do vírus chegou até você? Se não conseguir, não se preocupe. Eu suspeitaria que você faz parte da maioria. A Covid não nos atingiu como o 11 de Setembro, o início da Guerra do Yom Kippur ou o assassinato do Presidente John F. Kennedy. O vírus foi mais furtivo e mais gradual. Mas veja o que ele fez a este mundo.

Desde o início de 2020, as pessoas deste planeta enlouqueceram. Você ouve as palavras de algumas e observa suas ações, e é fácil pensar que o vírus ataca o cérebro tanto quanto atinge o corpo. E tudo isso é um vírus! Você consegue imaginar como este mundo vai ficar quando o Cordeiro começar a abrir os selos do pergaminho e as pragas e pestilências começarem a se multiplicar? Imagine seu país com seis ou sete vírus mais mortíferos que a Covid. Em seguida, adicione a isso a escassez de alimentos, o colapso econômico e os desastres naturais em uma escala nunca antes vista desde o dilúvio.

É por isso que é tão difícil escrever esses próximos capítulos. Isso não é apenas teoria. Pessoas reais experimentarão esses eventos reais, e muitas delas podem ser pessoas próximas, que amamos, a quem demos à luz ou que nos deram à luz. Bilhões de pessoas morrerão e bilhões de outras sobreviverão para suportar o julgamento justo de Deus. À medida que for lendo estes próximos capítulos, deixe-os servir como uma motivação para falar com aqueles ao seu redor sobre a esperança que está em Cristo. Se eles já o rejeitaram antes, tente de novo. Qualquer perseguição ou distanciamento que você receber vale a pena se o resultado for que um de seus entes queridos seja poupado dos sete anos da ira de Deus.

Uma Mudança de Humor

A atitude dessa carta muda quando entramos no sexto capítulo. Acabamos de ter uma experiência de adoração incrível e edificante: louvor, reverência e gritos de "Digno é o Cordeiro". Mas agora o Cordeiro pegou o pergaminho da mão Do que estava assentado no trono e Seu polegar está pronto para quebrar o primeiro selo.

Há três séries de sete julgamentos que encontraremos nos capítulos 6, 8-9 e 16: os julgamentos dos selos, os julgamentos das trombetas e os julgamentos das taças. Eles estão todos ligados, já que o sétimo selo e a sétima trombeta abrem cada um as próximas séries. Durante a tribulação, bem quando o mundo estiver pensando que talvez o pior tenha passado, a próxima série de julgamentos virá.

Cada conjunto sucessivo de julgamentos será pior e mais devastador do que seu antecessor. Os julgamentos dos selos matarão um terço da população mundial. As trombetas levarão mais um terço e devastarão a Terra. Por fim, virão as taças, que João descreve como "os sete últimos flagelos, pois com estes se consumou a cólera de Deus" (15.1). Elas trarão feridas inimagináveis, sangue, escuridão e miséria, até que uma voz misericordiosamente bradará do céu: "Feito está!" (16.17).

Mais uma vez, antes do Cordeiro quebrar o primeiro selo, deixe-me implorar para que você se acerte com Deus. Se você não conhece Jesus como seu Salvador pessoal, esses julgamentos virão sobre você. Lembre-se: essas punições durarão apenas sete anos. Depois disso, vem um dia em que todos aqueles que rejeitaram a graça e misericórdia de Cristo serão julgados por sua rebelião e serão sentenciados a uma eternidade separados de Deus e de tudo o que é bom. Esse estado final fará com que o que estamos prestes a ler pareça uma brincadeira de criança.

A Vinda dos Cavaleiros

Todos os olhos estavam no Cordeiro. Ele estava diante de todos, não mais como prisioneiro sob as falsas acusações do Sinédrio judeu ou sob a mão violenta do governo romano. Esse é o Cordeiro restaurado à Sua posição adequada com toda a autoridade devido ao Seu caráter, a Sua posição e a Sua pessoa. Só Ele é digno de abrir os selos no pergaminho. E é isso que Ele começou a fazer:

> Vi quando o Cordeiro abriu um dos sete selos e ouvi um dos quatro seres viventes dizendo, como se fosse voz de trovão: "Vem!" (Ap 6.1).

O que João viu a mando da criatura foi o primeiro de um quarteto de personagens que se tornaram lendários. Os quatro cavaleiros do Apocalipse passaram a representar força, terror e desgraça iminentes. É possível vê-los em toda parte, desde literatura e histórias em quadrinhos até programas de televisão e filmes. Até mesmo um infame quarteto causou estragos no campo de futebol de Notre-Dame na década de 1920. Essa ficcionalização permitiu que o mundo relegasse esses cavaleiros ao status de conto de fadas. Mas quando eles galoparem do céu, todos saberão que são muito reais.

Essa não é a primeira vez que vemos cavaleiros desse tipo. Em Zacarias 1, o profeta vê "um homem montado num cavalo vermelho;

estava parado entre as murteiras que havia num vale profundo; atrás dele se achavam cavalos vermelhos, baios e brancos" (v. 8). Quando ele perguntou o que eram os cavaleiros, foi-lhe dito que eles eram aqueles que vagavam para lá e para cá por toda a Terra. Mais tarde, no capítulo 6, vemos quatro carros, e "no primeiro carro, os cavalos eram vermelhos, no segundo, pretos, no terceiro, brancos e no quarto, baios; todos eram fortes" (v. 2-3). Como os cavaleiros anteriores, esses carros puxados por cavalos coloridos vagavam pela Terra.

Agora que os cavaleiros aparecem novamente, o seu trabalho mudou. Em vez de explorar a Terra para que possam levar um relatório de volta ao trono, estão sendo enviados do trono para trazer julgamento à Terra. São esses os mesmos cavaleiros que Zacarias viu? É improvável, especialmente por causa da identidade do que está sobre o cavalo branco.

> Vi, então, e eis um cavalo branco e o seu cavaleiro com um arco; e foi-lhe dada uma coroa; e ele saiu vencendo e para vencer (Ap 6.2).

Antes do cavaleiro do cavalo branco deixar o céu, ele recebeu uma *stephanos*. Lembre-se: essa é a coroa do vencedor, não a coroa de um rei. Ele sai para conquistar e se torna vitorioso em grande parte do mundo. Quem é esse cavaleiro? É o Anticristo. "Mas, Amir, o que o Anticristo está fazendo no céu?". Boa pergunta. Ele não está no céu. Esse cavaleiro é uma representação do Anticristo e sua campanha de engano e intriga que lhe rende lealdade e devoção globais, incluindo da parte dos judeus.

Dizer que o cavaleiro é uma representação do Anticristo é muito diferente da alegoria que os amilenistas usam para atenuar o livro do Apocalipse. Os partidários do amilenismo dizem que o que você está lendo na carta é, na verdade, linguagem simbólica e figurativa, que estaria relacionada aos eventos espirituais que estão acontecendo atualmente no reino de Deus. Os julgamentos que você leu não devem ser tomados literalmente. Você tem que olhar mais fundo, entre as linhas e atrás das palavras para descobrir o que João realmente quis dizer quando as escreveu. Para o amilenista, a parte "o que há de vir" do Apocalipse só começa no capítulo 20.

O Apocalipse, contudo, não pode ser alegórico. Ele é um relato dado por Deus a João do que Ele planejou para Seu futuro julgamento sobre este mundo. Deve ser interpretado usando um método literal. Sim, há momentos em que o simbolismo aparece no Apocalipse, mas eles são poucos e o contexto ajuda a deixar claros esses casos. Então, quando digo que o cavaleiro no cavalo branco representa o Anticristo, estou dizendo da mesma forma que o cavaleiro no cavalo pálido representa a morte. Embora lhe seja dado o nome de morte, ele não é a morte em si. A morte não é uma pessoa que anda por aí em uma mortalha carregando uma foice. *Morte* é simplesmente uma palavra que usamos para descrever o momento em que uma vida termina. Os quatro cavaleiros não estão saindo como os julgamentos em si, mas como aqueles que representam os tempos reais e trágicos que estão prestes a sobrevir ao mundo.

> Quando abriu o segundo selo, ouvi o segundo ser vivente dizendo: "Vem!". E saiu outro cavalo, vermelho; e ao seu cavaleiro, foi-lhe dado tirar a paz da Terra para que os homens se matassem uns aos outros; também lhe foi dada uma grande espada (Ap 6.3-4).

Há duas palavras gregas para espada. Uma delas é *rhomphaia* e descreve uma grande espada usada em batalha. Esse é o tipo de arma que se projeta da boca de Jesus quando Ele vem para ferir as nações (19.15). A segunda palavra é *machaira*, que descreve uma espada curta ou adaga. Em vez de ser usada em grandes batalhas, era empregada em violência de contato próximo e em assassinatos. A espada curta é o que o cavaleiro do cavalo vermelho está carregando. É por isso que a tradução do adjetivo grego *megas* como "grande" faz mais sentido que "imensa" ou "enorme", que aparecem em várias versões bíblicas. A arma que esse cavaleiro empunhava era grande em seu poder. Ela não era uma espada curta enorme.

Quando o cavaleiro do cavalo vermelho chegar, ele não vai inaugurar a Terceira Guerra Mundial. Ao invés disso, ele trará divisão, subterfúgio e agitação civil. A frase "os homens se matassem uns aos outros" tem um significado muito pessoal para ele, pessoa a pessoa. A paz desaparecerá – não apenas entre nações, mas dentro de cidades, bairros e casas.

> Quando abriu o terceiro selo, ouvi o terceiro ser vivente dizendo: "Vem!". Então, vi, e eis um cavalo preto e o seu cavaleiro com uma balança na mão. E ouvi uma como que voz no meio dos quatro seres viventes dizendo: "Uma medida de trigo por um denário; três medidas de cevada por um denário; e não danifiques o azeite e o vinho" (Ap 6.5-6).

Muitos de nós experimentamos escassez em nossos supermercados locais quando chegou a Covid. Lojas de grandes redes tinham filas que atravessavam todo o prédio, enquanto as pessoas tentavam comprar artigos básicos e de papelaria. Quando o cavaleiro negro chegar, a população mundial vai ansiar pelos dias em que eles podiam encontrar qualquer coisa nas prateleiras.

O terceiro cavaleiro trará consigo fome e falta de alimentos. As moedas mundiais cairão e a inflação irá disparar. Um quarto de trigo é suficiente para o sustento de uma pessoa, e um denário é o salário de um dia. Como uma pessoa irá alimentar a sua família se estiver ganhando dinheiro suficiente para alimentar apenas uma boca? E isso para aqueles que têm a sorte de ainda ter empregos. Para quem pensa, *Bem, eu vou deixar o trigo e obter a cevada por uma pechincha de três por um*, entenda que é preciso três medidas de cevada para fornecer a mesma alimentação que um quarto de trigo. O óleo e o vinho podem permanecer ilesos, mas quem terá algum dinheiro sobrando para comprá-los?

Quando forem interrompidas as linhas de suprimentos de comida, o caos se seguirá. Exceto por um punhado de pessoas, a população mundial não estará preparada para se sustentar. Primeiro virão protestos, depois saques, depois roubos violentos de suprimentos básicos. A anarquia prevalecerá e os líderes dos governos ficarão totalmente sem soluções.

> Quando o Cordeiro abriu o quarto selo, ouvi a voz do quarto ser vivente dizendo: "Vem!". E olhei, e eis um cavalo amarelo e o seu cavaleiro, sendo este chamado Morte; e o Inferno o estava seguindo, e foi-lhes dada autoridade sobre a quarta parte da Terra para matar à espada, pela fome, com a mortandade e por meio das feras da Terra (Ap 6.7-8).

Conforme se aproximavam os próximos cavaleiros, um arrepio deve ter subido na espinha de João. Por que dois cavaleiros em vez de um? Cada um tem um papel na partida de uma pessoa desta Terra. A Morte reivindica o corpo, enquanto o Inferno leva a alma. À medida que eles fizerem um circuito ao redor do mundo, levarão consigo um quarto das pessoas na Terra. Pense nisso. A população global atual é de cerca de 8 bilhões. Isso significa que durante o período dos julgamentos dos selos, 2 bilhões de pessoas vão morrer. As mortes da Covid estão na casa dos milhões, e veja o que isso fez ao nosso mundo. Imagine: para cada pessoa que morreu nesta pandemia, outras 500-1.000 morrerão apenas durante os julgamentos dos selos.

O que causará essa enorme perda de vidas? Quatro táticas são dadas a esse par mortífero. A violência, seja devido à guerra, agitação civil ou crime, trará um massacre sangrento. Falta de alimentos e fome levarão à morte de milhões por inanição. Essa escassez não se limitará aos países do terceiro mundo. Ela substituirá a abundância de muitas nações de primeiro mundo e cidades altamente populosas experimentarão algumas das piores privações, quando as lojas pararem de ser reabastecidas.

O seguinte é traduzido na versão Almeida Revista e Atualizada como "morte". Mas dizer que as pessoas morrerão por meio da morte é como dizer que um pássaro voará por meio do voo. A palavra grega aqui é *thanatos*, que normalmente significa "morte". No entanto, também pode significar "peste", que, quando olhamos para o contexto, faz mais sentido. Como falamos anteriormente, por mais trágica que a Covid tenha sido para tantas pessoas, ela não é nada comparada com o que está por vir.

Para mim, o último inimigo letal que o mundo enfrentará é o mais assustador. Por causa da falta de alimentos devido ao estrago ambiental que está por vir, os predadores do reino animal terão que encontrar fontes alternativas de alimento. Eles encontrarão suas novas presas reunidas nas cidades ou vagando pelo campo em busca de provisões. Bandos de cães famintos vão percorrer bairros à procura de presas. "Leões, tigres e ursos" não serão apenas animaizinhos fofinhos. É esse o aviso que os pais darão aos filhos, antes destes saírem de casa.

Com tudo isso acontecendo, você pode pensar que as pessoas estariam se voltando para Deus em massa. Todavia, o que acontece é o oposto. Em vez de se voltar para Deus, a maioria se voltará contra o povo de Deus.

Morte do Justo vs. Justiça da Morte

Quando o quinto selo é retirado do pergaminho, um segredo sujo da tribulação sai pela abertura. Enquanto Deus tem trazido o seu justo castigo sobre os ímpios, o Anticristo tem continuado sua perseguição injusta contra os justos.

> Quando ele abriu o quinto selo, vi, debaixo do altar, as almas daqueles que tinham sido mortos por causa da palavra de Deus e por causa do testemunho que sustentavam. Clamaram em grande voz, dizendo: "Até quando, ó Soberano Senhor, santo e verdadeiro, não julgas, nem vingas o nosso sangue dos que habitam sobre a Terra?". Então, a cada um deles foi dada uma vestidura branca, e lhes disseram que repousassem ainda por pouco tempo, até que também se completasse o número dos seus conservos e

seus irmãos que iam ser mortos como igualmente eles foram (Ap 6.9-11).

Quando se trata de nossa salvação, há dois prazos se aproximando. Um deles é a morte. Esse prazo é definitivo. Se você não recebeu a Jesus como seu Salvador e Senhor, quando morrer será tarde demais. Não há segundas chances.

O segundo prazo é o arrebatamento. Se você não tiver dado sua vida a Cristo, quando Jesus remover Sua igreja da Terra, você será deixado para trás. No entanto, embora não haja segunda chance para o arrebatamento, haverá uma segunda chance de salvação. Quando os verdadeiros cristãos forem removidos do mundo, alguns dos que permanecerem se recordarão das palavras que aprenderam na igreja quando crianças ou que ouviram de entes queridos sobre Jesus e Seu perdão. Alguns deles reconhecerão o erro de sua rebelião e se arrependerão de seus pecados. Deus, em Sua graça e misericórdia, os aceitará em Sua família com base na confiança deles em Seu Filho, Jesus Cristo.

Nesse momento, no entanto, esses novos cristãos se encontrarão na pior de todas as situações físicas. Não só sofrerão a violência, as privações e os desastres da tribulação, mas serão caçados e executados por sua fé. Confie em mim, você não quer adiar a entrega de sua vida a Cristo neste momento, por pensar: *Bem, se eu perder o arrebatamento, eu posso simplesmente aceitar a Cristo durante a tribulação.* Lembre-se: o quinto selo revela uma multidão de mártires no céu. Ninguém se torna um mártir morrendo de velhice.

Esse grupo de santos da tribulação é descrito como estando "sob o altar". Por que eles estão escondidos lá? Primeiro, você tem que colocá-los em algum lugar. Não quero ser sarcástico. No entanto, esses novos cristãos não fazem parte da igreja. Esse navio já partiu. Jesus veio e levou Sua noiva embora, enquanto esses homens e mulheres ainda estavam em seus pecados. Portanto, não há um lugar que Jesus tenha ido preparar para eles, como aquele que Ele disse aos discípulos no cenáculo (Jo 14.1-4). Eles não são convidados para o julgamento no tribunal de Cristo, nem são um dos convidados no casamento que se aproxima. Embora ainda sejam amados por Deus e aceitos como parte de Sua família, eles escaparam, como disse Jó: "só com a pele dos meus dentes" (Jó 19.20).

Ademais, ainda que debaixo do altar possa parecer um lugar estranho para abrigá-los, acho que faz muito sentido. Tanto no tabernáculo terrestre quanto no templo, havia dois altares. O altar de bronze, era o lugar onde o sangue era derramado e os sacrifícios, feitos. Um segundo altar estava dentro do Santo Lugar perto do Santo dos Santos. Esse era o altar de ouro do incenso, cuja fumaça exalava um aroma agradável diante do Senhor. Esses santos martirizados já derramaram seu sangue por seu testemunho e caminharam com Cristo. Agora, eles estão sob o altar do incenso clamando suas orações, que eram, como já vimos em 5.8, uma oferta que subia até o trono de Deus.

O conteúdo de suas orações era um apelo por justiça contra aqueles que os assassinaram por sua fé. A resposta de Deus é tão maravilhosa quanto é típica do Seu caráter. Ele não disse: "Estou adiando Meu julgamento final porque devo fazer os ímpios sofrerem mais tempo". Em vez disso, Ele disse: "Estou adiando o fim porque ainda estou esperando que mais pecadores se voltem para Mim". Sim, Ele sabia o que isso significaria para os novos convertidos – a morte violenta de um mártir. Deus, todavia, sempre vê o quadro geral. A morte pode ser dura, mas a vida seguinte seria linda.

A abertura do sexto selo acionou gatilhos tanto sob quanto sobre a Terra:

> Vi quando o Cordeiro abriu o sexto selo, e sobreveio grande terremoto. O sol se tornou negro como saco de crina, a lua toda, como sangue, as estrelas do céu caíram pela Terra, como a figueira, quando abalada por vento forte, deixa cair os seus figos verdes, e o céu recolheu-se como um pergaminho quando se enrola. Então, todos os montes e ilhas foram movidos do seu lugar (Ap 6.12-14).

Um violento terremoto vai abalar o mundo inteiro. Se você já experimentou um terremoto, sabe que parece "grande" não importa o número na escala Richter. Esse será notável tanto pelo seu alcance quanto por sua intensidade. Prédios desabarão e ocorrerão deslizamentos de terra. Muitos dos que vivem perto dos oceanos serão arrastados pelos tsunamis resultantes. Por mais destrutivo que será esse terremoto do sexto selo, haverá pelo menos mais três terremotos durante a tribulação que serão ainda maiores (8.5; 11.13; 16.18-19).

Não é só a Terra que será afetada. O sol escurecerá e a lua ficará avermelhada como sangue. Isso nos leva de volta às profecias do profeta Joel:

> O sol se converterá em trevas,
> e a lua, em sangue,
> antes que venha o grande e terrível Dia do Senhor (Joel 2.31).

Depois, ele liga esses eventos cósmicos com um tremor de terra:

> Multidões, multidões no vale da Decisão!
> Porque o Dia do Senhor está perto, no vale da Decisão.
> O sol e a lua se escurecem,
> e as estrelas retiram o seu resplendor.
> O Senhor brama de Sião
> e se fará ouvir de Jerusalém,
> e os céus e a Terra tremerão;
> mas o Senhor será o refúgio do seu povo
> e a fortaleza dos filhos de Israel (Joel 3.14-16).

Isso descreve um enorme tremor do chão. Então a Terra será atingida por meteoros. Será como estar em um sanduíche de catástrofe, com devastação vindo de baixo e de cima. Não é à toa que o sol e a lua serão obscurecidos pela fumaça de todos os incêndios resultantes. Some-se a isso as erupções vulcânicas que lançarão cinzas na atmosfera, escurecendo ainda mais o sol e a lua e afetando os padrões climáticos.

Como as pessoas na Terra reagirão a essa devastação? Como frequentemente ocorre, em vez de correr para Deus, elas vão fugir Dele.

> Os reis da Terra, os grandes, os comandantes, os ricos, os poderosos e todo escravo e todo livre se esconderam nas cavernas e nos penhascos dos montes e disseram aos montes e aos rochedos: "Caí sobre nós e escondei-nos da face daquele que se assenta no trono e da ira do Cordeiro, porque chegou o grande Dia da ira deles; e quem é que pode suster-se?" (Ap 6.15-17).

Muitas pessoas reconhecerão a causa da calamidade. Elas vão entender que estão experimentando julgamento físico por causa de seu pecado espiritual. Mas, em vez de dizer "Deus, nós pecamos, perdoe-nos! Nós nos arrependemos e vamos segui-lo!", tentarão se esconder do Juiz que tudo vê, é onisciente e Todo-Poderoso. O que teria acontecido se, ao invés disso, elas tivessem se lançado à mercê de Deus? Lembre-se do que Deus disse aos mártires. Durante a tribulação, o Senhor atrasará o julgamento final até que o número total de convertidos esteja completo. Para os que estiverem vivos na Terra, durante este tempo, a salvação estará a apenas um braço de distância. No entanto, eles escolherão a escuridão das cavernas ao invés da luz de Cristo.

CAPÍTULO 8
O PRIMEIRO INTERLÚDIO

APOCALIPSE 7

UMA PERGUNTA FOI FEITA NO FINAL DE APOCALIPSE 6. "E quem poderá subsistir?". João está prestes a dar uma resposta.

Esse capítulo é o primeiro de três interlúdios no livro do Apocalipse (7.1-17; 10.1-11.13; 12.1-14.20). Ele interrompe o fluxo dos julgamentos dos selos, mas não necessariamente o do livro. Durante os julgamentos, ao mesmo tempo em que uma devastação ainda maior está prestes a ocorrer, Deus faz uma interrupção.

> Depois disto, vi quatro anjos em pé nos quatro cantos da Terra, conservando seguros os quatro ventos da Terra, para que nenhum vento soprasse sobre a Terra, nem sobre o mar, nem sobre árvore alguma. Vi outro anjo que subia do nascente do sol, tendo o selo do Deus vivo, e clamou em grande voz aos quatro anjos, aqueles aos quais fora dado fazer dano à Terra e ao mar, dizendo: "Não danifiqueis nem a Terra, nem o mar, nem as árvores, até selarmos na fronte os servos do nosso Deus" (Ap 7.1-3).

Quatro anjos estavam posicionados para dar o próximo golpe na Terra. "Os quatro cantos da Terra" não é uma declaração bíblica de que a Terra seja plana. É simplesmente uma expressão antiga que se refere a todas as partes do globo. Antes que esses anjos fossem enviados para cumprir as ordens recebidas, outro anjo gritou: "Espere! Há algo que tem que ser feito primeiro!". É aqui que somos apresentados à primeira resposta à pergunta: "E quem poderá subsistir?".

Os 144 mil Evangelistas Judeus

Logo após os quatro cavaleiros, na categoria de "Grupos do Apocalipse mais Falados e menos Compreendidos", estão os 144 mil judeus selados para o serviço a Deus. João não viu essa massa de jovens israelenses, e ouve sobre eles:

> Então, ouvi o número dos que foram selados, que era cento e quarenta e quatro mil, de todas as tribos dos filhos de Israel:
>
> da tribo de Judá foram selados doze mil;
> da tribo de Rúben, doze mil;
> da tribo de Gade, doze mil;
> da tribo de Aser, doze mil;
> da tribo de Naftali, doze mil;
> da tribo de Manassés, doze mil;
> da tribo de Simeão, doze mil;
> da tribo de Levi, doze mil;
> da tribo de Issacar, doze mil;
> da tribo de Zebulom, doze mil;
> da tribo de José, doze mil;
> da tribo de Benjamim foram selados doze mil (Ap 7.4-8).

Apesar dos justos julgamentos de Deus sobre a humanidade, o Senhor continua a dar às pessoas a oportunidade de retornar a Ele. Essa é uma demonstração da justiça de Deus e do Seu amor. Ele é justo para responsabilizar a humanidade por suas ações pecaminosas. E ainda assim, Ele continua misericordioso e amoroso o suficiente para fornecer 144 mil evangelistas judeus para levar a mensagem de salvação para o mundo. Ainda que derrame Sua ira, Deus continua a atrair as pessoas para Si mesmo.

Quando você pensa nisso, o que mais Deus poderia ter feito para trazer a criação Dele para uma relação pessoal com Ele? No Antigo Testamento, Deus apresentou o caminho para Sua presença através dos móveis no tabernáculo e depois no templo, começando com o altar de bronze, onde os animais eram sacrificados para cobrir os pecados do dono deles. Em seguida, Ele enviou Seu único Filho para a cruz para pagar o preço do pecado em nosso favor.

Além disso, Deus levantou profetas, apóstolos, evangelistas e professores da Bíblia para compartilhar a mensagem de salvação e instruir a humanidade a viver de forma adequada. No entanto, o mundo não queria nada com Deus. A humanidade foi capturada pelos prazeres do pecado e fez todo o possível para rejeitar a Deus. Por isso, Deus tem de lidar com a depravação da humanidade. No entanto, Ele continua a oferecer salvação durante toda a tribulação, selando este grupo de judeus para levar a mensagem do Evangelho para o mundo.

Esses 144 mil evangelistas judeus serão selados com a marca da proteção de Deus. Assim como ninguém foi capaz de causar mal ao Senhor Jesus Cristo até "Sua hora", ninguém será capaz de causar mal a esses missionários.

Embora a passagem denomine especificamente as doze tribos de Israel, há alguns intérpretes que acreditam que esses 144 mil indivíduos compõem a igreja. Isso é o que acontece quando se espiritualiza uma passagem para torná-la adequada às crenças doutrinárias em vez de lê-la pelo que ela apresenta. Qual é a doutrina quadrada que esses intérpretes estão tentando encaixar no buraco redondo dessa passagem? É a sua Teologia da Substituição, que diz que a igreja tomou o lugar de Israel nos planos de Deus. A única maneira de fazer essa doutrina reformada se encaixar nas Escrituras, especialmente quando se trata de profecia, é alegorizar e espiritualizar muitas partes da Bíblia. Uma leitura literal da Palavra de Deus simplesmente não dará margem a essa compreensão.

Se Deus substituiu Israel pela igreja, pense nas repercussões. Primeiro, a aliança eterna de Deus com Abraão não é mais eterna. Se a aliança de Deus com Abraão não é mais eterna, então não se pode confiar que a promessa Dele de vida eterna para os cristãos seja eterna.

Além disso, se Deus removeu Sua mão de Israel, então como podemos explicar o cumprimento de tantas profecias direcionadas a Israel nas Escrituras? Ezequiel profetizou que Deus prepararia a Terra para o retorno de Israel (Ez 34.26; 36.8-9). Antes dos judeus começarem seu retorno no final do século XIX e início do século XX, toda a área era um deserto cheio de matagais e pântanos com mosquitos da malária. Mesmo quando Israel se tornou uma nação em 1948, apenas 14% da terra era adequada para o cultivo.[6] Hoje, ela é agricolamente autossuficiente e Israel é um grande exportador de alimentos.

Através do mesmo profeta, o Senhor prometeu devolver os judeus à sua terra, vindos de todas as nações em que Ele os havia dispersado (Ez 34.13-16; 36.24; 37.12-14, 21). Desde a independência de Israel, a população do país cresceu de 806.000 para 9.246.000 em 2020.[7]

Deus disse que Ele faria prosperar Israel quando os judeus estivessem em sua própria terra (Ez 36.11-12). Hoje, Israel é uma potência global estabelecida e invejada no Oriente Médio.

Em Isaías 66.8, Deus prometeu que Ele criaria a nação de Israel em um dia. Esse dia foi 14 de maio de 1948, quando o país declarou

---

6 ISRAEL ADVOCACY MOVEMENT. Did Israel get all of the good land? Jerusalém, jul. 2021. Disponível em <http://www.israeladvocacy.net/knowledge/the-truth-of-how-israel-was-created/did-israel-get-all-of-the-good-land/>. Acesso em: 07 set. 2022.

7 STAFF, Toi. Israel's population up to 9.25 million, though growth rate, immigration down. *The Times of Israel*, Jerusalém, 16 set. 2020. Disponível em <https://timesofisrael.com/%20israels-population-up-to-9-25%20-million--but-growth-rate-immigration-down/>. Acesso em: 07 set. 2022.

sua independência. Ele também tem protegido Israel de seus inimigos em meio a todas as guerras e ataques desde então.

Não são apenas as promessas do Antigo Testamento que afirmam a continuidade de Israel. O termo *Israel* é usado setenta vezes no Novo Testamento e sempre se refere ao Israel étnico. Em Gálatas 6.16, Paulo usa a frase "o Israel de Deus" para se referir aos judeus que depositaram sua fé em Jesus Cristo e não dependem da circuncisão para levá-los ao céu. Aplicar essa frase à igreja é inconsistente com a forma como "Israel" é usado em todo o Novo Testamento.

João F. Walvoord discorda fortemente da ideia de que a igreja substituiu Israel. Ele escreveu:

> O fato de que as doze tribos de Israel são apontadas para referência especial no tempo de tribulação é outra evidência de que o termo "Israel" como usado na Bíblia é invariavelmente uma referência aos descendentes de Jacó que primeiro receberam o nome Israel. Gálatas 6.16 não é exceção. A ideia predominante de que a igreja é o verdadeiro Israel não é sustentada por qualquer referência explícita na Bíblia, e a palavra Israel nunca é usada para gentios e refere-se apenas àqueles que são racialmente descendentes de Israel ou Jacó.[8]

Da mesma forma, Robert L. Thomas escreveu o seguinte:

> Deve-se fazer referência ao termo Israel como dirigido aos descendentes físicos de Abraão, Isaque e Jacó. Esse é o entendimento natural e o uso normal da palavra no NT, bem como no AT. Isso explica a divisão detalhada do povo de Deus em doze famílias respondendo individualmente às doze tribos de Israel nos versículos 5-8, e é a explicação

---

8 WALVOORD, John F. *The Revelation of Jesus Christ.* Chicago, IL: Moody, 1989. p. 142.

preferida pela tradição cristã mais antiga. Uma associação do termo à igreja através dos doze apóstolos (cf. Mt 19.28) é improvável porque Apocalipse 21.12, 14 faz uma clara distinção entre os dois grupos de doze. Ele também está em harmonia com a clara distinção feita por Paulo entre dois grupos do povo de Deus, Israel e a igreja, conforme desenvolvido em Romanos 9-11.[9]

Haverá realmente 144 mil desses jovens? Há aqueles que querem colocar um "mais ou menos" no final do número. Dizem que ele significa muitas pessoas. Na verdade, um comentarista reformado escreveu:

> O número é muito exato e artificial para se supor que seja literal. É inconcebível que exatamente o mesmo número, precisamente doze mil, seja selecionado de cada tribo dos filhos de Israel. Se for literal, é necessário supor que isso se refere às doze tribos dos filhos de Israel. No entanto, em todas as suposições isso é absurdo. Dez de suas tribos tinham há muito sido levadas, e a distinção das tribos foi perdida, para nunca mais ser recuperada, e o povo hebreu nunca esteve, desde a época de João, em circunstâncias nas quais a descrição aqui pudesse ser aplicável.[10]

Eu tenho que rir quando eu leio isso. Esse comentarista usou a palavra *inconcebível* ao falar sobre a possibilidade de haver exatamente 144 mil. É como se ele estivesse dizendo: "Claro, Deus é soberano e Todo-Poderoso e criou todas as coisas do nada e tem sustentado e mantido o universo desde então. Ele forneceu um plano perfeito de salvação para toda a humanidade. Mas reunir exatamente 12 mil judeus de cada tribo? Inconcebível!".

---

9 THOMAS, Robert L. *Revelation 1-7*: An Exegetical Commentary. Chicago, IL: Moody, 1992. v. 1. p. 476-477.
10 BARNES, Albert: COBBIN, Ingram. *Barnes' Notes on the New Testament*. Naples, FL: GraceWorks Multimedia, 2008.

O comentarista continua e diz que é absurdo pensar que o que se discute aqui são mesmo judeus reais, porque os judeus estão perdidos – espalhados aos quatro ventos. Seria impossível pensar que tantos judeus iriam se reunir, diz ele. Vou dar um desconto sobre esse ponto. Ele escreveu seu comentário reformado em meados do século XIX. Portanto, não estava por perto para ver a maneira como Deus milagrosamente reuniu Seu povo de volta, de todos os cantos do globo, como Ele prometeu que faria em Ezequiel 36-37. O comentarista não soube da criação de Israel em um dia, em 1948. Ele já se fora antes que a população do país crescesse para 9 milhões, dos quais 7 milhões são judeus, todos reunidos mais uma vez na Terra Prometida. Afinal, parecia impossível para ele que Deus fosse cumprir Sua promessa aos judeus, então a alegorizou. Então Deus fez de Israel uma nação novamente.

Uma olhada de perto na lista de tribos faz com que alguns se perguntem por que tanto José quanto seu filho Manassés são mencionados, mas o outro filho de José, Efraim, é deixado de fora. E onde está a tribo de Dã? Ao olhar através das Escrituras, descobre-se várias listas tribais de Israel que não estão em harmonia uma com a outra (Gn 35; 1Cr 4-7; Ez 48; Ap 7). É possível que Efraim tenha sido deixado de fora porque era a mais idólatra de todas as tribos ou porque seu nome se tornou sinônimo de reino do norte, durante o período da monarquia dividida. No entanto, a tribo de Efraim não está totalmente excluída, pois teriam sido incluídos sob o título de José.

Charles C. Ryrie toma a mesma posição de "não se preocupar" quando se trata da tribo de Dã. Ele explica:

> Qualquer que seja a razão para a omissão de Dã da lista de tribos das quais os 144 mil eleitos virão, esse não é o fim das relações de Deus com aquela tribo. Os danitas receberão uma parte da terra durante o reino milenar. De fato, em Ezequiel 48.1, Dã encabeça a lista das tribos quando a herança é dividida a elas (cf. também 48.32). Portanto,

a exclusão aqui não é permanente, pois os dons e os chamados de Deus em relação ao Seu povo, incluindo Dã, são impassíveis de arrependimento.[11]

Falamos brevemente sobre o "selo" desses evangelistas. O que exatamente é isso? Podemos obter uma pista olhando para o Antigo Testamento quando a glória do Senhor estava prestes a se afastar do templo em Jerusalém:

> A glória do Deus de Israel se levantou do querubim sobre o qual estava, indo até à entrada da casa; e o Senhor clamou ao homem vestido de linho, que tinha o estojo de escrevedor à cintura, e lhe disse: "Passa pelo meio da cidade, pelo meio de Jerusalém, e marca com um sinal a testa dos homens que suspiram e gemem por causa de todas as abominações que se cometem no meio dela". Aos outros disse, ouvindo eu: "Passai pela cidade após ele; e, sem que os vossos olhos poupem e sem que vos compadeçais, matai" (Ez 9.3-5).

Quando o julgamento chegou, aqueles que haviam sido marcados por Deus foram poupados. O resto enfrentou as justas retribuições por seus pecados. Da mesma forma, os 144 mil em Apocalipse 7 serão selados para indicar que são propriedade de Deus e Ele os protegerá daqueles que buscam lhes causar mal.

Por que alguém iria querer lhes causar mal? Porque eles sobressairão a todos os outros em sua dedicação à justiça e à pureza. Eles serão exemplos vivos do fracasso do código moral mundial. As pessoas os odiarão porque eles representarão tudo o que há de errado com as próprias vidas delas. Como Jesus disse aos Seus discípulos no cenáculo:

---

11 RYRIE, Charles C. *Revelation*. Chicago, IL: Moody, 2018.

Se o mundo vos odeia, sabei que, primeiro do que a vós –, me odiou a mim. Se vós fôsseis do mundo, o mundo amaria o que era seu; como, todavia, não sois do mundo, pelo contrário, dele vos escolhi, por isso, o mundo vos odeia (Jo 15.18-19).

No entanto, isso se deve em parte ao testemunho desse primeiro grupo de pessoas, que "poderão se subsistir", que somos capazes de ser apresentados ao próximo grupo.

Uma Multidão de Mártires

Quão aliviado você fica em saber que não terá que sobreviver aos terrores da tribulação? Imagine a alegria daqueles que foram arrebatados nos meses ou anos da tribulação por causa de seu pecado, mas agora encontram-se seguros diante do Deus, cuja graça chegou em meio ao julgamento e os tirou do fogo. Não é à toa que nos encontramos no meio de outro culto espontâneo.

> Depois destas coisas, vi, e eis grande multidão que ninguém podia enumerar, de todas as nações, tribos, povos e línguas, em pé diante do trono e diante do Cordeiro, vestidos de vestiduras brancas, com palmas nas mãos; e clamavam em grande voz, dizendo: "Ao nosso Deus, que se assenta no trono, e ao Cordeiro, pertence a salvação" (Ap 7.9-10).

Essa grande multidão de pessoas que creram, martirizados na tribulação, é composta por judeus e gentios. Os que são hostis a Deus os mataram. Então o Senhor os recebeu em Sua presença. Eles foram do inferno na Terra para a sala do trono no céu. Como os mártires do capítulo 6, eles estão clamando ao Senhor. Porém, a mensagem desse grupo não é um pedido por mais julgamento, mas um louvor pela salvação deles.

Embora a situação física dessa multidão possa ser diferente da nossa, a nossa situação espiritual era exatamente a mesma que a deles. Estávamos todos destinados a uma eternidade apartados de Deus. Então, por causa do sacrifício de Jesus, a nossa morte eterna tornou-se a vida eterna. O profeta Isaías declarou isso de forma muito linda:

> Todos nós andávamos desgarrados como ovelhas;
> cada um se desviava pelo caminho,
> mas o Senhor fez cair sobre ele a iniquidade de nós todos.
> Ele foi oprimido e humilhado,
> mas não abriu a boca;
> como cordeiro foi levado ao matadouro;
> e, como ovelha muda perante os seus tosquiadores,
> ele não abriu a boca (Is 53.6-7).

Um verdadeiro reconhecimento do amor de Deus e de nossa salvação levará à adoração. É impossível não ser assim. Não posso deixar de sorrir enquanto imagino homens, mulheres e crianças de todas as nações do mundo reunidos em um coro diante do Senhor. Isso me lembra de conferências em que palestro ao redor mundo. Em muitas, nem falo a língua daqueles que vivem lá, mas ainda me junto à adoração, deixando meu hebraico se fundir com a língua deles. Mesmo que as palavras possam ser diferentes, tudo se mistura em adoração alegre Àquele que nos deu uma nova vida. É por isso que não é surpreendente ver o que acontece a seguir.

Os anjos, os anciãos e as criaturas estão maravilhados com a pureza e sinceridade da adoração dos mártires e com a lembrança da grandeza da graça de Deus. Por isso, eles se prostram e se juntam a outra doxologia sétupla, semelhante à que lemos em 5.12.

> Todos os anjos estavam de pé rodeando o trono, os anciãos e os quatro seres viventes, e ante o trono se prostraram sobre o seu rosto, e adoraram a Deus, dizendo:

> "Amém! O louvor, e a glória, e a sabedoria,
> e as ações de graças, e a honra, e o poder, e a força
> sejam ao nosso Deus, pelos séculos dos séculos.
> Amém!" (Ap 7.11-12).

Louvores genuínos levam outros a louvores genuínos. Muitas vezes estive em igrejas onde o culto parecia uma grande produção. A banda pode ser excelente e os cantores podem ter belas vozes, mas eles estão se apresentando ao invés de adorar. Eles honram Deus com seus lábios, mas seus corações estão longe Dele (Is 29.13). Como resultado, a congregação também honra a Deus em alta voz, mas com corações vazios.

A verdadeira adoração gera adoração, e a adoração desse grupo de mártires foi suficiente para deixar todo o ambiente de joelhos. Quem é exatamente esse grupo de louvor? Já tocamos nesse assunto, mas João ainda está no escuro.

> Um dos anciãos tomou a palavra, dizendo: "Estes, que se vestem de vestiduras brancas, quem são e donde vieram?". Respondi-lhe: "Meu Senhor, tu o sabes". Ele, então, me disse: "São estes os que vêm da grande tribulação, lavaram suas vestiduras e as alvejaram no sangue do Cordeiro, razão por que se acham diante do trono de Deus e o servem de dia e de noite no seu santuário; e aquele que se assenta no trono estenderá sobre eles o seu tabernáculo. Jamais terão fome, nunca mais terão sede, não cairá sobre eles o sol, nem ardor algum, pois o Cordeiro que se encontra no meio do trono os apascentará e os guiará para as fontes da água da vida. E Deus lhes enxugará dos olhos toda lágrima" (Ap 7.13-17).

Há vários *insights* interessantes que podemos extrair dessa passagem. Primeiro, note que esses são santos da tribulação, não santos da igreja. Eles saíram da grande tribulação. A igreja já está desfrutando do lugar que Jesus havia preparado para Sua noiva.

Segundo, eles servem ao Senhor dia e noite em Seu templo. O céu não é um lugar onde os cristãos se sentam em nuvens e tocam harpas. É um local de serviço. É uma eternidade de expressão de nossa gratidão ao nosso Senhor através do cumprimento de quaisquer responsabilidades que Ele nos der.

Terceiro, eles estarão para sempre na presença do Senhor, pois Ele habitará entre eles. Nunca mais terão que se preocupar com comida ou água. Nunca mais terão frio, nem sofrerão melanomas devido à superexposição ao sol. Não enfrentarão a perda e nem derramarão lágrimas porque um ente querido foi tirado deles.

Em Apocalipse 7, vemos 144 mil na Terra e uma multidão no céu. O que eles têm em comum? Todos pertencem ao Senhor. Se estão selados na testa ou vestidos com vestes brancas, os olhos de Deus estão sobre eles. Ele os escolheu e os chamou ao Seu serviço, seja como um testemunho da justiça em um mundo profano ou como um testemunho de louvor na santidade da sala do trono do Senhor.

À medida que avançarmos para o próximo capítulo, o sétimo e último selo será aberto, desencadeando um resultado muito inesperado.

CAPÍTULO 9

SOAM AS TROMBETAS

APOCALIPSE 8-9

SILÊNCIO.
Depois de todo o canto e dos gritos de louvor. Depois do tumulto de criaturas, anciãos, mártires e dezenas e dezenas de milhares de anjos levantando suas vozes, o Cordeiro quebra o sétimo selo, a tomada é puxada, e até os grilos celestiais ficam quietos.

> Quando o Cordeiro abriu o sétimo selo, houve silêncio no céu cerca de meia hora (Ap 8.1).

Você consegue imaginar o silêncio no céu? Essa deve ser a primeira vez. Não nos é informada a razão dele. O Cordeiro de Deus ainda segura o pergaminho. Seis dos sete selos foram abertos. Cada anjo está a postos para realizar mais julgamentos. No entanto, nenhum comando é ouvido. Ninguém está falando.

Um Momento de Paz

Ao seguir a leitura do Apocalipse, descobre-se muitas visões e sons. Na verdade, há uma fórmula de "visões e sons" ao longo desse livro.

> Ao redor do trono, há também vinte e quatro tronos, e assentados neles, vinte e quatro anciãos vestidos de branco, em cujas cabeças estão coroas de ouro. Do trono saem relâmpagos, vozes e trovões (Ap 4.4-5).

> E o anjo tomou o incensário, encheu-o do fogo do altar e o atirou à Terra. E houve trovões, vozes, relâmpagos e terremoto (Ap 8.5).

> Abriu-se, então, o santuário de Deus, que se acha no céu, e foi vista a arca da Aliança no seu santuário, e sobrevieram relâmpagos, vozes, trovões, terremoto e grande saraivada (Ap 11.19).

> E sobrevieram relâmpagos, vozes e trovões, e ocorreu grande terremoto, como nunca houve igual desde que há gente sobre a Terra; tal foi o terremoto, forte e grande (Ap 16.18).

Essas visões e sons são um lembrete do poder e da magnificência de Deus. O povo de Israel viu algo assim no Monte Sinai.

> Ao amanhecer do terceiro dia, houve trovões, e relâmpagos, e uma espessa nuvem sobre o monte, e mui forte clangor de trombeta, de maneira que todo o povo que estava no arraial se estremeceu. E Moisés levou o povo fora do arraial ao encontro de Deus; e puseram-se ao pé do monte. Todo o monte Sinai fumegava, porque o Senhor descera sobre ele em fogo; a sua fumaça subiu como fumaça de uma fornalha, e todo o monte tremia grandemente. E o clangor da trombeta ia aumentando cada vez mais; Moisés falava, e Deus lhe respondia no trovão. Descendo o

Senhor para o cimo do monte Sinai, chamou o Senhor a Moisés para o cimo do monte. Moisés subiu (Êx 19.16-20).

Tendo visto e ouvido o poder de Deus, os israelitas estavam aterrorizados. "Fala-nos tu, e te ouviremos; porém não fale Deus conosco, para que não morramos", eles imploraram a Moisés (Êx 20.19). Quantas vezes somos assim? Adoramos ter um Deus poderoso por perto quando estamos em apuros. Mas, no dia a dia, quando a Sua força e santidade podem nos lembrar de nossa própria fraqueza e injustiça, preferimos tê-Lo em segundo plano. "Deixe que o pastor fale com Ele e nos conte o que Ele disse". O quanto os hebreus perderam ao exigir que houvesse um intermediário entre eles e um Deus santo?

Quando o Cordeiro abriu o sétimo selo, houve silêncio no céu cerca de meia hora. Então, vi os sete anjos que se acham em pé diante de Deus, e lhes foram dadas sete trombetas. Veio outro anjo e ficou de pé junto ao altar, com um incensário de ouro, e foi-lhe dado muito incenso para oferecê-lo com as orações de todos os santos sobre o altar de ouro que se acha diante do trono; e da mão do anjo subiu à presença de Deus a fumaça do incenso, com as orações dos santos (Ap 8.1-4).

O céu pode ter ficado quieto por esses trinta minutos, mas não estava parado. Sete anjos estavam diante de Deus. A palavra grega traduzida "em pé" é *histemi* e está no tempo perfeito. O que isso significa é que esses anjos estavam lá há algum tempo. Eles estavam esperando lá e continuam esperando lá, antecipando o momento em que seriam chamados para realizar sua tarefa especial. Em preparação para aquele momento, cada um recebeu uma trombeta.

Então outro anjo vem com um incenso. O que é o incenso? Como vimos antes, são as orações dos santos. O fato de o anjo receber muito incenso significa que não são as orações de alguns indivíduos, mas de uma multidão. Que oração era essa que a multidão de mártires estava oferecendo diante do Senhor? "Até quando, ó Soberano

Senhor, santo e verdadeiro, não julgas, nem vingas o nosso sangue dos que habitam sobre a Terra?" (Ap 6.10). No final do intervalo de meia hora do céu, o Senhor disse: "Agora!".

> E o anjo tomou o incensário, encheu-o do fogo do altar e o atirou à Terra. E houve trovões, vozes, relâmpagos e terremoto (Ap 8.5).

Quando o intervalo celestial terminou, o final veio com um estrondo. Que incrível visão do poder da oração! Deus assegurou aos mártires que Ele tinha ouvido suas petições, mas que ainda não era o momento. Ele prometeu que quando o número adequado de pessoas se arrependesse e viesse até Ele, então liberaria Sua retribuição contra os carrascos deles. No final da meia hora de paz, o número foi atingido. As orações dos santos da tribulação foram reunidas e arremessadas em direção à Terra.

O Soar das Trombetas

O primeiro anjo colocou sua trombeta nos lábios e tocou. O que se seguiu era inimaginável.

> Então, os sete anjos que tinham as sete trombetas prepararam-se para tocar. O primeiro anjo tocou a trombeta, e houve saraiva e fogo de mistura com sangue, e foram atirados à Terra. Foi, então, queimada a terça parte da terra, e das árvores, e também toda erva verde (Ap 8.6-7).

Com o som dessa primeira trombeta, um terço do mundo enfrenta danos irreversíveis, começando pela vegetação. Hoje, quando ouvimos falar de incêndios florestais, os danos são medidos em acres ou quilômetros. Quando a primeira trombeta soar, os danos serão medidos por países, talvez até continentes. A ecologia de toda a Terra será virada de cabeça para baixo. O colapso econômico se seguirá, juntamente com a escassez de alimentos e os enormes danos materiais causados pelos incêndios. Se por acaso você trabalha para uma companhia de seguros, provavelmente vai precisar começar a procurar um novo emprego.

> O segundo anjo tocou a trombeta, e uma como que grande montanha ardendo em chamas foi atirada ao mar, cuja terça parte se tornou em sangue, e morreu a terça parte da criação que tinha vida existente no mar, e foi destruída a terça parte das embarcações (Ap 8.8-9).

O som da segunda trombeta trará devastação da água salgada. Algo maciço, envenenado, em chamas será atirado no mar. Pode ser um meteoro ou o conteúdo de uma erupção vulcânica. Seja o que for, sabemos que não é um desastre natural. Desastres naturais são resultados aleatórios de um mundo impessoal. Essa ação é intencional. O fato de ser "atirado" significa que alguém teve que atirá-lo. O tsunami resultante será grande o suficiente para derrubar, afundar ou levar para longe da costa um terço de todos os navios. Em 2016, o número de navios no oceano em qualquer dado momento era de cerca de 50 mil.[12] Isso significa que cerca de 17 mil navios e suas tripulações serão destruídos nesse ato cataclísmico. Os danos às linhas de abastecimento serão irreparáveis.

Mas o que é significativo não é apenas o tamanho dessa "grande montanha", mas sua composição. Há algo nela que fará com que o mar se transforme em sangue e um terço de toda a vida marinha seja destruída. As empresas de pesca terão que fechar as portas. As economias de muitos países costeiros implodirão. O mundo ficará cambaleando. E até esse ponto apenas duas trombetas terão soado.

> O terceiro anjo tocou a trombeta, e caiu do céu sobre a terça parte dos rios, e sobre as fontes das águas uma grande

---

7 BARANIUK, Chris. What it's like to sail a giant ship on earth's busiest seas. *BBC*, Londres, 26 nov. 2016. Disponível em: <https://www.bbc.com/future/article/20161128-what-its-like-to-sail-colossal-ships-on-earths-busiest-sea>. Acesso em: 07 set. 2022.

> estrela, ardendo como tocha. O nome da estrela é Absinto; e a terça parte das águas se tornou em absinto, e muitos dos homens morreram por causa dessas águas, porque se tornaram amargosas (Ap 8.10-11).

Depois do clangor da terceira trombeta, segue-se a devastação da água doce. Uma estrela chamada Absinto cai na Terra. Isso poderia muito bem ser um ataque de meteoros. Nas Escrituras, o absinto é usado para ilustrar a amargura, como visto nas palavras do profeta Jeremias: "Fartou-me de amarguras, saciou-me de absinto" (Lm 3.15). Um terço de toda a água doce será contaminada pela estrela. O fato de "muitos homens morrerem por causa dessa água" indica que ou a mancha é muito forte para técnicas modernas de descontaminação ou os sistemas de purificação de água em muitas cidades e países não existirão mais. Enquanto a destruição de fontes de alimentos começa a reivindicar vítimas em semanas, a perda de água potável começa a tirar vidas em grande escala dentro de alguns dias.

> O quarto anjo tocou a trombeta, e foi ferida a terça parte do sol, da lua e das estrelas, para que a terça parte deles escurecesse e, na sua terça parte, não brilhasse, tanto o dia como também a noite (Ap 8.12).

Quando o quarto anjo soar sua trombeta, os céus, como os conhecemos, serão mudados para sempre. Um terço do sol, da lua e das estrelas será escurecido. Esse é um julgamento fascinante de se contemplar. A primeira parte do versículo faz parecer que um terço do sol ficará escuro, um terço da Lua ficará escura, e um terço das estrelas não brilharão mais; e isso parece uma impossibilidade. A Terra congelaria imediatamente se um terço do sol parasse de queimar. A segunda parte do versículo pode conter a chave para o que está acontecendo: "e, na sua terça parte, não brilhasse, tanto o dia como também a noite". Acho que é bastante provável que, por um terço do dia, e um terço da noite, a Terra será mergulhada em escuridão total. Durante essas horas, a luz do sol desaparecerá, o reflexo dela na Lua desaparecerá, e a luz das hostes celestiais será obscurecida.

O Primeiro Ai

É difícil imaginar os sentimentos de João enquanto ele está testemunhando o sofrimento sobre a humanidade. É claro que há a compreensão de que Deus é justo, e que eles estão recebendo os salários de seus próprios pecados. Mas seria preciso ser muito frio para não ter empatia, pelo menos até certo ponto, para com a situação daqueles que permanecem na Terra. João sabia, porém, que só ia piorar, pois havia três anjos perto dele que ainda não haviam soado a trombeta. E havia agora um outro anjo que voou para lembrar a todos que o pior ainda está por vir.

> Então, vi e ouvi uma águia que, voando pelo meio do céu, dizia em grande voz: "Ai! Ai! Ai dos que moram na Terra, por causa das restantes vozes da trombeta dos três anjos que ainda têm de tocar!" (v. 13).

No livro de Apocalipse, não só há três séries de julgamentos como também há três ais. A palavra traduzida como "ai" é o termo grego *ouai*. É uma expressão de dor e raiva. É um grito de angústia. É alguém clamando porque não sabe para onde ir, porque os governos entraram em colapso, os hospitais estão superlotados e subabastecidos e as organizações voluntárias se dissolveram porque todos estão apenas tentando sobreviver.

Assim que o anjo voou gritando "Ai, ai, ai" para aqueles que ainda sobrevivem na Terra, começa a primeira das três desgraças.

> O quinto anjo tocou a trombeta, e vi uma estrela caída do céu na Terra. E foi-lhe dada a chave do poço do abismo (Ap 9.1).

O poço do abismo é mais uma daquelas imagens no Apocalipse da qual a cultura se apossou, distorcendo tudo, é claro. A palavra grega é *abussos*, da qual temos *abismo*. A palavra é encontrada nove vezes na Bíblia, sete das quais estão no livro do Apocalipse. O que é o abismo?

Quando Jesus foi para o lado gentio do Mar da Galileia, Ele conheceu um homem que estava possuído por uma horda demoníaca. Jesus perguntou o nome dos demônios e eles responderam "Legião" porque havia muitos deles (Lc 8.30). Enquanto Jesus se preparava para expulsá-los, os demônios ficaram aterrorizados e imploraram a Ele para que não os mandasse para o abismo (v. 31). Em um ato de incrível misericórdia para aqueles que eram Seus inimigos, Jesus, em vez disso, enviou-os para um rebanho de suínos próximo. Os porcos entraram em pânico e desceram morro abaixo até o mar, onde se afogaram.

Da mesma forma, toda vez que encontramos o abismo ou o poço sem fundo nas Escrituras, ele está associado às forças demoníacas. João nos diz que a besta subirá do abismo (Ap 11.7; 17.8), e que, no final da tribulação, o diabo será trancado no poço sem fundo por um período de 1.000 anos antes de ser solto no mundo para enganar as nações mais uma vez (Ap 20.1-3). Assim, podemos estar confiantes de que o que entra no abismo ou sai dele é demoníaco por natureza.

> Ela abriu o poço do abismo, e subiu fumaça do poço como fumaça de grande fornalha, e, com a fumaceira saída do poço, escureceu-se o sol e o ar. Também da fumaça saíram gafanhotos para a Terra; e foi-lhes dado poder como o que têm os escorpiões da Terra, e foi-lhes dito que não causassem dano à erva da Terra, nem a qualquer coisa verde, nem a árvore alguma e tão somente aos homens que não têm o selo de Deus sobre a fronte. Foi-lhes também dado, não que os matassem, e sim que os atormentassem durante cinco meses. E o seu tormento era como tormento de escorpião quando fere alguém. Naqueles dias, os homens buscarão a morte e não a acharão; também terão ardente desejo de morrer, mas a morte fugirá deles (Ap 9.2-6).

Uma nuvem escura enche o ar. As pessoas se perguntarão se uma massa de ar está se movendo, talvez uma tempestade que derramará água doce suficiente para que eles aliviem suas gargantas secas. Mas então eles notarão que a nuvem é muito baixa e está se movendo extremamente rápido. Em breve, o movimento e as ondulações da massa lhes dirão que ela nada tem a ver com o tempo – ela está viva. Os primeiros gafanhotos chegam, pousando em pessoa após pessoa. Gritos ecoam pelo ar quando o ataque começa. A dor de sua picada será abrasadora, e as feridas resultantes serão insuportáveis. Não haverá como escapar delas porque eles virão em dezenas de milhões. Causarão uma dor horrível, mas não poderão tirar a vida de ninguém, mesmo que haja alguns que desejarão que os gafanhotos os tirem de sua miséria.

Isso não será como a praga dos gafanhotos que vieram sobre os egípcios na época de Moisés. Esses gafanhotos foram direcionados para os suprimentos alimentares do Faraó e seu povo. Os gafanhotos do Apocalipse receberão ordens para evitar as colheitas completamente. Eles se alimentarão do povo. Além disso, os gafanhotos egípcios só ficaram por dias; esses gafanhotos da tribulação permanecerão por cinco meses. Imagine isso. Pense em cinco meses a partir do dia em que você está lendo isso. Todos os dias, entre agora e então, você teria receio de sair por medo dos gafanhotos, que imediatamente lhe infligiriam a dor ardente de mais picadas.

No entanto, haverá algumas pessoas que poderão muito bem estar fazendo piquenique no parque, brincando de lançar disco e alimentando os patos, enquanto todos os outros estarão encolhidos em suas casas. As 144 mil testemunhas serão à prova de insetos, porque receberam o selo de proteção do próprio Deus. Muitos se ressentirão pelo fato de as testemunhas serem imunes aos gafanhotos e buscarão lhes causar mal – sem sucesso. Mas é provável que haja outros que reconhecerão que a proteção delas é de natureza divina e, como resultado, recorrerão a Deus.

Tem havido muita controvérsia sobre se esses seres são realmente gafanhotos. João é bastante descritivo ao falar sobre isso, e muito do que diz não parece estar relacionado a gafanhotos.

> O aspecto dos gafanhotos era semelhante a cavalos preparados para a peleja; na sua cabeça havia como que coroas parecendo de ouro; e o seu rosto era como rosto de homem; tinham também cabelos, como cabelos de mulher; os seus dentes, como dentes de leão; tinham couraças, como couraças de ferro; o barulho que as suas asas faziam era como o barulho de carros de muitos cavalos, quando correm à peleja; tinham ainda cauda, como escorpiões, e ferrão; na cauda tinham poder para causar dano aos homens, por cinco meses; e tinham sobre eles, como seu rei, o anjo do abismo, cujo nome em hebraico é Abadom, e em grego, Apoliom (Ap 9.7-11).

Coroas, rostos como de homens, cabelos como de mulheres, dentes como de leões, couraça de ferro, caudas como de escorpiões. O que são essas coisas? Alguns comentaristas acreditam que João está descrevendo helicópteros modernos, e há elementos da descrição aqui que se encaixam. No entanto, a menos que o piloto que segura o manche e controla os pedais tenha pequenos chifres vermelhos e uma cauda pontuda, isso não funciona muito bem. Lembre-se: esses gafanhotos não vieram de uma fábrica de helicópteros Sikorsky; eles vieram voando do abismo. Não há razão para alegorizar a origem deles. João disse que esses são gafanhotos demoníacos, e quando eu leio a descrição dessas pequenas criaturas, soam exatamente como ele disse que são.

Mais uma razão para olhar para eles como criaturas demoníacas é o fato de que têm um rei que os lidera. Ele é o anjo do abismo com um nome muito apropriado – "Destruição" ou "Destruidor". Como é a hierarquia do poço sem fundo, não sabemos. Essa é a única espiada que demos nessa ordem demoníaca. Só sabemos o que podemos ler aqui – que eles eram liderados por seu rei e que lhes foi dada autoridade do céu para atormentar a humanidade. Todavia, apenas até certo ponto e por um tempo específico.

Cinco meses desse horror se qualifica como o primeiro ai. Mas espere, há mais desgraça por vir.

> O primeiro ai passou. Eis que, depois destas coisas, vêm ainda dois ais. O sexto anjo tocou a trombeta, e ouvi uma voz procedente dos quatro ângulos do altar de ouro que se encontra na presença de Deus, dizendo ao sexto anjo, o mesmo que tem a trombeta: Solta os quatro anjos que se encontram atados junto ao grande rio Eufrates (Ap 9.12-14).

O rio Eufrates é bem conhecido no Oriente Médio, mas quem é do Ocidente ouvia pouco sobre ele, até Saddam Hussein invadir o Kuwait em 1990. De repente, o Eufrates estava em todos os noticiários. Muitos leitores da Bíblia, no entanto, estavam cientes dele bem antes da Operação Tempestade no Deserto. Quando Deus criou o homem, Ele também plantou um jardim onde poderia viver. Isso foi no Éden. Havia um rio correndo pelo jardim que mantinha todas as plantas e árvores exuberantes dando frutos. Assim que o rio saía do jardim, ele dividia-se em quatro rios.

> O primeiro chama-se Pisom; é o que rodeia a terra de Havilá, onde há ouro. O ouro dessa terra é bom; também se encontram lá o bdélio e a pedra de ônix. O segundo rio chama-se Giom; é o que circunda a terra de Cuxe. O nome do terceiro rio é Tigre; é o que corre pelo oriente da Assíria. E o quarto é o Eufrates (Gn 2.11-14).

Hoje, o rio Eufrates se origina na atual Turquia, passa pela Síria, entra no Iraque e desagua no Golfo Pérsico. Muitas pessoas dependem dele para comida, água potável e até eletricidade através da represa Haditha, que fornece energia para Bagdá. O que poucas pessoas que vivem ao longo do rio percebem é que Deus mantém quatro espíritos demoníacos atados ao longo da hidrovia. Eles estão trancados lá há séculos, aguardando sua libertação. Na sexta trombeta, as suas correntes cairão por terra.

Foram, então, soltos os quatro anjos que se achavam preparados para a hora, o dia, o mês e o ano, para que matassem a terça parte dos homens. O número dos exércitos da cavalaria era de vinte mil vezes dez milhares; eu ouvi o seu número. Assim, nesta visão, contemplei que os cavalos e os seus cavaleiros tinham couraças cor de fogo, de jacinto e de enxofre. A cabeça dos cavalos era como cabeça de leão, e de sua boca saía fogo, fumaça e enxofre. Por meio destes três flagelos, a saber, pelo fogo, pela fumaça e pelo enxofre que saíam da sua boca, foi morta a terça parte dos homens; pois a força dos cavalos estava na sua boca e na sua cauda, porquanto a sua cauda se parecia com serpentes, e tinha cabeça, e com ela causavam dano (Ap 9.15-19).

Aqui vemos um exército demoníaco de 200 milhões de soldados. Desse material são feitos os pesadelos e filmes de terror de sucesso. Esse exército colossal pode ser feito de humanos ou pessoas possuídas por demônios. Não é muito difícil ver armaduras modernas e guerra aérea nas descrições. No entanto, também é possível que eles sejam uma força sobrenatural – uma espécie de mal oposto ao que foi visto pelo profeta Eliseu (2Rs 6.16-17). Diferente dos gafanhotos, não sabemos a origem do exército, então sua composição depende de especulação. Outro terço da humanidade será dizimada por essa terrível milícia. Isso equivale a um número de bilhões, o que torna muito mais fácil ver esse exército como algo que não é deste mundo.

Certamente, depois de toda a devastação que ocorre após o som das seis trombetas, a humanidade teria que estar de joelhos em arrependimento, clamando por misericórdia de Deus. Mas isso está longe de ser o caso.

Os outros homens, aqueles que não foram mortos por esses flagelos, não se arrependeram das obras das suas mãos, deixando de adorar os demônios e os ídolos de ouro, de prata, de cobre, de pedra e de pau, que nem podem ver, nem ouvir, nem andar; nem ainda se arrependeram dos seus assassínios, nem das suas feitiçarias, nem da sua prostituição, nem dos seus furtos (Ap 9.20-21).

Como cristãos, todos nós experimentamos tempos em que fazemos nossas próprias coisas. Temos pecado em nossa mente e não pensamos nas consequências. Por fim, o Senhor nos disciplina de uma forma ou de outra e recebe nossa atenção. Quando isso acontece, temos uma escolha a fazer. Podemos ignorar Seus avisos e pagar um preço alto. Ou podemos nos arrepender de nossa tolice. Quando nos arrependemos, Ele está pronto para perdoar e restaurar nossa relação com Ele.

Os incrédulos da tribulação também têm a opção de recorrer a Deus para o perdão. Todavia, o desejo deles por pecado supera o preço que estão pagando. Para eles, o benefício percebido vale o custo. Infelizmente, com a última trombeta prestes a soar, a janela de oportunidade para o arrependimento está se fechando rapidamente.

CAPÍTULO 10

O SEGUNDO INTERLÚDIO.
PARTE UM: JOÃO COME O LIVRO

APOCALIPSE 10

Próximo ao final de 2021, eu lancei o meu primeiro romance, *Operation Joktan*. É uma história emocionante de dois agentes do Mossad, Nir Tavor e Nicole Le Roux, que buscam impedir um ataque devastador que tiraria milhares de vidas em Dubai, nos Emirados Árabes Unidos. Uma coisa que eu aprendi enquanto trabalhava com meu parceiro de escrita é a ideia de ritmo. Depois de várias cenas de ações frenéticas, é bom desacelerar um pouco as coisas. É preciso permitir que o leitor ocasionalmente pare e respire.

Acabamos de ler sobre o sofrimento horrível e a morte de bilhões de pessoas durante os primeiros seis julgamentos das trombetas. Com uma perfeita compreensão do ritmo, o Senhor retarda a ação antes que a sétima trombeta soe. Esse interlúdio ocorre em 10.1-11.14, não sem a sua própria dose de violência e destruição. Nele, observamos um anjo poderoso, um pequeno pergaminho, duas testemunhas em Jerusalém, e o segundo ai.

O Poderoso Anjo

Entra em cena um novo anjo, magnífico em sua aparência.

> Vi outro anjo forte descendo do céu, envolto em nuvem, com o arco-íris por cima de sua cabeça; o rosto era como o sol, e as pernas, como colunas de fogo; e tinha na mão um livrinho aberto. Pôs o pé direito sobre o mar e o esquerdo, sobre a terra, e bradou em grande voz, como ruge um leão, e, quando bradou, desferiram os sete trovões as suas próprias vozes (Ap 10.1-3).

A primeira informação que se destaca é que João mudou sua localização. Note que o anjo estava "descendo" do céu para a Terra. Se João ainda estivesse na sala do trono, o anjo "desceria" à Terra. Quando exatamente João fez a viagem é difícil dizer, e não devemos ficar muito presos a ela. É o suficiente reconhecer que João não se sentou em sua cadeira de cinema de couro reclinável e assistiu a tudo isso em uma tela grande. Em vez disso, parece que, depois que ocorreram as cenas iniciais no céu, João foi transportado para cá, no local em que pudesse melhor testemunhar a ação.

Esse anjo que chegará à Terra será enorme. A descrição que João dá não se presta a retratar o anjo apenas de pé na orla, dedos na água, sem saber se ele realmente quer entrar e se molhar. Esse anjo estava no mar, não apenas na água. Ele estava na terra, não apenas na areia da praia. Essa representação indica um anjo que é imenso e chega até o céu.

Sua aparência também aumenta sua grandeza. Muito de como ele é descrito reflete os atributos do Filho de Deus – um arco-íris em torno de sua cabeça, um rosto brilhante e pés como colunas de fogo. No entanto, esse ser não é divino. Ele é um servo do divino. Uma vez estabelecido no planeta, solta um grito aterrorizante. João o compara a um rugido de leão projetado para chamar a atenção do mundo inteiro.

> Quando bradou, desferiram os sete trovões as suas próprias vozes. Logo que falaram os sete trovões, eu ia escrever, mas ouvi uma voz do céu, dizendo: "Guarda em segredo as coisas que os sete trovões falaram e não as escrevas" (Ap 10.3-4).

O brado do anjo certamente chamou a atenção dos sete trovões. Isso levanta a pergunta óbvia: o que são os sete trovões? Mais uma vez, não temos certeza. Provavelmente são anjos com uma mensagem única. O brado do poderoso anjo vai sacudir e abrir a boca desses trovões e eles começarão a falar. João, como um bom escriba, mergulhará sua caneta em tinta, mas antes que ele possa escrever, uma voz do céu irá pará-lo.

O que esses trovões disseram? É possível que eles tenham mensagens de julgamento, mas isso é apenas especulação. Há alguns segredos que Deus nos revela em Sua Palavra, e há outros que Ele escolheu guardar para Si mesmo. É o livro Dele, portanto, Ele estabelece as regras. Contudo, não podemos reclamar muito, porque através das próximas ações do enorme anjo, um mistério de Deus que há muito estava escondido é cumprido.

> Então, o anjo que vi em pé sobre o mar e sobre a terra levantou a mão direita para o céu e jurou por aquele que vive pelos séculos dos séculos, o mesmo que criou o céu, a Terra, o mar e tudo quanto neles existe: "Já não haverá demora, mas, nos dias da voz do sétimo anjo, quando ele estiver para tocar a trombeta, cumprir-se-á, então, o mistério de Deus, segundo ele anunciou aos seus servos, os profetas" (Ap 10.5-7).

Para qualquer um na Terra que duvidasse que essa era a obra de Deus, essa suspeita agora poderia ser posta de lado. O que estava acontecendo em todas as nações com morte e destruição era exatamente o que Deus havia prometido que aconteceria àqueles que viraram as costas para Ele em rebelião. Em nome do Criador, e de todas as coisas criadas, o anjo fez um juramento solene de que isso era verdade. Quando o sétimo anjo tocasse sua trombeta, isso levaria ao cumprimento do "mistério de Deus".

Por que isso foi chamado de mistério? Para entender o "mistério de Deus", primeiro precisamos definir o termo *mistério*. Um mistério bíblico não é como um caso que precisa ser resolvido, como o que você encontraria em um romance de Agatha Christie ou um desenho animado do Scooby-Doo. Em vez disso, é uma verdade que até certo ponto ainda não foi revelada. A palavra é usada vinte e sete vezes no Novo Testamento e quatro vezes em Apocalipse. O mistério que há muito havia sido pronunciado através dos profetas estava agora sendo visto em sua realização.

Provavelmente o mistério aqui está se referindo às muitas referências do Antigo Testamento ao reinado milenar de Cristo, tratado em Apocalipse 20. Vislumbres desse reinado de mil anos do Senhor na Terra foram dados aos profetas Isaías, Jeremias, Daniel, Zacarias, entre outros. O poder de Satanás no mundo chegará ao fim, e o Messias tomará Seu lugar no Seu trono terreno. Então, o que antes era um mistério será visto em sua realidade plena.

Nos círculos teológicos, essa revelação de um pouco de informação de cada vez é conhecida como revelação progressiva. Assim como treinamos nossos filhos, ensinando-os um pouco de cada vez, com base em sua capacidade de compreensão, Deus revelou ao Seu povo a verdade conforme fossem capazes de compreendê-la. A comunicação gradual das verdades sobre o reino milenar, através do amadurecimento de Israel, pode ser claramente vista nas Escrituras, começando pelos patriarcas:

> O cetro não se arredará de Judá,
> nem o bastão de entre seus pés,
> até que venha Siló;
> e a ele obedecerão os povos (Gn 49.10).

Deus começa por nos informar que o cetro sempre pertenceria à tribo de Judá. Das doze tribos, de que tribo Jesus vem? Ele é o Leão de Judá (Ap 5.5).

> Ri-se aquele que habita nos céus;
> o Senhor zomba deles.

> Na sua ira, a seu tempo, lhes há de falar
> e no seu furor os confundirá.
> Eu, porém, constituí o meu Rei
> sobre o meu santo monte Sião (Sl 2.4-6).

Deus colocará Seu Rei em Seu santo monte, Sião, que é Jerusalém. Agora temos um cetro, um rei e uma localização. E a linhagem real Dele?

> Porque um menino nos nasceu,
> um filho se nos deu;
> o governo está sobre os seus ombros;
> e o seu nome será:
> Maravilhoso Conselheiro, Deus Forte,
> Pai da Eternidade, Príncipe da Paz;
> para que se aumente o seu governo,
> e venha paz sem fim
> sobre o trono de Davi e sobre o seu reino,
> para o estabelecer e o firmar mediante o juízo e a justiça,
> desde agora e para sempre.
> O zelo do Senhor dos Exércitos fará isto (Is 9.6-7).

Do profeta Isaías descobrimos que esse rei com um cetro não só governará de Jerusalém, mas também se sentará no trono de Davi. Para se sentar por direito no trono de Davi, ele deve ser um descendente de Davi. As genealogias de Mateus e Lucas deixam bem claro que é esse o caso de Jesus, o Messias.

> Naquele dia, estarão os seus pés sobre o monte das Oliveiras,
> que está defronte de Jerusalém para o oriente;
> o monte das Oliveiras será fendido pelo meio,
> para o oriente e para o ocidente,
> e haverá um vale muito grande;
> metade do monte se apartará para o norte,
> e a outra metade, para o sul (Zc 14.4).

Finalmente, Zacarias nos diz aonde o Rei chegará quando Ele voltar para estabelecer Seu reino. Será o mesmo local de onde Ele partiu – o Monte das Oliveiras (At 1.9-11). Quando chegarmos ao Apocalipse 19, veremos essa profecia de Zacarias se tornar realidade.

Muitas outras passagens das Escrituras poderiam ser adicionadas à lista de revelações progressivas. Nesse caso, o mistério do Rei Messias, o Senhor dos Senhores, está prestes a acontecer. Mas, antes que isso aconteça, ainda é preciso suportar mais amargura.

O Pergaminho Amargo

O que acontece a seguir deve ter dado a João a sensação de experimentar um *déjà-vu* de outra pessoa. Ele sabe que isso já aconteceu antes. Só não havia acontecido com ele.

> A voz que ouvi, vinda do céu, estava de novo falando comigo e dizendo: "Vai e toma o livro que se acha aberto na mão do anjo em pé sobre o mar e sobre a Terra". Fui, pois, ao anjo, dizendo-lhe que me desse o livrinho. Ele, então, me falou: "Toma-o e devora-o; certamente, ele será amargo ao teu estômago, mas, na tua boca, doce como mel" (Ap 10.8-9).

A voz do céu está de volta. Dessa vez, ao invés de proibi-lo de escrever, ela o chama para uma tarefa. "Vá e pegue o livrinho da mão do grande anjo" é dito a ele. Quando ele se aproxima do anjo, o servo de Deus desce a mão ao nível de João. O apóstolo pega o livro e, ao fazê-lo, o anjo lhe dá um comando curioso. Normalmente, quando alguém lhe dá um livro, sugere-se que você o leia. Não esse anjo. Ele diz a João: "Coma este livro".

Deixe-me tirar um momento para dizer que se o livro que você está segurando em suas mãos foi dado a você como um presente, e a pessoa que lhe deu disse "Quando você terminá-lo, eu gostaria que você o comesse", então eu, como o autor, dou-lhe permissão total para ignorar essa sugestão. João, no entanto, atendeu totalmente, embora o anjo o tenha avisado de que, apesar de seu sabor doce, o livro logo o faria procurar os antiácidos. João comeu o livro porque sabia que às vezes é isso que os profetas fazem:

> Então, vi, e eis que certa mão se estendia para mim, e nela se achava o rolo de um livro. Estendeu-o diante de mim, e estava escrito por dentro e por fora; nele, estavam escritas lamentações, suspiros e ais. Ainda me disse: "Filho do homem, come o que achares; come este rolo, vai e fala à casa de Israel". Então, abri a boca, e ele me deu a comer o rolo. E me disse: "Filho do homem, dá de comer ao teu ventre e enche as tuas entranhas deste rolo que eu te dou". Eu o comi, e na boca me era doce como o mel (Ez 2.9-3.3).

Um pergaminho foi dado a Ezequiel e o profeta o almoçou. O pergaminho tornou-se amargo depois que ele comeu? Provavelmente sim, porque, depois, o Espírito Santo o transportou de volta para os exilados perto do rio Quebar, e ele se sentiu sobrecarregado a ponto de ficar imóvel por uma semana.

> Então, o Espírito me levantou e me levou; eu fui amargurado na excitação do meu espírito; mas a mão do Senhor se fez muito forte sobre mim. Então, fui a Tel-Abibe, aos do exílio, que habitavam junto ao rio Quebar, e passei a morar onde eles habitavam; e, por sete dias, assentei-me ali, atônito, no meio deles (Ez 3.14-15).

Em algo parecido como um novo comissionamento, aqui no Apocalipse 10, João foi orientado a comer o livro. Essa mensagem simbolizava a internalização da mensagem de Deus nele. O que ele iria escrever não seriam suas próprias palavras, mas as que Deus havia colocado dentro dele. Embora no início a mensagem possa parecer doce para aqueles que estão seguros na presença do Salvador, pensar apenas por alguns momentos sobre a devastação da ira de Deus seria suficiente para revirar o estômago.

> Tomei o livrinho da mão do anjo e o devorei, e, na minha boca, era doce como mel; quando, porém, o comi, o meu estômago ficou amargo. Então, me disseram: "É necessário que ainda profetizes a respeito de muitos povos, nações, línguas e reis" (Ap 10.10-11).

Agora mesmo, enquanto escrevo este comentário sobre o Apocalipse, sinto como se estivesse comendo um livro agridoce. Ele está cheio de notícias maravilhosas, e de tragédias. Como parte da igreja, sei que não estarei aqui para os julgamentos devastadores que recairão sobre meu próprio povo, Israel, bem como sobre todos os gentios incrédulos.

Remoção antes da ira – essa é a parte doce do Apocalipse. Todavia, eu sofro pelo meu povo e pelo resto do mundo quando leio o que eles vão experimentar. O meu povo será enganado pelo Anticristo. Eles o olharão como seu Messias até que ele se instale no templo para ser adorado. Então meu povo se rebelará e sentirá a fúria desse falso líder.

Quanto aos meus amigos gentios, sofro por eles também porque vão sentir o gosto da ira de Deus por sete anos. Alguns deles voltarão seus corações para Deus e serão violentamente martirizados. Outros continuarão a rejeitar Jesus como Salvador e serão sentenciados ao inferno. Por mais difícil que seja para mim aceitar isso, não consigo imaginar a amargura daqueles que percebem tarde demais que o Jesus que rejeitaram verdadeiramente é o Rei dos Reis e Senhor dos Senhores.

Quando a parte inicial desse segundo interlúdio termina, vemos uma mudança acontecer. Até agora, o foco tem sido principalmente em eventos ligados à quebra dos selos de julgamento, ao toque das trombetas e ao tumulto subsequente. A partir do capítulo 11, a ênfase se move mais para indivíduos e grupos. Encontramos, então, pessoas como as duas testemunhas; a mulher, a criança e o dragão; o Anticristo e o falso profeta; a prostituta; e Jesus retornando com Sua noiva.

CAPÍTULO 11

O SEGUNDO INTERLÚDIO.
PARTE DOIS: AS DUAS TESTEMUNHAS

APOCALIPSE 11

MAIS UMA VEZ, ESTAMOS DIANTE DE UM CAPÍTULO QUE constantemente é alvo de abuso com má identificação e má compreensão. As duas testemunhas entram em cena para tomar seu lugar de direito ao lado dos quatro cavaleiros e dos 144 mil no Hall da Fama da Má Interpretação do Apocalipse. Quem são esses dois homens desconcertantes? Antes de lidarmos com essa questão, João tem alguns cálculos para fazer.

Medindo o Templo

Neste ponto, colocamos o foco em uma seção de Jerusalém, o templo. João recebeu um caniço para medir e uma ordem: determinar o tamanho do templo.

> Foi-me dado um caniço semelhante a uma vara, e também me foi dito: "Dispõe-te e mede o santuário de Deus, o seu altar e os que naquele adoram; mas deixa de parte o átrio exterior do santuário e não o meças, porque foi ele dado aos gentios; estes, por quarenta e dois meses, calcarão aos pés a cidade santa" (Ap 11.1-2).

O fato de nunca nos contarem as descobertas do levantamento topográfico de João me diz que o propósito não é tanto o tamanho do templo, mas o fato de que há um templo em Jerusalém. O que exatamente João está medindo? Há duas palavras gregas para templo. *Hieron* refere-se ao templo propriamente dito ou a todo o complexo. A segunda palavra, *naos*, fala especificamente do Santo dos Santos. Essa é a palavra usada nessa passagem. O anjo quer que João se concentre no lugar da presença de Deus, porque o resto foi corrompido pelos gentios.

A propósito, você sabia que seu corpo é o templo do Espírito Santo? Paulo escreveu aos cristãos em Corinto:

> Não sabeis que o vosso corpo é santuário do Espírito Santo, que está em vós, o qual tendes da parte de Deus, e que não sois de vós mesmos? Porque fostes comprados por preço. Agora, pois, glorificai a Deus no vosso corpo (1Co 6.19-20).

Qual das duas palavras você acha que o apóstolo Paulo usou ao falar sobre seu corpo? Pode ser surpreendente e até humilhante saber que Paulo usou *naos*, o Santo dos Santos. Em outras palavras, o seu corpo físico deve ser uma residência sagrada na qual o Senhor habita. É por isso que Paulo incluiu uma relação causa-efeito em seus comentários, dizendo que, uma vez que o seu corpo é o Santo dos Santos, onde o Deus vivo permanece, "glorificai a Deus no vosso corpo".

As palavras de João sobre o templo em Apocalipse 11.1-2 devem ter sido significativas, especialmente para os leitores judeus. Quando João escreveu isso, não havia um templo há duas décadas. Em

70 d.C., a Décima Legião Romana invadiu Jerusalém, destruindo a cidade e o templo. Dois mil anos depois, ainda não há templo em Jerusalém. No atual clima político, parece impossível que as nações muçulmanas ao redor do mundo permitam que um terceiro templo seja construído no Monte do Templo, ao lado da Mesquita de Al-Aqsa e da Cúpula da Rocha. Será preciso um homem de paz para resolver essas delicadas negociações, um homem como o Anticristo, que conquistará os corações do mundo, incluindo dos judeus, com suas incríveis habilidades políticas que empregará para restaurar a presença judaica no santo monte.

No entanto, antes que a tribulação comece e o Anticristo seja revelado, Rússia, Turquia, Irã, Sudão, Líbia e outros se reunirão para invadir Israel (Ez 38-39). Mas, antes que possam destruir o povo de Deus, Ele intervirá e os destruirá. O derramamento de sangue será grande e abrirá o caminho para o Anticristo – o homem da paz – entrar em cena no cenário mundial.

Esse terceiro templo não é um conceito novo do Apocalipse. O profeta Daniel falou de um tempo durante a tribulação em que os sacrifícios do templo serão interrompidos (Dn 9.26-27). Jesus ensinou sobre um futuro templo no final dos tempos, durante Seu Discurso no Monte das Oliveiras (Mt 24.15-26). Paulo falou sobre o templo da tribulação, escrevendo:

> Ninguém, de nenhum modo, vos engane, porque isto não acontecerá sem que primeiro venha a apostasia e seja revelado o homem da iniquidade, o filho da perdição, o qual se opõe e se levanta contra tudo que se chama Deus ou é objeto de culto, a ponto de assentar-se no santuário de Deus, ostentando-se como se fosse o próprio Deus (2Ts 2.3-4).

Haverá um templo durante a tribulação e ele terá um papel significativo na exposição do verdadeiro caráter do Anticristo.

Duas Testemunhas e um Segundo Ai

De repente, dois homens aparecerão em Jerusalém. Eles serão uma visão e tanto:

> Darei às minhas duas testemunhas que profetizem por mil duzentos e sessenta dias, vestidas de pano de saco (Ap 11.3).

Embora o pano de saco fosse comum na época em que João escreveu essa descrição, ele está bastante fora de moda. Já faz um bom tempo desde que as últimas tendências de roupas de pano de saco se tornaram notícia na Paris Fashion Week. Quando esses dois homens aparecerem nas ruas de Jerusalém com suas roupas de tecido que causam coceira, as pessoas notarão.

Por que pano de saco? Usá-lo era uma demonstração externa de grande luto interno ou de angústia. Quando o rei Ezequias soube que Jerusalém era a próxima vítima do rolo compressor do grande rei assírio Senaqueribe, ele "rasgou as suas vestes, cobriu-se de pano de saco e entrou na Casa do Senhor" (2Rs 19.1). Ao usar essas roupas, fica óbvio para todos que a mensagem que essas duas testemunhas estão trazendo não é de conforto e alegria.

Há muita especulação sobre a identidade delas. Lembro-me de uma vez, depois de entregar uma mensagem, que um homem se aproximou de mim alegando que era uma das duas testemunhas. Em vez de lhe dar tempo para apontar como ele havia melhorado significativamente os tecidos em seu guarda-roupa, eu educadamente me desculpei e corri para o cômodo dos fundos.

Os dois indivíduos mais equiparados a esses homens são Moisés e Elias, pois eles já haviam aparecido no Monte da Transfiguração para falar com Jesus sobre a morte Dele (Lc 9.30). Dois outros frequentemente mencionados são Enoque e Elias, porque nenhum deles morreu. Enoque andava com Deus quando foi subitamente removido da Terra (Gn 5.24). Elias estava passeando ao lado de Eliseu quando foi levado para o céu por uma carruagem de fogo (2Rs 2.11-12). Também é possível que essas testemunhas sejam duas pessoas de quem nunca tenhamos ouvido falar.

Deus não nos diz quem são, então nossa especulação nunca passará de um exercício mental divertido. Se as identidades deles realmente importassem, os seus nomes estariam no livro. Infelizmente, muitas vezes é o que não sabemos que atrai nossa atenção em vez do que sabemos. Olhando para o texto, as nossas perguntas não devem ser *quem*, mas *por que* e *quando*.

A primeira razão pela qual vemos esses homens aparecerem em Jerusalém é que Deus sempre permite que haja uma testemunha quando Satanás está correndo desenfreado por todo o mundo. Deus já forneceu 144 mil evangelistas judeus e agora Ele adiciona mais dois. Esse papel de "luz na escuridão" é claramente visto por meio desta descrição deles:

> São estas as duas oliveiras e os dois candeeiros que se acham em pé diante do Senhor da Terra (Ap 11.4).

Essa imagem de oliveiras e candeeiros remonta aos dias do profeta Zacarias. Antes de avançarmos, devemos rever um pouco da história de Israel.

Houve dois templos em Jerusalém. O primeiro era conhecido como Templo de Salomão, construído pelo rei de mesmo nome. O segundo foi inicialmente conhecido como Templo de Zorobabel, mas depois passou a ser referido como Templo de Herodes, após este rei tê-lo expandido muito. O Templo de Salomão foi destruído em 586 a.C. pelo rei Nabucodonosor, e a maioria dos judeus da cidade foram levados em cativeiro para a região ao redor da Babilônia. Esse cativeiro ocorreu em três ondas. O primeiro, em 605 a.C., quando Daniel foi levado. O segundo, em 597 a.C., quando Ezequiel foi exilado. O terceiro, quando a paciência de Nabucodonosor se esgotou com os judeus rebeldes e ele dizimou a cidade sagrada.

Assim como houve três cativeiros, houve três retornos a Jerusalém. Ciro da Pérsia emitiu um decreto que permitiu ao povo de Israel voltar para casa e reconstruir seu templo. O primeiro retorno foi sob a direção de Zorobabel, em 538 a.C. Esse grupo lançou as bases do templo e por fim o reconstruiu. Décadas depois, em 458 a.C., um segundo grupo retornou com Esdras, o sacerdote. Esdras restaurou a adoração no templo. Uma assembleia final veio com Neemias, o copeiro do rei Artaxerxes, em 445 a.C. Neemias reconstruiu os muros da cidade.

Na época do primeiro retorno, Zacarias teve uma visão na qual um anjo lhe mostrou um candelabro que ficava entre duas oliveiras.

> Prossegui e lhe perguntei: "Que são as duas oliveiras à direita e à esquerda do candelabro?". Tornando a falar-lhe, perguntei: "Que são aqueles dois raminhos de oliveira que estão junto aos dois tubos de ouro, que vertem de si azeite dourado?". Ele me respondeu: "Não sabes que é isto?". Eu disse: "Não, meu senhor". Então, ele disse: "São os dois ungidos, que assistem junto ao Senhor de toda a Terra" (Zc 4.11-14).

Como os dois ungidos no tempo de Zorobabel, essas duas testemunhas foram ungidas por Deus para declarar a mensagem do Evangelho de Jerusalém para o mundo. Israel foi criada para ser uma "luz para os gentios", e essas duas testemunhas aparecerão na cidade sagrada para cumprir esse papel.

Por quanto tempo eles vão ministrar? João responde a essa pergunta em Apocalipse 11.3. O ministério deles em Jerusalém durará 1.260 dias. Para aqueles que estão apavorados para encontrar suas calculadoras, deixe-me poupar o seu tempo. Assim como os gentios "por quarenta e dois meses, calcarão aos pés a cidade santa" (v. 2), as duas testemunhas pregarão o Evangelho do arrependimento pelos mesmos três anos e meio iniciais da tribulação.

Se há judeus e gentios andando pela cidade de Deus e duas testemunhas dizendo a eles que todas as coisas ruins que estão acontecendo são o que eles merecem por seus pecados, é provável que haja alguns conflitos sérios. Os dois homens serão ridicularizados, amaldiçoados e atacados. Mas isso não terminará bem para os agressores.

> Se alguém pretende causar-lhes dano, sai fogo da sua boca e devora os inimigos; sim, se alguém pretender causar-lhes dano, certamente, deve morrer. Elas têm autoridade para fechar o céu, para que não chova durante os dias em que profetizarem. Têm autoridade também sobre as águas, para convertê-las em sangue, bem como para ferir a Terra com toda sorte de flagelos, tantas vezes quantas quiserem (Ap 11.5-6).

Haverá um ódio global contra esses dois. É fácil imaginar protestos e tumultos ao redor deles. No entanto, depois que as primeiras tentativas de lhes causar mal fracassarem retumbantemente, ninguém terá coragem suficiente para atacar. Pelo menos não até o Anticristo chegar à cidade.

> Quando tiverem, então, concluído o testemunho que devem dar, a besta que surge do abismo pelejará contra elas, e as vencerá, e matará, e o seu cadáver ficará estirado na praça da grande cidade que, espiritualmente, se chama Sodoma e Egito, onde também o seu Senhor foi crucificado. Então, muitos dentre os povos, tribos, línguas e nações contemplam os cadáveres das duas testemunhas, por três dias e meio, e não permitem que esses cadáveres sejam sepultados. Os que habitam sobre a Terra se alegram por causa deles, realizarão festas e enviarão presentes uns aos outros, porquanto esses dois profetas atormentaram os que moram sobre a Terra (Ap 11.7-10).

Observe o momento do assassinato das duas testemunhas: "Quando tiverem, então, concluído o testemunho". Somente quando esses dois servos de Deus puderam estar diante de uma gigantesca bandeira de "Missão Cumprida" é que eles se tornaram vulneráveis ao poder do mal. É fácil enxergar os paralelos com o ministério de Jesus na Terra. Jesus veio e foi um testemunho da verdade. Durante Seu período de ministério, os fariseus e líderes religiosos tentaram derrubá-Lo. Vez após vez falharam. Até a única vez em que conseguiram. Eles comemoravam e zombavam, enquanto o Senhor estava pendurado na cruz. Então Ele deu Seu último suspiro. Eles realmente acharam que haviam conseguido uma vitória. Três dias depois, descobriram quão errados estavam. O que eles imaginavam ser uma vitória acabou por ser uma derrota de virada nas mãos do Deus Todo-Poderoso.

Quando as duas testemunhas forem assassinadas, haverá comemoração global. As pessoas trocarão presentes e cartões de "Feliz Dia das Testemunhas Mortas". Elas vão achar que realmente obtiveram uma vitória. Três dias e meio depois, aprenderão o quanto estão erradas.

Não sabemos o que acontecerá na próxima cena, mas já assisti filmes suficientes para ter uma ideia do que eu gostaria de ver acontecer. As câmeras de televisão estarão focadas nos dois corpos que foram deixados na rua para apodrecer. Algum comentarista de cabelos longos fará comentários sobre como essas duas ameaças intolerantes à sociedade mereceram seu fim violento. De repente, as câmeras vão se aproximar da mão direita de um dos corpos. O produtor gritará com o cinegrafista para restabelecer a tomada, mas o cinegrafista responderá através de seus fones de ouvido: "Eu vi movimento".

O dedo indicador se contrai. "Ali", grita o cinegrafista. "Ali, de novo!".

Outra contração. Em seguida, a mão se move, seguida pelo braço. Todos os canais do mundo interrompem sua programação para fazer essa transmissão. Todos os olhos estão colados na tela. Então a primeira testemunha se senta e se estica, depois a segunda. Gritos de raiva e desespero ecoam de um lado para o outro do planeta. A primeira testemunha se levanta, então se abaixa e ajuda o seu amigo a ficar de pé.

Em seguida, olhando para a câmera, a primeira testemunha diz com um sorriso: "Estamos de volta".

É claro que não sabemos o que realmente acontecerá, mas sabemos que esses dois que estavam totalmente mortos ficarão totalmente vivos novamente. A essa altura, no entanto, o seu propósito na Terra terá se cumprido. Eles terão terminado seu testemunho. Então Deus os chamará para casa.

> Mas, depois dos três dias e meio, um espírito de vida, vindo da parte de Deus, neles penetrou, e eles se ergueram sobre os pés, e àqueles que os viram sobreveio grande medo; e as duas testemunhas ouviram grande voz vinda do céu, dizendo-lhes: "Subi para aqui". E subiram ao céu numa nuvem, e os seus inimigos as contemplaram (Ap 11.11-12).

Em mais um paralelo com o ministério terrestre de Cristo, eles subirão ao céu. No entanto, ao contrário da partida tranquila de Jesus, as testemunhas sairão com um estrondo.

> Naquela hora, houve grande terremoto, e ruiu a décima parte da cidade, e morreram, nesse terremoto, sete mil pessoas, ao passo que as outras ficaram sobremodo aterrorizadas e deram glória ao Deus do céu. Passou o segundo ai. Eis que, sem demora, vem o terceiro ai (Ap 11.13-14).

Um terremoto devastador matará sete mil pessoas e destruirá 10% da cidade de Jerusalém. Aqueles que restarem reconhecerão as origens divinas das testemunhas e do terremoto e darão "glória ao Deus do céu". Infelizmente, por parte do povo judeu da cidade, este será um gesto vazio. Serão mais três anos e meio até que reconheçam sua necessidade de um Salvador e se voltem para Ele.

Esse tipo de "glória" muitas vezes acontece em tempos difíceis. As pessoas pedem ajuda a Deus, louvando-o e prometendo viver com justiça e servir aos outros se Ele, ao menos, os tirar de seu apuro. Então, quando o perigo já passou e a vida se normaliza, esses "compromissos de trincheira" são rapidamente esquecidos.

Esse momento com a morte e ressurreição das testemunhas e o terremoto resultante abalará o mundo a tal ponto que João declara ser esse o segundo ai. Então, com claro prenúncio, ele avisa que o terceiro ai está logo ali na esquina.

A Sétima Trombeta Soa

Antes de falarmos sobre a sétima trombeta, precisamos fazer uma distinção necessária entre ela e a última trombeta sobre a qual Paulo escreveu aos Coríntios:

> Eis que vos digo um mistério: nem todos dormiremos, mas transformados seremos todos, num momento, num abrir e fechar de olhos, ao ressoar da última trombeta. A trombeta soará, os mortos ressuscitarão incorruptíveis, e nós seremos transformados (1Co 15.51-52).

Nem todas as "últimas trombetas" são iguais e, embora possa haver algumas semelhanças entre a redação em 1 Coríntios e Apocalipse, cada palavra ou frase deve ser interpretada dentro de seu contexto. Palavras e frases *semelhantes* não são palavras e frases *idênticas*. Paulo estava falando com a igreja em Corinto sobre o arrebatamento da noiva de Cristo. Mas, nessa passagem em Apocalipse, o arrebatamento já ocorreu há três anos e meio e agora estamos lidando com a série final de julgamentos.

> O sétimo anjo tocou a trombeta, e houve no céu grandes vozes, dizendo: "O reino do mundo se tornou de nosso Senhor e do seu Cristo, e ele reinará pelos séculos dos séculos". E os vinte e quatro anciãos que se encontram sentados no seu trono, diante de Deus, prostraram-se sobre o seu rosto e adoraram a Deus, dizendo:
>
> "Graças Te damos, Senhor Deus, Todo-Poderoso,
> que és e que eras, porque assumiste o teu grande poder e passaste a reinar.
> Na verdade, as nações se enfureceram; chegou, porém, a tua ira, e o tempo determinado para serem julgados os mortos, para se dar o galardão aos teus servos, os profetas, aos santos e aos que temem o teu nome, tanto aos

pequenos como aos grandes, e para destruíres os que destroem a Terra" (Ap 11.15-18).

Quando a sétima trombeta soar, outro culto de adoração romperá no céu. Começará com vozes elevadas clamando, às quais então se juntarão os vinte e quatro anciãos. Vendo o fim do domínio do inimigo na Terra e o reinado de Cristo que se aproxima, eles exclamam: "O reino do mundo se tornou de nosso Senhor e do seu Cristo". Essa sujeição ao domínio divino não é algo a que as nações se submeterão voluntariamente. Elas estão acostumadas a seguir seu mestre, o diabo, e não abandonarão prontamente essa lealdade. Davi viu isso quando escreveu:

> Por que se enfurecem os gentios
> e os povos imaginam coisas vãs?
> Os reis da Terra se levantam,
> e os príncipes conspiram
> contra o Senhor e contra o seu Ungido, dizendo:
> "Rompamos os seus laços
> e sacudamos de nós as suas algemas" (Sl 2.1-3).

Mas não importa o quanto eles possam se enfurecer, pois o plano de Deus prevalecerá. Todas as nações do mundo unidas não são páreo para a força do Todo-Poderoso. A reivindicação da Terra por Deus e o governo sobre ela foi ordenado e é absoluto. E aqueles que conhecem a Deus e a Sua bondade não podem deixar de se alegrar no que, sem dúvida, trará resultados incríveis.

A segunda parte dessa maravilhosa doxologia se concentra na recompensa e na perda. Os cristãos serão recompensados e os incrédulos não só perderão seus ganhos terrenos, mas também a oportunidade de passar a eternidade com o Deus que os ama tanto e que morreu por eles.

Dentro do Templo Celestial

Quando esse capítulo termina, João vê algo no céu sobre o que ele teria lido anos antes, na carta aos Hebreus. O escritor dessa epístola falou do tabernáculo que Moisés construiu no deserto como uma "figura e sombra das coisas celestes" (Hb 8.5). Até a beleza do Templo de Salomão era apenas uma cópia da glória da coisa real. João agora tinha a oportunidade de ver o artigo genuíno.

> Abriu-se, então, o santuário de Deus, que se acha no céu, e foi vista a arca da Aliança no seu santuário, e sobrevieram relâmpagos, vozes, trovões, terremoto e grande saraivada (Ap 11.19).

O apóstolo não só viu a beleza do templo celestial de Deus, como viu a arca da aliança. Com todo aquele esforço que Indiana Jones fez para rastreá-la, mal sabia ele que só estava atrás de uma cópia da coisa real. Com a abertura do templo do céu veio a fórmula "visão e som", mostrando o poder e a majestade do Senhor.

Com o segundo interlúdio concluído e a sétima trombeta soada, agora fazemos uma pausa na narrativa. Quando João quer que algo seja considerado de forma alegórica, ele nos dirá. Quando começamos o capítulo 12, é exatamente o que ele faz.

CAPÍTULO 12

O TERCEIRO INTERLÚDIO.
PARTE UM: A GUERRA INVISÍVEL

APOCALIPSE 12

APÓS DAR UM PASSO ATRÁS NA NARRATIVA DO JULGAMENTO com a sétima trombeta, João recua. É hora de história no céu e, enquanto a estamos lendo em um livro, ele a estava assistindo acontecer nos céus.

Eu entendo que há aqueles que lerão a frase *hora de história* e entrarão em pânico. "Amir, você está concordando com aqueles que tratam Apocalipse como ficção ou uma alegoria?". Com certeza, não. A maior parte da carta é narrativa apocalíptica descrevendo eventos que ocorrerão durante o Dia do Senhor. Há momentos, no entanto, em que isso muda. Aqueles que alegorizam o livro podem responder: "Mas você está sendo inconsistente. Por que cabe a você escolher o que é alegoria e o que é narrativa?". A minha resposta é que eu não escolho. Eu leio o texto. João deixa perfeitamente claro que estamos mudando de marcha com as primeiras sete palavras desse capítulo: "Viu-se grande sinal no céu..." (Ap 12.1). João nos diz que ele está prestes a ver algo que é um sinal ou um símbolo de outra coisa.

Você se lembra de como Jesus se comunicava com as multidões? Muitas vezes, Ele falava com as pessoas contando histórias ou parábolas. O termo *parábola* vem de duas palavras gregas – *para*, que significa "ao lado", e *ballo*, que significa "lançar ou jogar". Uma parábola é uma história que vem ao lado de uma verdade para ilustrá-la. Quando é compreendida, pode trazer grande profundidade de significado e sentimento. Pense no pastor encontrando sua ovelha perdida, ou na mulher encontrando sua moeda de casamento perdida, ou no pai acolhendo seu filho perdido. Tudo isso ilustra a alegria celestial em relação a um pecador perdido que recebe a salvação (Lc 15).

Às vezes, no entanto, as parábolas são difíceis de entender, se você não tem a chave para desbloquear os significados delas. Jesus explicou muitas de Suas parábolas aos Seus discípulos, mas não às massas. Quando os discípulos perguntaram por que Ele não revelava os significados para todos, Ele respondeu: "Por isso, lhes falo por parábolas; porque, vendo, não veem; e, ouvindo, não ouvem, nem entendem" (Mt 13.13).

Há aqueles que olharão para esses próximos capítulos do Apocalipse e acenarão com as mãos, dizendo: "Isso é muito estranho. Há tantas interpretações possíveis, como alguém pode saber a verdade?". Contudo, isso é como dizer: "Deus, odeio lhe dizer isso, mas você meio que estragou essa parte. Você tornou esses capítulos tão confusos que nunca saberemos a verdade. Então, vamos apenas pular isso". Deus incluiu esta parte por uma razão. E, como todas as outras partes das Escrituras, com interpretação cuidadosa e orientação do Espírito Santo, podemos entender o que Ele quer nos comunicar.

A Identidade do Dragão

Nas páginas iniciais do meu romance *Operation Joktan*, eu incluí uma lista de personagens. Queria ter certeza de que todos pudessem identificar quem era quem, especialmente à medida que a história progredia. Olhando para o sinal que João vê, seria benéfico para nós determinarmos seu elenco de personagens primários. Assim, saberemos com quem estamos lidando. Ao lermos, notamos que há um personagem que é identificado diretamente, um que é identificado indiretamente, e um que tem algumas opções. Vamos começar com o direto:

> Viu-se grande sinal no céu, a saber, uma mulher vestida do sol com a lua debaixo dos pés e uma coroa de doze estrelas na cabeça, que, achando-se grávida, grita com as dores de parto, sofrendo tormentos para dar à luz. Viu-se, também, outro sinal no céu, e eis um dragão, grande, vermelho, com sete cabeças, dez chifres e, nas cabeças, sete diademas. A sua cauda arrastava a terça parte das estrelas do céu, as quais lançou para a Terra; e o dragão se deteve em frente da mulher que estava para dar à luz, a fim de lhe devorar o filho quando nascesse (Ap 12.1-4).

Sem dúvida, há símbolos e analogias ao longo do livro do Apocalipse. Ainda assim, muitos deles são interpretados diretamente pelo apóstolo João, ou apenas ao olhar o contexto e comparar a passagem com o resto da Bíblia. Esse é um desses casos.

A palavra "dragão" é usada treze vezes no Apocalipse. Oito dessas ocasiões estão aqui nesse capítulo. Embora a identidade do dragão seja bastante aparente, antes de darmos uma identificação positiva, devemos olhar para o contexto mais amplo.

Em Apocalipse 13.2, vemos o dragão dando poder e autoridade ao Anticristo. Isso certamente reduz as opções. Mas para aqueles que querem algo um pouco mais concreto, João nos dá uma identificação consistente no capítulo 20.

> Então, vi descer do céu um anjo; tinha na mão a chave do abismo e uma grande corrente. Ele segurou o dragão, a antiga serpente, que é o diabo, Satanás, e o prendeu por

mil anos; lançou-o no abismo, fechou-o e pôs selo sobre ele, para que não mais enganasse as nações até se completarem os mil anos. Depois disto, é necessário que ele seja solto pouco tempo (Ap 20.1-3).

Mistério resolvido, caso encerrado, suspeito identificado em um tempo recorde que deixaria Sherlock Holmes com inveja. O dragão é o diabo, e ele queria destruir essa criança muito antes de ela nascer.

A Identidade da Criança

Quando Deus confrontou Adão e Eva com seu pecado no jardim, Ele também lidou com a serpente. Ele disse a Adão:

> Porei inimizade entre ti e a mulher,
> entre a tua descendência e o seu descendente.
> Este te ferirá a cabeça,
> e tu lhe ferirás o calcanhar (Gn 3.15).

Desde o início, Deus previu a vitória do Messias vindouro sobre o diabo. Por causa disso, Satanás tentou destruir, tanto os judeus em geral ao longo da história, quanto Jesus especificamente assim que Ele chegou à Terra. A sua primeira tentativa contra o Messias foi quando Ele ainda era um bebê em Belém:

> Tendo eles [os sábios] partido, eis que apareceu um anjo do Senhor a José, em sonho, e disse: "Dispõe-te, toma o menino e sua mãe, foge para o Egito e permanece lá até que eu te avise; porque Herodes há de procurar o menino para o matar"(Mt 2.13).

Trinta e três anos depois, Satanás finalmente obteve o que ele considerou como uma grande vitória. Jesus foi crucificado na cruz e morreu. Três dias depois, aquele dragão diabólico descobriu que toda a sua obra maligna havia por fim contribuído com o plano perfeito e justo de Deus, o Pai. Isso me lembra a história de Hamã, no Antigo Testamento, que queria tanto matar Mordecai, o judeu, que construiu uma forca de 23 metros de altura para enforcá-lo. Não demorou muito, porém, e seu plano à prova de falhas falhou de tal forma que Hamã foi enforcado em sua própria forca.

Embora Jesus não seja mencionado pelo nome, Ele é claramente a criança mencionada em Apocalipse 12. Se alguém ainda não está convencido, só precisa ler como João O descreve no versículo 5.

> Nasceu-lhe, pois, um filho varão, que há de reger todas as nações com cetro de ferro. E o seu filho foi arrebatado para Deus até ao seu trono.

Há apenas uma pessoa que foi "arrebatada" e que governará as nações com um cetro de ferro, que é o Senhor Jesus Cristo. Talvez haja aqueles que digam: "Amir! Há a palavra grega *harpazo*. Você mesmo disse que é a palavra para o arrebatamento, então a passagem deve estar falando sobre a igreja, não Jesus". Primeiro, deixe-me elogiá-lo por suas habilidades na língua grega. Mas, segundo, você precisa ler todo o versículo. Nunca se diz à igreja que ela governará as nações com um cetro de ferro. Esse papel pertence apenas a Jesus Cristo, o governante das nações e o Leão de Judá, que empunha o cetro:

> Pede-me, e eu te darei
> as nações por herança
> e as extremidades da Terra por tua possessão.
> Com vara de ferro as regerás
> e as despedaçarás como um vaso de oleiro (Sl 2.8-9).

> O cetro não se arredará de Judá,
> nem o bastão de entre seus pés,
> até que venha Siló;
> e a ele obedecerão os povos (Gn 49.10).

Se ainda há alguma dúvida de que Jesus é esse governante, só precisamos olhar mais adiante no Apocalipse, para encontrar a descrição do Senhor, que nos causa calafrios, feita por João:

> Vi o céu aberto, e eis um cavalo branco. O seu cavaleiro se chama Fiel e Verdadeiro e julga e peleja com justiça. Os seus olhos são chama de fogo; na sua cabeça, há muitos diademas; tem um nome escrito que ninguém conhece, senão ele mesmo. Está vestido com um manto tinto de sangue, e o seu nome se chama o Verbo de Deus; e seguiam-no os exércitos que há no céu, montando cavalos brancos, com vestiduras de linho finíssimo, branco e puro. Sai da sua boca uma espada afiada, para com ela ferir as nações; e ele mesmo as regerá com cetro de ferro e, pessoalmente, pisa o lagar do vinho do furor da ira do Deus Todo-Poderoso (Ap 19.11-15).

A criança é Jesus, o Messias, e o dragão está atrás Dele desde o primeiro dia. Essas duas primeiras identificações foram bastante simples. Rastrear a identidade da mulher é um pouco mais desafiador.

A Identidade da Mulher

Seria fácil dizer: "Bem, se a criança é Jesus, então a mulher deve ser sua mãe, Maria". Mas lembre-se de que João classifica essa seção como um sinal. Ela é uma parábola que conta uma história maior. A Bíblia e a história nos informam que Jesus nasceu de uma virgem. Entretanto, não era apenas uma virgem; era uma virgem judia. Essa etnia é a chave para a identidade da mulher.

Depois que deu à luz seu filho, e a criança foi levada em segurança das mandíbulas do dragão, ela "fugiu para o deserto, onde lhe havia Deus preparado lugar para que nele a sustentem durante mil duzentos e sessenta dias" (Ap 12.6). Nós conhecemos esses números. São os números da tribulação – quarenta e dois meses; três anos e meio; um tempo, tempos e metade de um tempo. Colocar a mãe de Jesus, Maria, nesse cenário no período de tribulação faz pouco sentido e não se encaixa com a grandeza geral do que está sendo descrito.

Uma pista importante para a identidade da mulher pode ser descoberta se respondermos à pergunta: por que ela fugiu? Mas, antes de responder, devemos dar um salto temporal. Entre os versículos 5 e 6 há um lapso de tempo. Isso é comum em declarações proféticas. Ler essa passagem é como olhar para uma série de picos de montanha. De longe, esses picos parecem que estão próximos uns dos outros. No entanto, se você subir ao topo do primeiro, muitas vezes descobrirá que o segundo está a quilômetros de distância, e o terceiro é ainda mais longe. O mesmo se aplica à profecia. Você pode ter anos, séculos, ou milênios entre um versículo e o outro.

Por exemplo, quando Isaías escreveu sobre o nascimento do Messias, ele disse:

> Porque um menino nos nasceu,
> um filho se nos deu (Is 9.6).

Setecentos anos antes daquela incrível noite em Belém, o profeta falou do momento em que o Messias viria como um presente do Pai do céu. Lemos sobre esse evento que abalou a Terra nos Evangelhos de Mateus e Lucas. No entanto, se continuarmos lendo Isaías, na próxima frase ele pula pelo menos dois mil anos à frente para um período que ainda não chegou:

> O governo está sobre os seus ombros;
> e o seu nome será:
> Maravilhoso Conselheiro, Deus Forte,
> Pai da Eternidade, Príncipe da Paz;
> para que se aumente o seu governo,
> e venha paz sem fim
> sobre o trono de Davi e sobre o seu reino,

para o estabelecer e o firmar mediante o juízo e a justiça,
desde agora e para sempre.
O zelo do Senhor dos Exércitos fará isto (v. 6-7).

Em Apocalipse 12, João passa da ascensão de Jesus, no versículo 5, para a mulher que foge para o deserto, no versículo 6. Ele pula de sessenta anos antes do recebimento dessa visão para um tempo que ainda não aconteceu. Qual é a razão da fuga da mulher? Há uma descrição nos próximos sete versículos.

> Houve peleja no céu. Miguel e os seus anjos pelejaram contra o dragão. Também pelejaram o dragão e seus anjos; todavia, não prevaleceram; nem mais se achou no céu o lugar deles. E foi expulso o grande dragão, a antiga serpente, que se chama diabo e Satanás, o sedutor de todo o mundo, sim, foi atirado para a Terra, e, com ele, os seus anjos. Então, ouvi grande voz do céu, proclamando: "Agora, veio a salvação, o poder, o reino do nosso Deus e a autoridade do seu Cristo, pois foi expulso o acusador de nossos irmãos, o mesmo que os acusa de dia e de noite, diante do nosso Deus. Eles, pois, o venceram por causa do sangue do Cordeiro e por causa da palavra do testemunho que deram e, mesmo em face da morte, não amaram a própria vida. Por isso, festejai, ó céus, e vós, os que neles habitais. Ai da Terra e do mar, pois o diabo desceu até vós, cheio de grande cólera, sabendo que pouco tempo lhe resta". Quando, pois, o dragão se viu atirado para a Terra, perseguiu a mulher que dera à luz o filho varão (Ap 12.7-13).

Uma guerra angelical eclode, com Miguel e seus anjos de um lado, e o dragão e seus anjos do outro. Miguel prevalece e Satanás é expulso do céu para sempre. A questão é se isso já aconteceu. Fala-se de quando o diabo foi lançado à Terra por seu desejo orgulhoso de usurpar a autoridade de Deus? Eu acredito que não.

De acordo com o livro de Jó, Satanás continua a ter acesso a Deus no céu (1.6; 2.1). Após essa grande batalha angelical, no entanto, não será mais encontrado "no céu o lugar deles". Ao passo que no céu haverá alegria; embaixo, na Terra, haverá grande amargura. O diabo, derrotado, descontará a sua raiva sobre a mulher e ele perseguirá a mulher que deu à luz o menino (Ap 12.13). Quando isso vai acontecer? De acordo com John F. Walvoord:

> A consequência imediata de Satanás ser expulso do céu é que ele persegue a mulher que deu à luz o menino. Aparentemente esse é o início da grande tribulação sobre a qual Cristo avisou Israel em Mateus 24.15-22.[13]

Quando Walvoord fala da "grande tribulação", refere-se à segunda metade de três anos e meio do período de sete anos. Trataremos mais disso quando chegarmos ao capítulo 16 e aos julgamentos das taças. Isso mais uma vez se encaixa perfeitamente nos "mil duzentos e sessenta dias" do versículo 6 e no "um tempo, tempos e metade de um tempo" no versículo 14.

Com essas pistas, há alguma outra passagem nas Escrituras que possa nos ajudar a identificar essa mulher? Acredito que sim. Quando Jesus falou do Monte das Oliveiras, Ele disse que quando os judeus (as pessoas a quem Ele estava se dirigindo) vissem no templo a abominação da desolação de que Daniel falou em sua época, deveriam fugir para as montanhas. Provavelmente Ele estava se referindo às montanhas na atual Jordânia. Isso provavelmente inclui Petra, uma cidade esculpida na pedra. Para entrar nela, você deve navegar pelo Siq, um desfiladeiro estreito de 1,6 km de comprimento, com paredes de pedra muito altas em ambos os lados. Se assistiu a *Indiana Jones e a Última Cruzada*, você viu Petra.

Quando você combina o diabo, Jesus e aquela que deu à luz a Jesus, não é difícil identificar a mulher. Ela é a nação de Israel. Desde a primeira maldição em Gênesis, o diabo tem feito tudo o

---

13 WALVOORD, John F. *The Revelation of Jesus Christ*. p. 194.

que pode para destruir o advento e a sustentabilidade do povo judeu. No começo, o objetivo dele era impedir o Messias vindouro. O objetivo agora é frustrar os planos de Deus para o Seu julgamento vindouro sobre o mundo, incluindo sobre Satanás e seus servos. Nesses últimos dias da tribulação, Satanás agirá puramente por ódio e rancor na esperança de que não restarão mais judeus. Ele quer negar a promessa de que, no final, "todo o Israel será salvo" (Rm 11.26).

Quando olhamos para a tristeza e a dor que o diabo causa hoje, enquanto ele ainda tem acesso ao céu, imagine como será quando estiver trancado e souber que seus dias estão contados. A fúria dele não conhecerá limites. Serão suas hordas demoníacas que sairão do abismo para atormentar a humanidade por cinco meses com a picada de um escorpião. Serão seus quatro espíritos demoníacos no rio Eufrates que liderarão os duzentos milhões de soldados para matar um terço da humanidade. E será o próprio diabo que dará poder ao Anticristo para realizar seus esquemas. Isso é o que vamos descobrir no próximo capítulo.

CAPÍTULO 13

O TERCEIRO INTERLÚDIO.
PARTE DOIS: O ANTICRISTO
CHEGA AO PODER

APOCALIPSE 13

O ANTICRISTO. HÁ ALGUM NOME NA TERRA, ALÉM DE Satanás ou Lúcifer, que cause tanto medo? Para muitos, é como dizer para um cachorro "Hora do banho" – o cachorro só quer correr e se esconder. E com razão. O Anticristo fará jus a toda a propaganda exagerada que há ao redor do nome dele. Será um servo de Satanás e servirá bem ao seu mestre. Não é à toa que o nome mais frequentemente dado a ele seja a alcunha bastante descritiva – *besta*.

Na verdade, "besta" é encontrado 37 vezes no livro do Apocalipse e sete vezes em Daniel. No livro do profeta do Antigo Testamento, algumas vezes se refere a uma nação específica, outras, a uma pessoa. Em Apocalipse, "besta" é usado exclusivamente para um indivíduo.

> Vi emergir do mar uma besta que tinha dez chifres e sete cabeças e, sobre os chifres, dez diademas e, sobre as cabeças, nomes de blasfêmia. A besta que vi era semelhante a leopardo, com pés como de urso e boca como de leão. E deu-lhe o dragão o seu poder, o seu trono e grande autoridade (Ap 13.1-2).

A Chegada do Anticristo

Há muitos anos havia um filme sobre um monstro que saia da água e atacava as pessoas. O nome era *Creature from the Black Lagoon*. A criatura verde parecia ser parte peixe e parte lagarto e ostentava lábios que pareciam ter sido operados pelos piores cirurgiões plásticos da Califórnia. Se o Anticristo vai usar sua aparência e carisma para conquistar os corações do mundo, então é bem provável que o seu "emergir do mar" seja um pouco diferente do monstro de Hollywood.

O que João quer dizer quando afirma que a besta sairá do mar? Mais uma vez, devemos comparar Escrituras com Escrituras para entender o simbolismo aqui. Daniel associou bestas e o mar quando escreveu: "Eu estava olhando, durante a minha visão da noite, e eis que os quatro ventos do céu agitavam o Mar Grande. Quatro animais, grandes, diferentes uns dos outros, subiam do mar" (Dn 7.2-3).

As quatro bestas que Daniel viu são quatro impérios gentios – Babilônia, Medo-Pérsia, Grécia e Roma. Mais uma vez, esses reinos não saíram da água literalmente, especialmente os dois primeiros, que não eram marítimos por natureza. Uma olhada para trás no Apocalipse nos ajuda a entender as origens dessas nações e a origem da besta. Um anjo que estava explicando uma visão para João, disse:

> As águas que você viu, onde a prostituta se senta, são povos, multidões, nações e línguas (Ap 17.15).

O mar em Daniel 7 e as águas aqui no Apocalipse são a mesma coisa. São nações gentias das quais virão impérios e o Anticristo. Cada um dos impérios mencionados no livro de Daniel tratava as pessoas de uma maneira bestial. Eles governaram o mundo de forma brutal. O que quer que seus déspotas diziam era tratado como lei. Será assim também com a besta que ainda está por vir.

Alguns podem se perguntar: "Por que João o chama de besta? Não é porque ele não sabia o nome Anticristo". Essa é uma boa pergunta, especialmente considerando que João escreveu em sua primeira carta: "Filhinhos, já é a última hora; e, como ouvistes que vem o anticristo, também, agora, muitos anticristos têm surgido; pelo que conhecemos que é a última hora" (1Jo 2.18). Precisamos lembrar que estamos em uma parte simbólica do Apocalipse, na qual João está vendo imagens que representam a realidade, mas que não são necessariamente reais. Quando o Anticristo é mostrado a João, ele o descreve como uma besta porque essa é uma descrição perfeita do caráter dessa pessoa profana.

A besta que saiu do mar era bastante incomum na aparência. Como o dragão (12.3), tinha sete cabeças e dez chifres. Isso também remete a uma besta sobre a qual Daniel escreveu, que, da mesma forma, tinha dez chifres:

> Depois disto, eu continuava olhando nas visões da noite, e eis aqui o quarto animal, terrível, espantoso e sobremodo forte, o qual tinha grandes dentes de ferro; ele devorava, e fazia em pedaços, e pisava aos pés o que sobejava; era diferente de todos os animais que apareceram antes dele e tinha dez chifres (Dn 7.7).

João, no entanto, vai mais fundo em sua descrição, dizendo que a besta era "semelhante a leopardo, com pés como de urso e boca como de leão" (Ap 13.2). Mais uma vez, Daniel traz imagens paralelas. Vimos a quarta besta de Daniel com os dez chifres. E as três bestas anteriores?

O primeiro era como leão e tinha asas de águia... e eis aqui o segundo animal, semelhante a um urso, o qual se levantou sobre um dos seus lados; na boca, entre os dentes, trazia três costelas; e lhe diziam: "Levanta-te, devora muita carne"... continuei olhando, e eis aqui outro, semelhante a um leopardo, e tinha nas costas quatro asas de ave (Dn 7.4-6).

"Mas espere, Amir! Ou Daniel ou João erraram a ordem das bestas. Elas estão na ordem exatamente inversa". Mais uma vez, devo elogiá-lo por suas observações perspicazes, mas lembre-se de que a visão de Daniel é dirigida para frente. Babilônia, o leão, já tinha vindo. A próxima a subir seria a Medo-Pérsia, o urso; depois a Grécia, o leopardo; e, por fim, a quarta besta com os dez chifres, que era Roma. João, no entanto, olha para trás. Para ele, isso não é o futuro; é história. Então ele começa com a mais recente e lista as criaturas ao contrário.

E as sete cabeças e os dez chifres? Mais uma vez, esses estão se referindo às nações gentias. As sete cabeças são sete reis sequenciais, e os dez chifres são uma confederação régia. Como sabemos isso? Vamos verificar nosso contexto. Mais tarde, em Apocalipse, um anjo fala com João e diz:

> Aqui está o sentido, que tem sabedoria: as sete cabeças são sete montes, nos quais a mulher está sentada. São também sete reis, dos quais caíram cinco, um existe, e o outro ainda não chegou; e, quando chegar, tem de durar pouco. E a besta, que era e não é, também é ele, o oitavo rei, e procede dos sete, e caminha para a destruição. Os dez chifres que viste são dez reis, os quais ainda não receberam reino, mas recebem autoridade como reis, com a besta, durante uma hora (Ap 17.9-12).

Vemos então que o Anticristo sairá das nações gentias e receberá poder da parte do próprio Satanás, o dragão. Ele é simbolizado como uma besta devido tanto à iniquidade de seu caráter quanto à violência de suas ações. O Anticristo é o final de uma sucessão de governantes seculares mencionados por Daniel e João, e seu reino será o último antes que Jesus retorne à Terra para reinar a partir de Jerusalém.

A Ferida Fatal

A quarta besta em Daniel é o Império Romano. Ele era diferente dos outros e é dele que os chifres surgem (Dn 7.7-8). De alguma maneira ou forma, o poder e a influência do Império Romano serão revividos no momento da tribulação. É a partir deste próximo conglomerado europeu que o Anticristo emergirá.

> Então, vi uma de suas cabeças como golpeada de morte, mas essa ferida mortal foi curada; e toda a Terra se maravilhou, seguindo a besta; e adoraram o dragão porque deu a sua autoridade à besta; também adoraram a besta, dizendo: "Quem é semelhante à besta? Quem pode pelejar contra ela?" (Ap 13.3-4).

Aqui lemos sobre um incidente com a besta que tem causado muita especulação. Uma de suas cabeças está fatalmente ferida, mas então ou ela de alguma forma sobrevive ou é trazida de volta à vida. Isso significa que o próprio Anticristo será ferido ou morto em uma tentativa de assassinato? Poderia ser algum tipo de falsa morte e ressurreição para angariar simpatia e apoio ou para aumentar suas credenciais? Ou isso poderia estar dizendo que o Império Romano revivido experimentará um ferimento fatal?

A partir do texto em português, é difícil dizer. A redação grega, todavia, é muito semelhante ao que foi dito sobre o Cordeiro parecendo "como tendo sido morto" (Ap 5.6). Jesus foi literalmente morto e ressuscitado dos mortos. É bem possível que o Anticristo queira imitar um evento semelhante, a fim de ganhar o temor e a reverência das massas, e, através do engano, atingirá esse objetivo.

Há também uma forte probabilidade de que o Anticristo realmente seja morto e ressuscitado mais tarde.

"Como pode ser isso?", você talvez pergunte. "Só Deus tem o poder de dar vida aos mortos". Sim, é verdade. Mas lembre-se do que Jesus disse aos Seus discípulos: "Surgirão falsos cristos e falsos profetas operando grandes sinais e prodígios para enganar, se possível, os próprios eleitos" (Mt 24.24).

Nos últimos dias, haverá obras e maravilhas tão poderosas que até os eleitos poderão ser enganados. Deus deu poder e autoridade nesta Terra a Satanás por um tempo, e não sabemos a extensão do que Ele concedeu. É certamente dentro do reino da possibilidade que o cenário vivo/morto/vivo será exatamente o que parece ser.

Essa ressurreição fará com que o mundo se maravilhe com a besta e, por fim, a adore. Uma forte ilusão penetrará o mundo e, os judeus, em particular. As pessoas em todos os lugares se convencerão de que esse é o Messias prometido. Elas erigirão novos deuses para seguir: o dragão e a besta.

> Foi-lhe dada uma boca que proferia arrogâncias e blasfêmias e autoridade para agir quarenta e dois meses; e abriu a boca em blasfêmias contra Deus, para lhe difamar o nome e difamar o tabernáculo, a saber, os que habitam no céu. Foi-lhe dado, também, que pelejasse contra os santos e os vencesse. Deu-se-lhe ainda autoridade sobre cada tribo, povo, língua e nação; e adorá-la-ão todos os que habitam sobre a Terra, aqueles cujos nomes não foram escritos no Livro da Vida do Cordeiro que foi morto desde a fundação do mundo. Se alguém tem ouvidos, ouça. Se alguém leva para cativeiro, para cativeiro vai. Se alguém matar à espada, necessário é que seja morto à espada. Aqui está a perseverança e a fidelidade dos santos (Ap 13.5-10).

Observe nessa passagem que as frases "foi-lhe dada" e "foi-lhe dado" são usadas várias vezes. O Anticristo não tem poder em si mesmo. Ele não é um semideus ou um poderoso ser angelical.

Qualquer autoridade e influência que tenha é apenas o que foi concedido a ele e será apenas por um tempo – quarenta e dois meses, ou 1.260 dias, ou três anos e meio, também conhecido como um tempo, tempos e metade de um tempo. Durante esse período, ele terá o poder de difamar Deus e os santos no céu (v. 6), fazer guerra contra os santos na Terra e vencê-los (v. 7) e fazer com que todos os habitantes da Terra o adorem (v. 8).

Essa autoridade será permitida por Deus, mas virá diretamente de Satanás. O Anticristo será um fantoche controlado e empoderado pelo próprio diabo. É durante os primeiros três anos e meio da tribulação que ele chegará ao poder. Os Exércitos da Rússia, Turquia, Irã, Sudão, Líbia e outras nações que buscam saquear Israel serão derrotados (Ez 38-39). Essa grande derrota fornecerá uma abertura para o Anticristo vir como um pacificador. Como resultado, seu domínio será global.

Durante os últimos três anos e meio da tribulação, o Anticristo passará de um promotor de paz para um destruidor dela. Ele se estabelecerá no novo templo em Jerusalém e exigirá adoração dos cidadãos do mundo. Quem se apaixonará pelas mentiras do Anticristo e se curvará diante dele? A resposta é, simplesmente, todo mundo.

João escreveu que todos "aqueles cujos nomes não foram escritos no Livro da Vida do Cordeiro que foi morto desde a fundação do mundo" se ajoelharão diante desse líder global. O que é o Livro da Vida? É onde Deus listou todos aqueles que pertencem a Ele, aqueles que fazem parte de Sua família. Não é incrível pensar que se você deu sua vida a Jesus Cristo, é porque seu nome foi escrito no livro do Cordeiro antes mesmo de você nascer? Que pensamento abençoado! Como Paulo escreveu:

> Bendito o Deus e Pai de nosso Senhor Jesus Cristo, que nos tem abençoado com toda sorte de bênção espiritual nas regiões celestiais em Cristo, assim como nos escolheu, nele, antes da fundação do mundo, para sermos santos e irrepreensíveis perante ele; e em amor (Ef 1.3-4).

O Falso Profeta

Nesse momento, para todos aqueles que pensavam que uma besta já era mais do que suficiente, o mundo está prestes a ter o dobro do problema. Uma nova besta entra em cena:

> Vi ainda outra besta emergir da Terra; possuía dois chifres, parecendo cordeiro, mas falava como dragão. Exerce toda a autoridade da primeira besta na sua presença. Faz com que a Terra e os seus habitantes adorem a primeira besta, cuja ferida mortal fora curada. Também opera grandes sinais, de maneira que até fogo do céu faz descer à Terra, diante dos homens. Seduz os que habitam sobre a Terra por causa dos sinais que lhe foi dado executar diante da besta, dizendo aos que habitam sobre a Terra que façam uma imagem à besta, àquela que, ferida à espada, sobreviveu; e lhe foi dado comunicar fôlego à imagem da besta, para que não só a imagem falasse, como ainda fizesse morrer quantos não adorassem a imagem da besta (Ap 13.11-15).

Só no capítulo 16 nos é dada a identidade dessa nova besta. É o falso profeta. Essa Besta 2.0 virá com grandes sinais e maravilhas, até mesmo fazendo descer fogo do céu. A humanidade ficará espantada e estará pronta para fazer o que o falso profeta lhes disser para fazer. Assim que os tiver onde quer, ele lhes dará duas tarefas. Primeira, fazer uma imagem do Anticristo. Segunda, adorá-la. É aqui que o governo do Anticristo passa da autocracia para a teocracia. Ele já não se contentará em ser seguido como um grande homem, ele agora exigirá ser adorado como o deus Todo-Poderoso.

A adoração à Besta não será uma escolha. Será exigida como a nova religião mundial. A liberdade de adoração desaparecerá. A liberdade de expressão será removida. A liberdade de imprensa não existirá mais. Todos terão que estar 100% alinhados com as exigências da ordem do governo liderado pelo Anticristo.

Imagine como será para os cristãos durante esse tempo. Eles se amontoarão em suas casas para cultos de adoração secretos.

Outros se encontrarão clandestinamente na floresta para expressar seus louvores a Deus. Milhares perderão seus empregos. Eles serão reduzidos à mendicância nas ruas, ali serão espancados e cuspirão neles, porque não seguem as ordens do governo. Embora tenham muito o que esperar depois da morte, haverá muito pouco a esperar antes dela.

A Marca da Besta

E chegou agora o momento em que lidamos com o trio de números mais infame da história do mundo.

> A todos, os pequenos e os grandes, os ricos e os pobres, os livres e os escravos, faz que lhes seja dada certa marca sobre a mão direita ou sobre a fronte, para que ninguém possa comprar ou vender, senão aquele que tem a marca, o nome da besta ou o número do seu nome. Aqui está a sabedoria. Aquele que tem entendimento calcule o número da besta, pois é número de homem. Ora, esse número é seiscentos e sessenta e seis (Ap 13.16-18).

Tanto se tem especulado sobre do que se trata a marca da besta. O número 666 é usado em todo o gênero de terror do entretenimento popular. Góticos o pintam em suas roupas, satanistas o tatuam em seus dedos, pregadores on-line o lançam em seus títulos de sermão para aumentar suas visualizações. Mas o que essa pequena sequência de números realmente significa? Vamos aos fatos.

Primeiro, ele não está falando do nome de um imperador romano. Há aqueles, muitos dos quais estão no ministério, que dizem que o Apocalipse ocorreu por volta de 70 d.C. Eles olham para os números e procuraram encontrar seu equivalente em hebraico, latim ou grego. Então pegam essas letras, compararam-nas com os imperadores e dizem: "Resolvido!". O problema é que, como os historicistas de que falamos na introdução deste livro, se você colocar doze numerólogos em doze salas diferentes, eles voltarão com doze imperadores diferentes. Como dissemos antes, você não pode encaixar um pino alegórico – voltado para o passado em um orifício literal – voltado para o futuro.

O contexto dessa passagem contempla o que ainda está por vir. Não há nada sobre uma "adoração mundial de uma religião única a uma imagem representando um líder global" que se encaixa remotamente em qualquer momento da história. Torcer e distorcer nesse nível ultrapassa até mesmo a capacidade do mais flexível dos ginastas olímpicos. O número 666, ou possivelmente 616 de acordo com alguns manuscritos gregos antigos, está provavelmente se referindo ao futuro Anticristo. O que exatamente esses números significam? É mais um dos mistérios desse que é o mais intrigante dos livros. Se Deus deixou em branco a palavra final na frase, "O nome da pessoa 666 é _____", então não devemos desperdiçar muito poder cerebral em especulação.

Ainda assim, muitas pessoas tomam esse caminho problemático com relação a esse número esquisito e perdem o ponto geral da passagem. Esse capítulo é sobre duas pessoas que se levantarão e dominarão o mundo. Em vez de levar as pessoas à adoração ao Deus vivo, forçarão à adoração ao Anticristo. Aqueles que não venerarem sua imagem serão mortos.

Para mostrar lealdade à besta, as pessoas terão que receber sua marca. Sem esse identificador de fidelidade ao Anticristo, uma pessoa não será capaz de comprar ou vender. Será um momento horrível em que os cristãos sofrerão muito com violência, pobreza e fome. Quanto àqueles que aceitam a marca, não só viverão sob um governo opressivo, mas experimentarão todos os outros julgamentos à medida que a ira de Deus for derramada no planeta.

É da natureza humana querer controlar os outros. Não há evidência maior disso do que nos governos. Eles querem poder e geralmente o obtêm pela força ou, como em muitas democracias, por meio do engano e de promessas que nunca planejam cumprir. No próximo capítulo, veremos o poder governamental no seu pior estado, porque o jogo final não é apenas político, mas espiritual.

CAPÍTULO 14

O TERCEIRO INTERLÚDIO.
PARTE TRÊS: PRÉVIAS DO QUE HÁ DE VIR

APOCALIPSE 14

É NOITE DE ENCONTRO COM SEU CÔNJUGE. AS ÚLTIMAS semanas foram incrivelmente agitadas, e você está ansioso para sair e passar algum tempo apenas vocês dois. Há duas semanas saiu um filme que milagrosamente vocês consideram imperdível. Você já havia encomendado seus ingressos para o cinema que dá direito a assentos reclináveis de couro. Ia ser uma noite agradável e casual com quem ama.

Quando então você estava passando a sua camisa, o ferro de passar a estragou. Ao correr de forma atabalhoada, seu filho do meio acertou a testa na quina da porta. A babá de seus filhos não apareceu porque estava gripada, mas enviou a irmã, que chegou trinta minutos atrasada dizendo estar bem – embora apresente sinais de coriza. Você então deu a ela os seus números de contato e saiu apressado – algo que você jamais teria feito quando tinha só o primeiro filho e não tinha muito juízo; já que agora vocês têm três!

Depois você se perguntou se alguém no departamento de trânsito estava lá para te multar, porque passou por todos os semáforos vermelhos. Quando finalmente chegaram ao cinema, vocês ignoraram a fila para comprar pipocas. Após encontrar a sala de exibição do filme, para chegar ao assento, vocês esbarraram nas pernas de várias pessoas que não tiveram problemas com o ferro de passar e cujas babás não estavam gripadas. Vocês então se deixaram cair em seus assentos, ao mesmo tempo em que as luzes se apagaram.

Você sorriu para o seu cônjuge. Chegamos a tempo.

Mas então começa um filme que não é o de vocês. Rapidamente você percebe que não é um filme. Toda a sua pressa só serviu para fazê-los chegarem a tempo para as pré-estreias. Nos próximos quinze minutos, você assiste a cenas de outros filmes para os quais você não dá a mínima e jamais irá assistir, e o tempo todo fica pensando: *poderíamos ter entrado na fila para comprar um grande balde de pipoca e uma caixa de uvas passas com chocolate.*

Se você está lendo apenas para ouvir sobre a próxima série de julgamentos, esta é a hora de pegar sua pipoca e um refrigerante. João está prestes a nos deleitar com algumas atrações que chegarão em breve, antes do nosso principal longa-metragem nos capítulos 15-18.

Prévia Um: O Cordeiro Redentor e os 144 mil Redimidos

Os 144 mil estão de volta. Será que estão? Esses são os mesmos 12 x 12.000 que vimos antes ou são um grupo diferente? E, pensando bem, a questão não é apenas *quem* são eles, mas *onde* estão? Vários teólogos respeitados têm visões diferentes quanto a estes primeiros cinco versículos do capítulo 14.

> Olhei, e eis o Cordeiro em pé sobre o monte Sião, e com ele cento e quarenta e quatro mil, tendo na fronte escrito o

seu nome e o nome de seu Pai. Ouvi uma voz do céu como voz de muitas águas, como voz de grande trovão; também a voz que ouvi era como de harpistas quando tangem a sua harpa. Entoavam novo cântico diante do trono, diante dos quatro seres viventes e dos anciãos. E ninguém pôde aprender o cântico, senão os cento e quarenta e quatro mil que foram comprados da Terra. São estes os que não se macularam com mulheres, porque são castos. São eles os seguidores do Cordeiro por onde quer que vá. São os que foram redimidos dentre os homens, primícias para Deus e para o Cordeiro; e não se achou mentira na sua boca; não têm mácula (Ap 14.1-5).

A primeira vez que ouvimos falar de um grupo de 144 mil evangelistas judeus foi no capítulo 7, quando eles receberam sua comissão. Esses são os mesmos jovens? Eles estão parados no céu ou na Terra? Charles C. Ryrie acredita que esse grupo seja o mesmo dos 144 mil e entende que a ação está acontecendo no céu:

> Alguns entendem que isso é uma antecipação do estado milenar. Isso faz com que Sião signifique a Jerusalém terrena como às vezes ocorre (2Sm 5.7; Is 2.3). Todavia, uma vez que Sião é usado para a Jerusalém celestial (Hb 12.22) e como esses 144 mil estão diante do trono (v. 3), parece mais natural entender Sião como a cidade celestial. O ponto importante, no entanto, é que os 144 mil estão agora com o Cordeiro. Quando o grupo foi introduzido pela primeira vez, eles estavam na Terra (7.1-3), mas agora estão no céu. O trabalho deles de testemunhar já deve ter sido concluído, pois ninguém será capaz de matá-los até lá. Que eles são o mesmo grupo do capítulo 7 parece claro porque (1) o número inconfundível é exatamente o mesmo e (2) o nome de Deus está escrito em suas testas.[14]

---

14 RYRIE, Charles C. *Revelation*.

John F. Walvoord concorda e discorda de Ryrie. Ele acredita que seja o mesmo grupo de testemunhas, mas diz que estão com o Cordeiro no monte Sião terrestre, em Israel.

> Preferível é a perspectiva de que essa é uma visão profética do triunfo final do Cordeiro após sua segunda vinda, quando Ele se junta aos 144 mil no Monte Sião, no início de seu reinado milenar.[15]

Tim LaHaye e Timothy E. Parker concordam que isso acontece no Monte Sião celestial, mas entendem que esses 144 mil são um grupo diferente.

> Os 144 mil do Apocalipse 7 eram das tribos de Israel, e sua atividade estava na Terra. Além disso, o grupo do Apocalipse 7 é selado com o selo do Pai, enquanto o grupo de Apocalipse 14 tem em suas cabeças o nome do Pai e do Filho. Isso deixa pouca dúvida de que os grupos são distintos.[16]

Não vejo razão para fazer distinção entre esses 144 mil e os evangelistas que conhecemos no capítulo 7. Naquela ocasião, eles receberam o selo de Deus em suas testas. Esse selo representava a proteção de Deus em meio à tribulação. Todavia, quando se inicia esse capítulo, temos uma prévia do fim dos sete anos da ira de Deus. Esses jovens fiéis deram seu testemunho, e o selo de proteção os manteve seguros. No entanto, uma vez que sua tarefa foi concluída, é muito provável que se tenha permitido que eles fossem mortos. Isso é semelhante ao que aconteceu mais cedo com as duas testemunhas. Ninguém pôde lhes fazer mal durante os três anos e meio de seu ministério, mas "quando tiverem, então, concluído o

---

15 WALVOORD, John F. *The Revelation of Jesus Christ*. p. 214.
16 LAHAYE, Tim; PARKER, Timothy E. *The book of Revelation made clear*. Nashville, TN: Thomas Nelson, 2014.

testemunho que devem dar, a besta que surge do abismo pelejará contra elas, e as vencerá, e matará" (Ap 11.7). Quem pensa que essa é uma cadeia cruel de eventos – servir a Deus, depois morrer – não entende a extrema dureza das condições da Terra e a extrema alegria de estar na presença de Deus.

Os 144 mil estão lá com o Cordeiro no Monte Sião. Mas concordo com Ryrie que não é o monte Sião terrestre, mas o celestial. O escritor de Hebreus o descreve assim:

> Tendes chegado ao monte Sião e à cidade do Deus vivo, a Jerusalém celestial, e a incontáveis hostes de anjos, e à universal assembleia e igreja dos primogênitos arrolados nos céus, e a Deus, o Juiz de todos, e aos espíritos dos justos aperfeiçoados, e a Jesus, o Mediador da nova aliança, e ao sangue da aspersão que fala coisas superiores ao que fala o próprio Abel (Hb 12.22-24).

Na Terra está a sombra do verdadeiro Monte Sião, no céu está a realidade. O fato de que os 144 mil "entoavam novo cântico diante do trono, diante dos quatro seres viventes e dos anciãos" requer sua localização na sala do trono (Ap 14.3). Pouco antes da música começar, uma alta voz retumbante fala do céu. Continuamos sem saber o que ela diz. Então a música começa.

A música está em constante evolução. Estilos e gêneros vêm e vão. Hoje, na música cristã, estamos na era do louvor. Parece que toda semana há uma nova canção de adoração que varre a igreja mundial. Embora existam algumas que podem ser reduzidas a três acordes e quatro linhas repetidas várias e várias vezes, há também muitas que são profundas, sinceras e eficazes para conduzir uma congregação ou mesmo um indivíduo diretamente para a presença de Deus.

As testemunhas que agora habitam o céu rompem em uma canção de adoração que é especificamente adequada a eles e a suas experiências. Por mais que gostaríamos de saber o que é, não é para nós. Temos nossas próprias histórias e nossos próprios louvores para oferecer a Deus. Essa canção, em particular, cantada com o acompanhamento de harpistas habilidosos, é verdadeira e completamente deles.

Puros, sinceros e sem culpa diante do trono de Deus, esses homens são descritos por João como as "primícias para Deus e para o Cordeiro" (v. 4). O conceito de primícias vem do Antigo Testamento. Os primeiros frutos da colheita pertenciam a Deus. Era a primeira coleta que deveria ser separada antes de ser apresentada ao Senhor como uma oferta. Como discutimos anteriormente, o fato de serem os "primeiros" frutos significa que em seguida haverá mais. Essa é a mesma esperança que obtemos com o conhecimento de que Jesus é as primícias da ressurreição:

> Mas, de fato, Cristo ressuscitou dentre os mortos, sendo ele as primícias dos que dormem. Visto que a morte veio por um homem, também por um homem veio a ressurreição dos mortos. Porque, assim como, em Adão, todos morrem, assim também todos serão vivificados em Cristo. Cada um, porém, por sua própria ordem: Cristo, as primícias; depois, os que são de Cristo, na sua vinda (1Co 15.20-23).

Jesus morreu, depois ressuscitou novamente em um corpo imortal e incorruptível. Por isso, podemos ter certeza de que, um dia, na qualidade de "segundos" frutos, seremos ressuscitados no mesmo tipo de corpo eterno para viver para sempre com nosso Salvador, o Cordeiro. Eu me pergunto que tipo de música vamos aprender naquele dia. Suspeito que seja muito semelhante aos hinos de louvor que temos desfrutado durante essa maravilhosa visita ao céu.

Agora que os 144 mil estão louvando a Deus diante do trono, isso significa que não há mais testemunhas de Cristo na Terra? Todos que foram deixados em baixo, que não se voltaram para o Senhor, estão condenados porque o Evangelho foi removido? Enquanto João observava, outro anjo voou no céu trazendo uma mensagem tranquilizadora de que a mensagem de salvação ainda está sendo proclamada na Terra, mas com um aviso de que a janela para a aceitação está terminando:

> Vi outro anjo voando pelo meio do céu, tendo um Evangelho eterno para pregar aos que se assentam sobre a terra, e a cada nação, e tribo, e língua, e povo, dizendo, em grande voz: "Temei a Deus e dai-lhe glória, pois é chegada a hora do seu juízo; e adorai aquele que fez o céu, e a Terra, e o mar, e as fontes das águas" (Ap 14.6-7).

Com esse suspense final, a primeira prévia termina. O projetor continua transmitindo e passa a segunda atração.

Prévia Dois: A Queda da Babilônia

Essa prévia é curta, mas condensa em si o suficiente para obter pelo menos uma classificação "recomendável para maiores de 13".

> Seguiu-se outro anjo, o segundo, dizendo: "Caiu, caiu a grande Babilônia que tem dado a beber a todas as nações do vinho da fúria da sua prostituição" (14.8).

A mensagem é estremecedora. Quem ou o que é a Babilônia? Vamos nos aprofundar muito mais sobre isso quando chegarmos aos capítulos 17 e 18. Por enquanto, basta saber que a Babilônia é um sistema religioso e econômico. Repetidamente ao longo das Escrituras, foi prevista a queda da Babilônia. Isaías profetizou a queda do império e fez um adendo acrescentando que ela nunca seria reconstruída:

> Babilônia, a joia dos reinos,
> glória e orgulho dos caldeus,
> será como Sodoma e Gomorra, quando Deus as transtornou.
> Nunca jamais será habitada,
> ninguém morará nela de geração em geração;
> o arábio não armará ali a sua tenda,
> nem tampouco os pastores farão ali deitar os seus rebanhos
> (Is 13.19-20).

O Império Babilônico caiu sob os persas em 539 a.C., e o tempo cuidou de fazer desmoronar o restante da cidade. Como Deus declarou através de Isaías, ela nunca foi restaurada. Saddam Hussein tentou, mas não deu muito certo para ele. O reino entrou em colapso como ocorre com todas as obras que são fruto de rebelião do homem contra o que Deus ordenou.

A cidade física pode ter acabado, mas os sistemas babilônicos permanecem. Esses, também, nascem de uma rebelião contra Deus e de um desejo humano de realizar os próprios desejos. O anjo declara que é um sistema baseado em fornicação, o que significa que é puramente centrado em pessoas que cumprem seus próprios anseios. Se você olhar em volta para a cultura hoje, é exatamente isso o que vê. O nosso mundo está centrado puramente em satisfazer as paixões e luxúrias, sejam elas sexuais, financeiras, experienciais ou qualquer outra coisa que seja autocentrada. Isso se torna tão envolvente que se pode dizer que as pessoas estão embriagadas com sua necessidade de realizar seus desejos. Esse é o sistema baseado no "eu" que irá cair por terra.

Prévia Três. Os Marcados e os Não Marcados

Se você está ficando ansioso pelo filme principal, vai ter que esperar um pouco mais. Ainda há mais algumas prévias para assistir. A próxima começa da mesma forma que a anterior, mas o conteúdo das palavras do anjo é muito mais pitoresco:

> Seguiu-se a estes outro anjo, o terceiro, dizendo, em grande voz: "Se alguém adora a besta e a sua imagem e recebe a sua marca na fronte ou sobre a mão, também esse beberá do vinho da cólera de Deus, preparado, sem mistura, do cálice da sua ira, e será atormentado com fogo e enxofre, diante dos santos anjos e na presença do Cordeiro. A fumaça do seu tormento sobe pelos séculos dos séculos, e não têm descanso algum, nem de dia nem de noite, os

adoradores da besta e da sua imagem e quem quer que receba a marca do seu nome" (Ap 14.9-11).

Aposto que João estava feliz por ter ouvido falar desse castigo ao invés de vê-lo. O anjo fala sobre o julgamento daqueles que adoraram a besta e sua imagem. Foram eles que receberam a marca dela na testa ou na mão. Eles tiveram acesso a todo tipo de alimentos e medicamentos que pudessem estar disponíveis durante aquele tempo. Foram esses homens e mulheres que perseguiram aqueles que se recusaram a receber a marca. Foram eles que aplaudiam as execuções dos não marcados ou que assistiam enquanto estes passavam fome, porque não lhes era possível comprar ou vender. Esses são os seguidores perversos da besta que experimentarão a série final de julgamentos que estão prestes a ser derramados das taças.

Ninguém está dizendo a João para escrever as próximas palavras que lemos. Não há nenhum anjo mostrando uma nova visão a ele. As palavras fluem de sua caneta e parecem quase como um suspiro em meio a toda a carnificina.

> Aqui está a perseverança dos santos, os que guardam os mandamentos de Deus e a fé em Jesus (Ap 14.12).

Se você já comprou um diamante, provavelmente o joalheiro colocou sua pedra em um fundo de veludo preto. Isso é feito para mostrar o brilho do diamante – a precisão do corte, a clareza da pedra, o brilho produzido pela passagem da luz. João, em uma frase, apresenta a beleza surpreendente dos santos fiéis quando contrastam com a escuridão dos seguidores da besta. O contraste que ele apresenta é tão poderoso que parece mexer com aqueles que estão no céu.

> Então, ouvi uma voz do céu, dizendo: "Escreve: 'Bem-aventurados os mortos que, desde agora, morrem no Senhor'". "Sim", diz o Espírito, "para que descansem das suas fadigas, pois as suas obras os acompanham" (14.13).

Uau! Não só uma voz do céu responde, mas o próprio Espírito Santo participa. Esses diamantes que estão presos no mundo brutal de julgamento de Deus podem estar suportando um sofrimento horrível por enquanto. No entanto, está chegando o dia em que os seus corpos e espíritos encontrarão descanso, e eles serão recompensados por permanecerem fiéis ao seu Deus.

Prévia Quatro: A Grande Colheita

Eu nunca fui fã de filmes ou livros de terror. Há sangue suficiente no mundo real. O filme que esta última prévia anuncia tem violência e morte suficientes para deixar nauseado até mesmo o fã mais acostumado a cenas de terror.

> Olhei, e eis uma nuvem branca, e sentado sobre a nuvem um semelhante a filho de homem, tendo na cabeça uma coroa de ouro e na mão uma foice afiada. Outro anjo saiu do santuário, gritando em grande voz para aquele que se achava sentado sobre a nuvem: "Toma a tua foice e ceifa, pois chegou a hora de ceifar, visto que a seara da Terra já amadureceu!". E aquele que estava sentado sobre a nuvem passou a sua foice sobre a Terra, e a Terra foi ceifada (Ap 14.14-16).

O filme começa muito bem. Vemos Jesus com uma coroa de ouro na cabeça e uma foice afiada na mão. Há duas palavras para coroa em grego bíblico. A primeira é aquela que já mencionamos antes – *stephanos*, a coroa do vencedor. A segunda é *diadem*, a coroa do rei. Veremos Jesus usando o diadema no capítulo 19 quando Ele cavalgar adiante como Rei dos reis e Senhor dos senhores. Aqui, Ele está usando a *stephanos*, sentado em uma nuvem como Aquele que ganhou o direito de servir como Juiz sobre todo o mundo.

Dentro do templo um anjo está à espera. Quando for a hora certa – possivelmente indicada por uma palavra do Pai – ele virá e sinalizará ao Filho que o tempo para a colheita já começou. A Terra está "madura", uma palavra que significa que a colheita está muito atrasada e abarrotada. Aquele que é semelhante ao Filho do Homem passará a Sua foice na Terra e fará a colheita. O que está sendo colhido? Vamos ter que esperar para descobrir sobre isso.

Em seguida, vemos outro anjo saindo, e lemos o que parece ser um "segundo versículo, igual ao primeiro".

> Então, saiu do santuário, que se encontra no céu, outro anjo, tendo ele mesmo também uma foice afiada. Saiu ainda do altar outro anjo, aquele que tem autoridade sobre o fogo, e falou em grande voz ao que tinha a foice afiada, dizendo: "Toma a tua foice afiada e ajunta os cachos da videira da Terra, porquanto as suas uvas estão amadurecidas!". Então, o anjo passou a sua foice na Terra, e vindimou a videira da Terra, e lançou-a no grande lagar da cólera de Deus. E o lagar foi pisado fora da cidade, e correu sangue do lagar até aos freios dos cavalos, numa extensão de mil e seiscentos estádios (Ap 14.17-20).

O anjo tem uma foice afiada. Um outro anjo vem e repete quase as mesmas palavras que o anjo anterior disse ao Filho do Homem. No entanto, há algumas diferenças. Primeira, não estamos mais lidando com o Filho do Homem. Esse é um anjo poderoso que tem autoridade para trazer grande violência sobre a Terra. Segunda, embora não saibamos qual foi a colheita da primeira safra, ouvimos claramente que esta é uma colheita de uva. O fruto será colhido pelo anjo e jogado na grande prensa da ira de Deus.

Essa é uma prévia da vindoura Batalha do Armagedom, sobre a qual leremos daqui a dois capítulos. É quando as nações se reunirão no Vale Jezreel, bem perto da minha casa. Em seguida, marcharão em direção a Jerusalém para a batalha final da tribulação. A julgar pela carnificina descrita, é evidente que a luta não correrá bem para eles. O sangue de homens e animais se espalhará até as rédeas dos cavalos por mais de trezentos quilômetros ao redor.

As nossas prévias terminaram, assim como nosso terceiro interlúdio. Voltamos agora aos julgamentos; mas, antes de eles terem início, mais uma vez ouviremos as belas vozes do céu cantando uma canção de louvor ao Senhor Deus Todo-Poderoso.

CAPÍTULO 15
UMA CANÇÃO PARA O FIM

APOCALIPSE 15

Muitos anos atrás, fui convidado por um dos jogadores do time de futebol americano Denver Broncos para assistir a um jogo. Por ser um amigo, forneceu bons lugares para mim e para aqueles que estavam comigo. Chegamos cedo e, depois que encontramos nossos assentos, começamos a tentar avistá-lo no campo. No entanto, não foi fácil encontrá-lo porque o campo estava cheio de pessoas. Os jogadores estavam se alongando e treinando jogadas. Os técnicos estavam conduzindo exercícios e repassando as estratégias. As pessoas da mídia e os cinegrafistas estavam montando seus equipamentos e fazendo relatórios pré-jogo. As equipes de apoio estavam percorrendo o campo e se certificando de que tudo estava perfeito com o gramado. Todos estavam ocupados se preparando para um único momento – o pontapé inicial.

À medida que nos aproximamos do capítulo 15, vemos atividades semelhantes. Há muitos personagens em movimento ocupados com as suas tarefas. João vê sete anjos prontos para a ação, santos da tribulação engajados na adoração, a abertura do templo celestial e uma das criaturas vivas se preparando para distribuir as taças. Todos estão trabalhando com um objetivo: o início das sete últimas pragas sobre a humanidade. Os selos foram quebrados e as trombetas foram tocadas. A Terra agora aguarda o golpe de misericórdia da ira de Deus.

Preparação para a Conclusão

Os interlúdios acabaram e a ação está prestes a começar. Diante dos olhos de João, o Senhor revela uma visão inspiradora:

> Vi no céu outro sinal grande e admirável: sete anjos tendo os sete últimos flagelos, pois com estes se consumou a cólera de Deus (Ap 15.1).

Esse é o terceiro sinal que João viu. O primeiro foi o de uma mulher prestes a dar à luz um menino (12.1-4). O segundo revelou um grande dragão vermelho esperando para devorar o filho dela assim que nascesse (12.3-5). Embora os dois primeiros sinais possam ter sido confusos ou até assustadores, João sente uma emoção diferente sobre o que vê agora. Uma exibição notável é apresentada diante dele. Ele dobra os superlativos "grande e admirável" e provavelmente poderia acrescentar: incríveis, espetaculares e até épicos!

O que deixou João de queixo caído? Sete anjos com sete pragas. Agora, se você for como eu, talvez esteja pensando: *Sério, João? Você está chamando de "admiráveis" as piores sete pragas que este mundo já viu?*. Há algumas maneiras diferentes de ver isso. Primeiro, a palavra grega aqui é *thaumazo* e tem uma gama de significados. Quando tomada em conjunto com a primeira palavra da díade *mega*, ou "grande, enorme", a palavra "admirável" pode assumir a ideia de algo inspirador ou de tirar o fôlego. Então, em vez de dizer "Toda essa destruição não é admirável?", João estaria dizendo: "Isso é tão grande e aterrorizante que vai deixá-lo sem chão".

Há também um elemento maravilhoso nessa primeira frase. João nos informa que quando essas taças forem esvaziadas "consumou-se a cólera de Deus". Embora o apóstolo entenda que o cumprimento de toda essa cólera seja justo e que o plano Dele seja necessário, ainda assim deve ter sido um grato alívio para João saber que a destruição estava finalmente terminando.

O que lemos no versículo 1 é uma declaração inicial resumida – os sete anjos têm as últimas sete pragas. O resto do capítulo apresenta ao leitor os eventos e as cerimônias que, em última análise, colocam as taças da ira nas mãos deles.

Adoração Anterior à Praga

Estamos finalmente chegando ao fim da tribulação, mas, antes de chegarmos lá, o louvor ao Senhor Deus Todo-Poderoso eclode mais uma vez.

> Vi como que um mar de vidro, mesclado de fogo, e os vencedores da besta, da sua imagem e do número do seu nome, que se achavam em pé no mar de vidro, tendo harpas de Deus (Ap 15.2).

Não é a primeira vez que lemos sobre esse mar de vidro. Quando João foi transportado pela primeira vez para o céu, descreveu diante do trono "um como que mar de vidro, semelhante ao cristal, e também, no meio do trono e à volta do trono, quatro seres viventes cheios de olhos por diante e por detrás" (4.6). Então sabemos que isso nos coloca na sala do trono de Deus, onde o Todo-Poderoso se assenta e as quatro criaturas ministram a Ele.

No entanto, houve uma adição ao elenco de personagens. Agora, de pé, no mar de vidro, está um grupo de "vencedores da besta, da sua imagem e do número do seu nome". Talvez alguns digam: "Mas se eles estão no céu, isso não quer dizer que eles estão mortos?". Com certeza! Mas as mortes deles não são creditadas ao Anticristo. Você se lembra do coro comemorativo de Paulo a respeito da derrota da morte?

> Onde está, ó morte, a tua vitória?
> Onde está, ó morte, o teu aguilhão? (1Co 15.55).

Os santos possuem essa vitória porque o Anticristo e seus servos jogaram tudo o que tinham contra eles, mas esses homens e mulheres permaneceram fiéis a Deus. Executar esses seguidores fiéis não foi uma vitória, mas uma admissão por parte dos bandidos de que, apesar de seus melhores esforços, eles perderam. Que coragem, perseverança e fidelidade incríveis. Agora que esses mártires estão no céu e estão livres de sofrimento, eles rompem em louvor.

> E entoavam o cântico de Moisés, servo de Deus, e o cântico do Cordeiro, dizendo:
>
> "Grandes e admiráveis são as tuas obras,
> Senhor Deus, Todo-Poderoso!
> Justos e verdadeiros são os teus caminhos,
> ó Rei das nações!
> Quem não temerá e não glorificará o teu nome, ó Senhor?
> Pois só tu és santo;
> por isso, todas as nações virão e adorarão diante de ti,
> porque os teus atos de justiça se fizeram manifestos"
> (Ap 15.3-4).

Uma canção de Moisés e do Cordeiro. Como Moisés de repente entrou aqui? Ele não pertence à primeira parte da Bíblia? Muitos não percebem isso, mas Moisés era um compositor. A Torá – os cinco primeiros livros da Bíblia – não foi a única grande obra proveniente de sua caneta. Espalhadas nas Escrituras, encontramos várias canções do grande profeta, uma delas foi até incorporada àquele grande hinário, o livro de Salmos (Salmo 90). Mas o que ele tem em comum com esses santos da tribulação a ponto de a música dele ser cantada? Duas palavras: *libertação* e *louvor*.

Em Êxodo, encontramos a primeira das canções de Moisés. É uma celebração a Deus por ter libertado os hebreus das mãos do faraó. Os israelitas haviam deixado o Egito, mas o rei começou a ter dúvidas. Ele ainda tinha alguns grandes projetos de construção em andamento e ninguém para fazer os tijolos! Foi atrás de sua força escrava para trazê-los de volta. Quando parecia que ele os havia encurralado contra o Mar Vermelho, Deus separou as águas e os hebreus atravessavam em solo seco. Quando o Faraó os perseguiu, o Senhor fechou as águas e o Exército egípcio se afogou. Um inimigo mortal, libertação de Deus, louvado seja o Senhor!

> Entoou Moisés e os filhos de Israel este cântico ao Senhor, e disseram:
> "Lançou no mar o cavalo e o seu cavaleiro.
> O Senhor é a minha força e o meu cântico;
> ele me foi por salvação;
> este é o meu Deus; portanto, eu o louvarei;
> ele é o Deus de meu pai; por isso, o exaltarei" (Êx 15.1-2).

A canção de Moisés nasceu da libertação da escravidão física. O Cordeiro nos resgatou da escravidão espiritual. Moisés sustentou seu povo com maná e água de uma rocha. O Cordeiro nos sustenta com o pão e a água da vida. A canção de Moisés anseia pela Terra Prometida. A canção do Cordeiro antecipa um reino eterno no qual o Salvador está reinando de Seu trono.

Nesse ponto da tribulação, o contraste entre o céu e a Terra é impressionante. Na presença de Deus, há alegria e celebração. Na presença da besta, há miséria e devastação que serão derramadas das taças. Isso me leva a outro padrão que acho interessante. Antes de cada série de julgamentos sobre a Terra, há louvor no céu. No capítulo 5, as quatro criaturas vivas, os vinte e quatro anciãos e milhares e dezenas de milhares de anjos cantavam louvor ao Cordeiro. Então o primeiro selo foi quebrado. No capítulo 7, testemunhamos os santos da tribulação no céu louvando a Deus e ao Cordeiro. Depois, no capítulo 8, a primeira trombeta soou. Agora, mais uma vez, ouvimos o povo de Deus exaltando o nome Dele e celebrando Suas ações. O que vem a seguir completará o triplo ciclo da ira.

Fora do Templo

Após as canções de adoração diante do trono de Deus, João vê movimento no templo.

> Depois destas coisas, olhei, e abriu-se no céu o santuário do tabernáculo do Testemunho, e os sete anjos que tinham os sete flagelos saíram do santuário, vestidos de linho puro e resplandecente e cingidos ao peito com cintas de ouro. Então, um dos quatro seres viventes deu aos sete anjos sete taças de ouro, cheias da cólera de Deus, que vive pelos séculos dos séculos. O santuário se encheu de fumaça procedente da glória de Deus e do seu poder, e ninguém podia penetrar no santuário, enquanto não se cumprissem os sete flagelos dos sete anjos (Ap 15.5-8).

As portas se abrem e os sete anjos que ele mencionou no versículo 1 agora saem do edifício. Por que é importante ver o templo envolvido nos julgamentos?

Em Êxodo, o Senhor instruiu Moisés a construir um tabernáculo que serviria como uma representação visual do fato de que Deus sempre esteve com Seu povo. Naquele tabernáculo, Moisés deveria colocar a arca da aliança. Na arca, Moisés colocou três itens que eram testemunhos da fidelidade de Deus: as tábuas com os Dez Mandamentos, a vara de Arão que floresceu e um recipiente contendo o maná (Hb 9.4). Muitas vezes, pensamos nos julgamentos de Apocalipse como vindos de Jesus Cristo, o Cordeiro, que abre os selos. Todavia, "o santuário do tabernáculo do Testemunho" no céu é o domínio do Pai, cujo lugar era sobre o propiciatório.

Os anjos foram enviados para fora do templo pelo Senhor Todo-Poderoso. Depois, Ele despachou uma das quatro criaturas vivas. Essa criatura distribuiu as taças que estavam cheias da ira de Deus, dando-as uma a uma para os sete anjos. Não sabemos exatamente o que havia naquelas taças, mas sabemos que era algo imensamente poderoso. O derramamento da glória de Deus naqueles vasos de ira fez com que a fumaça se espalhasse por todo o templo. A nuvem era tão espessa e o esplendor era tão grande que não se podia passar pelas portas do templo pelo período que durou a assolação.

O que vamos ler no próximo capítulo é aterrorizante e trágico. Mas mais uma vez devo lembrá-lo que nós, como a igreja, não estaremos na Terra nesse momento. Estou escrevendo isso como conforto e motivação. Como conforto, o que escrevo deve lhe dar a tranquilidade de que você não experimentará nem mesmo uma dessas três séries de julgamentos. Como motivação, devo lembrá-lo que você tem amigos e entes queridos que passarão por isso.

CAPÍTULO 16
O DERRAMAMENTO DAS TAÇAS

APOCALIPSE 16

Antes que comecemos a falar sobre esse, que é o pior de todos os julgamentos, quero citar duas palavras a que chegaremos no versículo 17: "Está feito!". Se você sente que esse livro tem sido praga após praga e devastação após devastação, é porque isso é verdade. Depois de começar com as cartas para a igreja e, em seguida, desfrutar de um glorioso culto no céu, os selos foram abertos. Então as trombetas foram soadas. Agora, as taças estão prestes a ser derramadas. No entanto, assim que o sétimo anjo esvaziar o conteúdo de sua taça, uma voz vinda do trono finalmente dirá: "Está feito!". O próprio Senhor declarará que o sofrimento legítimo e justificado da humanidade nesta Terra está terminando.

A Ira de Deus

Os sete anjos partiram do templo e estão todos alinhados. Uma das quatro criaturas vivas distribui as taças "cheias da ira de Deus, que vive para sempre" (Ap 15.7). Então vem a palavra de que é chegada a hora.

> E ouvi, vinda do santuário, uma grande voz, que dizia aos sete anjos: "Ide e derramai sobre a Terra as sete taças da ira de Deus" (16.1).

Essas sete taças contêm "a ira de Deus". É por isso que alguns comentaristas se referem a esse período como a Grande Tribulação, em comparação com os primeiros três anos e meio. Há duas palavras gregas que são traduzidas como "ira". A primeira é *thumos*, que é usada oito vezes no Apocalipse. A segunda é *orge*, que é usada cinco.

Em seu dicionário clássico de palavras do Antigo e do Novo Testamento, W. E. Vine faz a seguinte distinção entre essas duas palavras gregas:

> Thumos, "ira" (não traduzida como "raiva"), deve ser distinguida de orge, nesse contexto, pois thumos indica uma condição mais agitada dos sentimentos, uma explosão de ira devido à indignação interna, enquanto orge sugere uma condição mais estabelecida ou permanente da mente, frequentemente com o objetivo de se vingar. Orge é menos repentina em sua ascensão do que thumos, mas é de natureza mais duradoura. Thumos expressa mais o sentimento interior, orge, a emoção mais ativa. Thumos pode se resultar de vingança, embora não necessariamente inclua essa ideia. Ela é caracterizada por uma rápida inflamação, mas também um rápido abrandamento, embora isso não esteja necessariamente implícito em cada caso.[12]

Quando João, em seu Evangelho, escreveu sobre a situação espiritual do incrédulo, usou a palavra *orge*: "Quem crê no Filho tem a vida eterna; o que, todavia, se mantém rebelde contra o Filho não verá a vida, mas sobre ele permanece a ira de Deus" (Jo 3.36).

---

12 VINE, W. E.; UNGER, Merrill F., WHITE JR., William. *Vine's complete expository dictionary of Old and New Testament words*. Nashville, TN: Thomas Nelson, 1996. p. 26-27.

Essa é uma ira lenta e paciente que um dia encontrará sua expressão. O apóstolo Paulo usou a mesma palavra quando falou da condição em que estávamos antes de chegarmos a Cristo:

> Ele vos deu vida, estando vós mortos nos vossos delitos e pecados, nos quais andastes outrora, segundo o curso deste mundo, segundo o príncipe da potestade do ar, do espírito que agora atua nos filhos da desobediência; entre os quais também todos nós andamos outrora, segundo as inclinações da nossa carne, fazendo a vontade da carne e dos pensamentos; e éramos, por natureza, filhos da ira, como também os demais (Ef 2.1-3).

À medida que entramos nesses julgamentos finais, a ira de Deus finalmente chegou a um ponto de que não é mais *orge*. Ela se tornou *thumos*, um tipo de raiva fervente. A paciência longânima do Senhor terminou, substituída por uma fúria virtuosa sobre o pecado descarado e a rebelião desdenhosa daqueles que restam na Terra. Quem está prestes a sentir a justa ira Dele?

> Seguiu-se a estes outro anjo, o terceiro, dizendo, em grande voz: "Se alguém adora a besta e a sua imagem e recebe a sua marca na fronte ou sobre a mão, também esse beberá do vinho da cólera de Deus, preparado, sem mistura, do cálice da sua ira, e será atormentado com fogo e enxofre, diante dos santos anjos e na presença do Cordeiro" (Ap 14.9-10).

Enquanto os santos da tribulação experimentarão a ira do Anticristo, aqueles que seguem o Anticristo experimentarão a ira de Deus.

O Derramamento das Taças

> Saiu, pois, o primeiro anjo e derramou a sua taça pela Terra, e, aos homens portadores da marca da besta e

adoradores da sua imagem, sobrevieram úlceras malignas e perniciosas (Ap 16.2).

Quando Satanás pediu permissão para testar a fidelidade de Jó, Deus lhe disse que ele poderia tocar em qualquer coisa que Jó tivesse, mas não no homem em si. Satanás tirou tudo o que pertencia a Jó, incluindo seus filhos, mas o homem de Deus permaneceu ao lado de seu Senhor. Satanás voltou para um segundo *round* e recebeu permissão para afligir Jó fisicamente, mas não para tirar a vida dele. Jó foi afligido da cabeça aos pés com feridas dolorosas. O sofrimento dele era tremendo, e tudo o que ele podia fazer como alívio era raspar-se com cerâmica quebrada, enquanto ele se sentava entre as cinzas. Ainda assim, manteve os olhos no Senhor.

Agora, de forma reversa, vemos Deus derramando esse mesmo tipo de praga sobre aqueles que foram fiéis à besta. Eles seguirão o caminho de Jó e buscarão a Deus para alívio de seu sofrimento? Claro que não. Eles permanecerão em sua rebelião profana.

Em vez de nos fazerem lembrar de Jó, as próximas duas taças nos trazem à mente o Faraó.

> Derramou o segundo a sua taça no mar, e este se tornou em sangue como de morto, e morreu todo ser vivente que havia no mar. Derramou o terceiro a sua taça nos rios e nas fontes das águas, e se tornaram em sangue (16.3-4).

Quando foram tocadas a segunda e a terceira trombetas, um terço da água salgada e da água doce foram ensanguentadas ou contaminadas. Dessa vez, o resto da água é transformada em sangue. Imagine colocar um copo sob a torneira da cozinha, girar o registro e ver fluir uma água sangrenta. Aqueles que têm um conhecimento rudimentar da Bíblia lembrarão que havia algo ali sobre Deus transformar água em sangue. Esse será claramente um julgamento divino. No entanto, ainda assim, ninguém se voltará para o Senhor.

Pelo menos, nenhuma pessoa o fará. Dois anjos, no entanto, voltam seus rostos para o Deus Todo-Poderoso e mais uma vez afirmam a justiça e a retidão das ações Dele:

> Então, ouvi o anjo das águas dizendo:
> "Tu és justo,
> tu que és e que eras, o Santo,
> pois julgaste estas coisas;
> porquanto derramaram sangue de santos e de profetas,
> também sangue lhes tens dado a beber;
> são dignos disso".
> Ouvi do altar que se dizia: "Certamente, ó Senhor Deus, Todo-Poderoso, verdadeiros e justos são os teus juízos" (Ap 16.5-7).

Nunca devemos esquecer que o pecado tem consequências. Muitas vezes tratamos o pecado como se não tivesse importância. Todo mundo peca. Não conseguimos evitar, não é mesmo? Além disso, Deus prometeu que tudo o que tenho que fazer é confessar meus pecados e eu ficarei bem. Logo, se tudo que eu tenho que fazer é dizer algumas palavras quando fizer algo errado, então obviamente isso significa que Deus não leva o pecado muito a sério também, certo?

Se essa é a sua atitude em relação ao pecado, então deixe-me rebater com dois fatos. Primeiro, o perdão dos pecados veio por um alto preço. O próprio Deus tornou-se um de nós, então permitiu-se ser torturado e crucificado para que você possa fazer essa oração de confissão e receber perdão. Segundo, todos os julgamentos dos selos, das trombetas e taças são punições compatíveis com o pecado. E elas nem cobrem o custo, porque para todos aqueles que permanecem em seus pecados, há uma eternidade no inferno esperando por eles quando terminar esse inferno na Terra. Os anjos da água e do altar nos lembram dessa verdade.

> O quarto anjo derramou a sua taça sobre o sol, e foi-lhe dado queimar os homens com fogo. Com efeito, os

> homens se queimaram com o intenso calor, e blasfemaram o nome de Deus, que tem autoridade sobre estes flagelos, e nem se arrependeram para lhe darem glória (Ap 16.8-9).

Como alguém que passou um tempo em Jericó enquanto estava nas Forças de Defesa israelenses, eu conheço o calor. Houve dias em que o meu uniforme ficou molhado de suor após cinco minutos de caminhada externa. Mas o que experimentei então não é nada comparado ao que está esperando a população mundial quando a quarta taça for esvaziada. As pessoas não sofrerão apenas queimaduras de sol, elas serão chamuscadas pelo sol. Sua pele avermelhada ficará cheia de bolhas e, por fim, sofrerá queimaduras de primeiro grau, depois de segundo e depois de terceiro.

João nos lembra de que esses pecadores que sofrem sabem a fonte de sua miséria. No entanto, ao invés de se arrependerem, eles "blasfemaram o nome de Deus, que tem autoridade sobre estes flagelos". Em vez de buscar a misericórdia e o perdão que estavam ali à disposição, escolheram seguir o conselho da esposa de Jó: "Amaldiçoa a Deus e morre" (Jó 2.9). Então, em meio a esse incrível sofrimento, as luzes se apagarão.

> Derramou o quinto a sua taça sobre o trono da besta, cujo reino se tornou em trevas, e os homens remordiam a língua por causa da dor que sentiam e blasfemaram ao Deus do céu por causa das angústias e das úlceras que sofriam; e não se arrependeram de suas obras (16.10-11).

Alguns talvez pensem: *Escuridão? Isso é tudo? Não há nada errado com um pouco de tempo isolado, com luzes apagas, de vez em quando.* É interessante que a escuridão não venha senão na quinta taça. Até mesmo no Egito, apenas depois que oito outras pragas haviam ocorrido, em uma intensificação cada vez maior, é que Deus disse a Moisés: "Estende a mão para o céu, e virão trevas sobre a terra do Egito, trevas que se possam apalpar" (Êx 10.21). Todos nós já experimentamos a escuridão antes, mas isso foi completamente diferente. Não só ninguém conseguia ver uns aos outros, mas a escuridão era tão intensa que "ninguém se levantou do seu lugar por três dias" (v. 23). Essa escuridão futura será imobilizadora. Não haverá nada no entorno do povo para estimular seus sentidos, além dos gritos cheios de dor dos outros na escuridão ao seu redor. Tudo que as pessoas serão capazes de fazer dia e noite é experimentar cada raio de agonia que os nervos em seu corpo irradiam, sem capacidade de ver o que está acontecendo em volta.

Mais uma vez, porém, descobrimos que a resposta não será de arrependimento, mas de blasfêmia. As pessoas não pedirão ajuda a Deus, mas umas às outras. Contudo, elas não encontrarão respostas daqueles que não têm sabedoria. As mentes mais brilhantes ficarão perplexas. Não haverá medicamentos que possam trazer alívio. Na escuridão, as pessoas ficarão agitadas em sua raiva e arderá seu desejo de vingança. Elas vão querer fazer alguém pagar por isso. Ficarão tão irritadas que quando as luzes voltarem, elas estarão prontas para sair lutando. Essa raiva será boa para a besta e seu falso profeta, porque eles terão o alvo certo.

O Ajuntamento

Na década de 1930, a economia alemã estava em colapso. Muito disso deveu-se às indenizações que a nação devia após a assinatura do Tratado de Versalhes. O fato de o mundo estar em depressão econômica não ajudou em nada. O povo alemão estava desesperado por um líder forte, alguém que pudesse trazê-lo de volta à sua solvência financeira e mais uma vez restaurar o orgulho deles entre as nações. Encontraram essa pessoa em Adolf Hitler, pois ele foi capaz de recuperar a economia e a moral nacionais de três maneiras: ignorando os compromissos financeiros da nação, reestruturando as forças militares e oferecendo um bode expiatório para todos os problemas do país. Quem ele apontou como culpados pelos problemas nacionais? Os judeus.

Como vimos, aqueles que restam no mundo no final da tribulação não aceitarão nenhuma responsabilidade por sua miséria. Quem eles dirão que é responsável pelo sofrimento e pela destruição em todo o mundo? Mais uma vez, as pessoas se voltarão para a raça que parece sempre estar na direção para a qual apontam todos os dedos – os judeus.

> Derramou o sexto a sua taça sobre o grande rio Eufrates, cujas águas secaram, para que se preparasse o caminho dos reis que vêm do lado do nascimento do sol. Então, vi sair da boca do dragão, da boca da besta e da boca do falso profeta três espíritos imundos semelhantes a rãs; porque eles são espíritos de demônios, operadores de sinais, e se dirigem aos reis do mundo inteiro com o fim de ajuntá-los para a peleja do grande Dia do Deus Todo-Poderoso (16.12-14).

Em um capítulo anterior, voltamos os olhos para o rio Eufrates, que flui por vários países do Oriente Médio. Aprendemos sobre os quatro anjos que estavam atados ao rio, até chegar o momento em que Deus os usará para trazer julgamento. Agora nos encontramos de volta ao que antes era o rio Eufrates, mas agora é o Eufrates "cujas águas secaram". Talvez a água tenha secado quando ele se transformou em sangue. Talvez Deus tenha impedido o fluxo da água. Embora não saibamos *como* o Eufrates secou, sabemos o *porquê*.

No versículo 12, João escreveu as palavras "para que". Sempre que você vir um "para que", descobrirá uma razão para alguma coisa. Por que o Eufrates estava seco? Para que os reis do Oriente tivessem facilidade de chegar aonde queriam ir. Aonde eles queriam ir? Vamos adiar isso por um segundo. Precisamos lidar com alguns sapos primeiro.

O triunvirato maligno estava reunido: o dragão, que é Satanás; a besta, que é o Anticristo; e o falso profeta. Em um evento que me faz grato pela Bíblia estar apenas na forma escrita, e não em vídeo, três espíritos demoníacos em forma de sapo saem das bocas do triunvirato – um espírito de cada um deles. Se alguma vez houve alguma dúvida de que o Anticristo e o falso profeta estavam possuídos por demônios, essa incerteza se foi.

O fato de esses espíritos malignos saírem de suas bocas significa que eles estão levando consigo as palavras desses três. São sapos-mensageiros em uma missão especial. Eles irão aos reis das nações e os recrutarão para um empreendimento. Qualquer hesitação na mente dos líderes nacionais será removida por esses seres demoníacos, que os convencerão – através de sinais milagrosos – de que se juntar à coalizão é melhor do que ficar para trás. Os reis convocarão seus exércitos e marcharão em direção a um local de encontro.

Forças lideradas por demônios atravessarão o Eufrates. O destino delas logo se tornará mais claro para aqueles que estão lendo a carta de João. Muitos agora deveriam estar quase caindo de suas cadeiras, de ansiedade. Suas mãos deviam estar entrelaçadas; seus olhos, arregalados.

No entanto, antes que o alvo seja revelado, algo muito interessante acontece. Jesus entra na narrativa.

> Eis que venho como vem o ladrão. Bem-aventurado aquele que vigia e guarda as suas vestes, para que não ande nu, e não se veja a sua vergonha (Ap 16.15).

É como se o Salvador soubesse que Seu povo precisaria ser tranquilizado naquele momento. O mundo está desmoronando, mas Jesus diz: "Não se preocupe, estou vendo. Eu tenho tudo sob controle". Não é assim que Ele costuma fazer? Sabemos que sempre podemos recorrer a Ele e que Ele estará lá para nos tranquilizar e nos lembrar de Sua presença.

Há também momentos, como aqui no Apocalipse, quando Ele sabe que precisamos ouvir algo da boca Dele, antes de percebermos por nós mesmos. O Seu conforto pode vir em um versículo que lemos ou um pensamento encorajador durante nossas orações. Pode ser um telefonema de um amigo ou uma mensagem de um pastor. Enquanto estivermos vigiando e lutando pela justiça, sabemos que estaremos seguros sob Seus cuidados.

De volta à ação. Os reis da Terra estão todos reunidos em um só lugar – um lugar que eu posso ver enquanto estou de pé em minha varanda dos fundos.

> Então, os ajuntaram no lugar que em hebraico se chama Armagedom (Ap 16.16).

O local de encontro se chama *Har Megiddo*. A palavra hebraica *har* significa "monte". Megido é uma cidade localizada na parte oeste do Vale de Jezreel. *Jezreel* quer dizer "Deus semeia", e essa área é o belo celeiro de Israel, bem como para muitos outros lugares ao redor do mundo. Eu moro bem na borda oeste desta região fértil.

O vale tem cerca de 22 quilômetros de largura e 107 quilômetros de comprimento, o que resulta em cerca de 1.600 quilômetros quadrados. Muitas batalhas foram travadas aqui. Baraque e Débora lutaram contra os cananeus aqui (Jz 4). Gideão lutou contra os midianitas em Jezreel (Jz 6-7). Tanto o Rei Saul quanto o Rei Josias morreram neste vale.

A cidade de Megido estava estrategicamente localizada entre as encruzilhadas norte-sul. O rei egípcio Tutemés III (1504-1450 a.C.) disse que aquele que conquista Megido conquista mil cidades. Napoleão via o Vale de Jezreel como o local mais natural da Terra para batalhas. Foi lá que dispersou os otomanos em 1799.

As cidades ao redor do Armagedom foram destruídas e reconstruídas quinze vezes diferentes, de acordo com arqueólogos que descobriram muitas camadas de civilização – Megido foi construída, destruída e reconstruída vinte vezes. Na época do Rei Davi, a Megido que ele conhecia já era a décima sexta camada daquela cidade.

Havia mais alguém que conhecia aquele vale. A dezesseis quilômetros de distância de Megido ficava um pequeno lugar chamado Nazaré. Lá, quando era pequeno, depois um adolescente, depois um homem, Jesus foi capaz de chegar ao ponto mais alto da cidade e olhar para este lugar de encontro.

Um dia, todo esse verde exuberante será transformado em lama marrom à medida que exército após exército adentrarem o vale. Eu não vou estar aqui para ver isso, felizmente, porque com certeza iria partir meu coração ver o que acontecerá.

A Batalha do Armagedom

A Batalha do Armagedom é realmente um equívoco. Não há lugar algum nas Escrituras em que essas palavras sejam usadas juntas. João, no versículo 14, chama essa guerra de peleja do grande Dia do Deus Todo-Poderoso. Armagedom é simplesmente o ponto de encontro. O alvo é Jerusalém.

Embora Apocalipse 16 seja o único lugar onde o Armagedom é mencionado, a reunião dos exércitos e o ataque a Jerusalém podem ser encontrados em toda a Escritura. Joel explica algumas das razões para essa grande batalha. Note que tudo se resume à forma como as nações tratam o povo de Deus, Israel:

> Eis que, naqueles dias e naquele tempo,
> em que mudarei a sorte de Judá e de Jerusalém,
> congregarei todas as nações
> e as farei descer ao vale de Josafá;
> e ali entrarei em juízo contra elas
> por causa do meu povo e da minha herança,
> Israel, a quem elas espalharam por entre os povos,
> repartindo a minha terra entre si.
> Lançaram sortes sobre o meu povo,
> e deram meninos por meretrizes,
> e venderam meninas por vinho, que beberam (Jl 3.1-3).

Seria negligente da minha parte não lembrar mais uma vez que a única maneira de entender a profecia bíblica, particularmente quando se trata do destino das nações, é olhar através das lentes de Israel. É o que também aparece em Zacarias:

> Eis que vem o Dia do Senhor,
> em que os teus despojos se repartirão no meio de ti.
> Porque eu ajuntarei todas as nações para a peleja contra Jerusalém;
> e a cidade será tomada,
> e as casas serão saqueadas,
> e as mulheres, forçadas;
> metade da cidade sairá para o cativeiro,
> mas o restante do povo não será expulso da cidade.
> Então, sairá o Senhor
> e pelejará contra essas nações,
> como pelejou no dia da batalha (Zc 14.1-3).

Na passagem de Zacarias, outro elemento-chave é introduzido. Não serão os judeus que lutarão contra o enorme exército. Deixados por conta própria, eles seriam esmagados como um inseto. Mas eles não têm que lutar essa batalha porque terão Alguém que se interpõe entre eles e essa horda gigantesca.

> Eis que eu farei de Jerusalém um cálice de tontear para todos os povos em redor e também para Judá, durante o sítio contra Jerusalém. Naquele dia, farei de Jerusalém uma pedra pesada para todos os povos; todos os que a erguerem se ferirão gravemente; e, contra ela, se ajuntarão todas as nações da Terra. Naquele dia, diz o Senhor, ferirei de espanto a todos os cavalos e de loucura os que os montam; sobre a casa de Judá abrirei os olhos e ferirei de cegueira a todos os cavalos dos povos. Então, os chefes de Judá pensarão assim: "Os habitantes de Jerusalém têm a força do Senhor dos Exércitos, seu Deus" (Zc 12.2-5).

Josafá foi um rei sábio e fiel sobre Judá (2Cr 17-20). Durante seu reinado, um grande exército de Amom, Moabe e do Monte Seir se uniram contra ele. Josafá entrou em pânico? Ele correu por aí como se seu cabelo estivesse pegando fogo, gritando "O que devo fazer? O que eu devo fazer?". Com certeza não. Esse rei piedoso reuniu seu povo e, como grupo, eles buscaram ao Senhor. Deus recompensou a fidelidade deles, assegurando-lhes que essa batalha seria Dele, e não deles. Então Josafá levou seu povo ao campo de batalha, não com os soldados à frente, mas com a equipe de louvor. Eles marcharam para frente liderados pela adoração, e não pelas espadas. Enquanto isso, Deus trouxe pânico aos exércitos inimigos, e eles se viraram uns contra os outros e se massacraram. Acho que provavelmente é isso que irá acontecer quando os exércitos do Armagedom marcharem sobre Jerusalém. É por isso que o derramamento de sangue se espalhará por "mil e seiscentos estádios" (Ap 14.20), cerca de 290 quilômetros.

Embora Israel tenha um punhado de amigos no cenário mundial hoje, nesse futuro momento na cronologia de Deus, a nação se verá abandonada e sozinha. Nenhum país vai querer se associar a ela. Até mesmo os Estados Unidos, seu amigo mais próximo, não a apoiarão mais. Seu único amigo será Deus, mas o povo de Israel permanecerá cego para a verdade encontrada no Messias. Somente quando seus olhos olharem para cima e verem o Senhor descendo do céu é que eles vão chorar como alguém que perdeu seu único filho.

A Sétima Taça

Na passagem de Zacarias 14 acima, o profeta escreveu: "Sairá o Senhor e pelejará contra essas nações, como pelejou no dia da batalha" (v. 3). No papel, não será uma luta justa – um contra mil ou um milhão ou, como no caso do Armagedom, dezenas e dezenas de milhões. Mas Deus é onipotente, que é o significado de "todo-poderoso". Homens lutam com armas, tanques, aviões e bombas – armas que podem destruir cidades inteiras ao mesmo tempo. No entanto, a humanidade está limitada ao natural. Deus luta com o sobrenatural. Às vezes, o sobrenatural significa usar fenômenos naturais como terremotos, meteoros e pedras de granizo de 45 quilos. Às vezes, é semear as sementes da confusão para que os exércitos se destruam. Às vezes, é simplesmente Deus revogar a licença das pessoas para respirar.

Todo-poderoso significa exatamente o que parece. Deus escolheu quando começar o tempo da ira. Deus expôs a metodologia para a ira através dos selos, trombetas e taças. E Deus decidirá quando é suficiente. Quando a sétima taça for derramada, Deus dirá: "Chega!".

> Então, derramou o sétimo anjo a sua taça pelo ar, e saiu grande voz do santuário, do lado do trono, dizendo: Feito está! (Ap 16.17).

Como essas palavras soarão bem para todos que as ouvem! No entanto, antes que o céu e a Terra possam respirar aliviados, há mais um prelúdio. Semelhante ao final de um show de fogos de artifício, uma grande exibição vai balançar a Terra.

> E sobrevieram relâmpagos, vozes e trovões, e ocorreu grande terremoto, como nunca houve igual desde que há gente sobre a Terra; tal foi o terremoto, forte e grande. E a grande cidade se dividiu em três partes, e caíram as cidades das nações. E lembrou-se Deus da grande Babilônia para dar-lhe o cálice do vinho do furor da sua ira. Todas as ilhas fugiram, e os montes não foram achados; também desabou do céu sobre os homens grande saraivada, com pedras que pesavam cerca de um talento; e, por causa do flagelo da chuva de pedras, os homens blasfemaram de Deus, porquanto o seu flagelo era sobremodo grande (Ap 16.18-21).

Um terremoto global vai convulsionar o planeta, fazendo com que cidades inteiras entrem em colapso. Ilhas desaparecerão devido aos tsunamis, e as montanhas se partirão e desmoronarão. Para aqueles que sobreviverem à destruição, pedras de granizo do tamanho de filhotes de hipopótamos cairão do céu. Não haverá lugar para se esconder, porque os edifícios foram destruídos pelo terremoto, e qualquer um que de alguma forma tenha conseguido sobreviver precisa apenas de alguns golpes de pedra hipopótamo para derrubá-los no restante do caminho.

No entanto, ainda assim – e isso me faz balançar a cabeça – a humanidade se recusará a se arrepender, escolhendo, em vez disso, blasfemar contra Deus. Seus corações estão endurecidos, seus olhos estão cegos e seus ouvidos estão surdos. Eles não serão capazes de ouvir a voz do Espírito Santo porque eles se recusam a ouvir.

Nesse ponto, a ira de Deus estará satisfeita. Sinto-me exausto por ter ficado imerso em tudo isso durante essas últimas semanas de escrita. Não consigo imaginar sete anos de duração do julgamento de Deus. O escritor de Hebreus estava tão certo quando escreveu: "Horrível coisa é cair nas mãos do Deus vivo" (10.31).

Você tem uma escolha: pode cair nas mãos do Deus vivo ou pode cair nos braços do Salvador amoroso. Pode continuar a se rebelar e virar as costas para a salvação do Senhor ou pode aceitar o presente gratuito que Ele está oferecendo a você. Suportar a tribulação é uma escolha. Ao fechar este livro sem lidar com sua eterna posição com Deus, você está fazendo essa escolha. Os braços Dele estão abertos. Ele está convidando-o para entrar. Renda-se a Ele, aceite Seu amor e perdão, receba Sua salvação, viva para Ele.

Para quem recebeu Jesus como seu Salvador e ainda sente medo ao ler esses julgamentos, deixe-me implorar-lhe para se deliciar com a paz que Deus lhe dá. Jesus disse: "Deixo-vos a paz, a minha paz vos dou; não vo-la dou como a dá o mundo. Não se turbe o vosso coração, nem se atemorize" (Jo 14.27). Ele estava fazendo essa promessa aos Seus discípulos, mas essa promessa é para nós também. A nossa paz vem de saber que através do nosso Salvador estamos totalmente salvos da ira de Deus porque Jesus já pagou o preço.

Seja luz. Compartilhe o Evangelho. Sirva o Senhor. Siga a liderança do Espírito Santo. Todavia, não tenha medo, pois o amor perfeito de Jesus lançou fora o medo (1Jo 4.18).

CAPÍTULO 17

A QUEDA DA BABILÔNIA

APOCALIPSE 17-18

Um dos ritos de passagem acadêmica em muitas partes do mundo é quando um aluno é designado para ler os poemas épicos de Homero, *Ilíada* e *Odisseia*. Embora haja certamente aqueles jovens que têm aguardado animadamente sua oportunidade de mergulhar nessas grandes obras da literatura grega, eu desconfio que eles sejam poucos e estejam dispersos. A maioria dos adolescentes recebe a tarefa obrigatória murmurando. Por quê? Porque, para muitos, esses dois clássicos são quase impossíveis de entender. Felizmente, há aqueles estudiosos literários que entendem essa situação; por isso, muitas ferramentas têm sido publicadas para auxiliar os alunos a compreender essas obras. Se os alunos relutantes se aproveitarem dessas chaves literárias, serão capazes de desvendar os segredos para entender obras que são realmente incríveis.

Para o leitor de Apocalipse, seria fácil olhar para os primeiros seis versículos do capítulo 17 e dizer: "Acho que vou passar. Eu realmente não tenho ideia do que está acontecendo aqui". Eles podem até pegar sua cópia da *Ilíada* para ler algo relativamente mais fácil. Mas não desista. O Senhor sabia que o que João viu quando foi transportado era bizarro e quase impossível de entender. Então Ele enviou uma chave literária – um anjo – para revelar ao escritor, e, por fim, ao leitor, o fato de que essa era, na realidade, uma visão incrivelmente poderosa e profunda.

O Pano de Fundo da Babilônia

Nos próximos dois capítulos, veremos duas entidades – ambas denominadas Babilônia. A Babilônia é inicialmente ilustrada por uma grande prostituta (17.1). No entanto, quando lemos, descobrimos que ela é na verdade uma "grande cidade" (17.18; 18.16,19). O que a torna grande? Ela governa o mundo (17.18). De certa forma, ela é anti-Jerusalém. Quando Cristo chegar, Ele governará o mundo a partir da cidade sagrada. Agora, no entanto, o mundo é controlado pelo diabo, que faz tudo exatamente ao contrário de Deus. E aqui vemos que ele estabeleceu sua sede na cidade da prostituição, a Babilônia.

Antes de nos lançarmos nessa visão alucinante, vamos estabelecer uma base. Para fazer isso, devemos voltar à origem da Babilônia. Houve um tempo em que a humanidade falava uma língua. Todas as pessoas eram descendentes de Noé, não havia se passado tempo suficiente, nem as pessoas haviam se espalhado o suficiente por toda a Terra para permitir a mudança da linguagem naturalmente. À medida que a população se multiplicava, ela se espalhava para o leste. Por fim, ela desenvolveu um grande assentamento em uma planície na terra de Sinar. Contente com esse local, as pessoas decidiram construir uma cidade e uma torre alta.

> E disseram uns aos outros: "Vinde, façamos tijolos e queimemo-los bem". Os tijolos serviram-lhes de pedra, e o betume, de argamassa. Disseram: "Vinde, edifiquemos para nós uma cidade e uma torre cujo topo chegue até

aos céus e tornemos célebre o nosso nome, para que não sejamos espalhados por toda a Terra" (Gn 11.3-4).

O que havia de errado com isso? Havia três problemas. O primeiro foi que elas decidiram alcançar os céus, não por provisão de Deus, mas pelo próprio esforço do homem. É da natureza do homem tentar chegar ao céu em seus próprios termos. Na verdade, todas as religiões diferentes do cristianismo são baseadas em um sistema de obras projetado para alcançar a salvação. Tudo começou com Caim quando trouxe o melhor de seu sucesso agrícola como uma oferenda a Deus. O Senhor rejeitou a oferta "baseada no eu" de Caim, mas aceitou a oferta de Abel de um sacrifício de sangue. A tendência da humanidade é dizer: "Sim, Senhor, eu adoraria passar a eternidade com você no céu. Deixe-me dizer-lhe como eu vou chegar lá".

O segundo problema que as pessoas em Sinar tinham era que, em vez de fazer algo para a glória de Deus, queriam fazer um nome para si mesmas. Queriam que os outros olhassem como elas eram maravilhosas. Isso é semelhante à nossa geração TikTok, Facebook e Instagram. Todo mundo quer ser estrela das redes sociais. As pessoas se tornam influenciadoras digitais porque reúnem milhões de seguidores apenas postando vídeos curtos de si mesmas. O nosso mundo esqueceu que estamos aqui para refletir a glória de Cristo, não para fazer um nome para nós mesmos.

Finalmente, as pessoas em Sinar não queriam seguir a diretiva de Deus para se multiplicar e se espalhar pela Terra. Elas estavam cansadas de viajar e encontrar novos lugares para se estabelecer. Parecia que ali era um lar para elas, e por ali elas iriam ficar. Então Deus interveio. Ele trouxe confusão entre elas. Elas começaram a falar em línguas diferentes. Clãs e famílias foram divididos enquanto as pessoas se misturavam em busca de outros a quem pudessem entender. Uma vez agrupadas por compreensão, elas partiram. Através do exemplo delas, vemos que não faz sentido se rebelar contra Deus, pois Ele vai realizar Seu plano não importa o que aconteça. É muito mais fácil para nós fazer o que Deus pede.

Onde tudo isso aconteceu? Na cidade de Babel, que significa "confusão". Babel acabou se transformando na Babilônia. Para entender ainda mais essa cidade, precisamos olhar para seu fundador original – o líder autossuficiente do grupo "faremos do nosso jeito". Seu nome era Ninrode, e ele era um caçador poderoso. Ele foi o arquiteto das "religiões de mistério" daquela área.

Ninrode tinha uma esposa chamada Semíramis, uma alta sacerdotisa da adoração aos ídolos. Seus seguidores acreditavam que ela tinha milagrosamente concebido um filho. O nome dele era Tamuz, e ele nasceu para ser um salvador do seu povo. Logo uma religião se desenvolveu em torno desses dois, com pessoas adorando mãe e filho. A adoração a Tamuz continuou de várias formas ao longo dos séculos, por fim alcançando até mesmo o templo em Jerusalém, onde, em uma visão, Ezequiel viu mulheres "assentadas chorando por Tamuz" (Ez 8.14).

A Babilônia sempre esteve profundamente envolvida em astrologia, feitiçaria e magia. Isaías enfatizou esse foco no oculto quando pronunciou o julgamento de Deus sobre a cidade:

> Pelo que sobre ti virá o mal
> que por encantamentos não saberás conjurar;
> tal calamidade cairá sobre ti,
> da qual por expiação não te poderás livrar;
> porque sobre ti, de repente, virá tamanha desolação,
> como não imaginavas.
> Deixa-te estar com os teus encantamentos
> e com a multidão das tuas feitiçarias
> em que te fatigaste desde a tua mocidade;
> talvez possas tirar proveito,
> talvez, com isso, inspirar terror.
> Já estás cansada com a multidão das tuas consultas!
> Levantem-se, pois, agora, os que dissecam os céus e fitam os astros,
> os que em cada lua nova te predizem
> o que há de vir sobre ti (Is 47.11-13).

Conhecendo a Prostituta

Com esse pano de fundo, agora podemos começar a interpretar os dois próximos capítulos. A cena começa com um dos anjos das taças falando com João, antes que o anjo leve o apóstolo para o deserto.

> Veio um dos sete anjos que têm as sete taças e falou comigo, dizendo: "Vem, mostrar-te-ei o julgamento da grande meretriz que se acha sentada sobre muitas águas, com quem se prostituíram os reis da Terra; e, com o vinho de sua devassidão, foi que se embebedaram os que habitam na Terra". Transportou-me o anjo, em espírito, a um deserto e vi uma mulher montada numa besta escarlate, besta repleta de nomes de blasfêmia, com sete cabeças e dez chifres. Achava-se a mulher vestida de púrpura e de escarlata, adornada de ouro, de pedras preciosas e de pérolas, tendo na mão um cálice de ouro transbordante de abominações e com as imundícies da sua prostituição. Na sua fronte, achava-se escrito um nome, um mistério:
>
> BABILÔNIA, A GRANDE,
> A MÃE DAS MERETRIZES
> E DAS ABOMINAÇÕES
> DA TERRA.
>
> Então, vi a mulher embriagada com o sangue dos santos e com o sangue das testemunhas de Jesus; e, quando a vi, admirei-me com grande espanto (Ap 17.1-6).

No deserto, João é confrontado com a visão de uma mulher. Ela está vestida com uma roupa que muitos considerariam "roupas não adequadas para ir à igreja". Sob ela está a besta de várias cabeças, e em sua mão está um cálice "transbordante de abominações e com as imundícies da sua prostituição". Ela está bêbada com o sangue dos mártires e dos santos, indicando que não só está de acordo com as mortes deles, mas provavelmente tem uma participação nas execuções.

Na testa, ela tem um nome escrito, um mistério: "Babilônia, a grande, a mãe das meretrizes e das abominações da Terra". Agora, se estivéssemos em uma conferência de negócios e uma mulher caminhasse até nós com um crachá escrito "Oi, meu nome é...", nós provavelmente iríamos evitá-la, pensando *Uau, um pouco de excesso de informação*. Para nós, porém, essa é uma pista muito útil para a identidade dela. O fato de as palavras "um mistério, Babilônia" estarem incluídas nos diz que ela não está representando a cidade física da Babilônia, mas algo simbolizado pela Babilônia. Normalmente, a cidade é usada para representar dois aspectos do sistema mundial: a arena religiosa e a faceta política e financeira.

Quando a verdadeira igreja for arrebatada antes da tribulação, seu lugar será ocupado por uma igreja apóstata. Essa falsa religião, representada pela Babilônia, perseguirá aqueles que encontraram Cristo como seu Salvador. Ela não irá pregar o Evangelho da morte, sepultamento e ressurreição de Cristo. Com certeza, ela nunca irá mencionar o retorno Dele à Terra na segunda vinda. A religião será muito mais externa, com foco na aparência e na realização pessoal ao invés da realidade do mundo espiritual. Ela será centrada em rituais, em vez de reavivamento.

Não é difícil para nós imaginarmos esse tipo de sistema religioso. Ainda hoje vemos a deterioração teológica dentro da cristandade. As denominações estão transigindo quanto às qualificações morais do clero que estão dispostas a ordenar. Alguns conhecidos escritores, pregadores e professores cristãos não estão mais comunicando um Evangelho claro. Outros não acreditam em um inferno literal. Outros ainda afirmam que os judeus podem ser salvos sem colocar sua fé no Senhor Jesus Cristo, mas por outros meios. Cada vez menos seminários ensinam sobre profecia. Eles querem se concentrar no aqui e agora, em vez de nos planos de Deus para o futuro. Portanto, os alunos se formam sem fazer um curso sobre profecia ou é dado a eles uma grande variedade de pontos de vista e dito a eles que descubram por si mesmos. Isso leva as congregações ao redor do mundo a serem deixadas ignorantes da verdade sobre as declarações proféticas de Deus.

João teve a inesperada visão dessa mulher e disse: "Admirei-me com grande espanto". Adoro essa frase. Isso me diz que eu não deveria me sentir mal por não ter ideia do que está acontecendo com essa prostituta montada sobre a besta. João também ficou impressionado. Felizmente, o anjo viu João parado ali espantado e perplexo.

> O anjo, porém, me disse: "Por que te admiraste? Dir-te-ei o mistério da mulher e da besta que tem as sete cabeças e os dez chifres e que leva a mulher" (Ap 17.7).

Houve homens e mulheres na minha vida que foram grandes professores. Eles eram os únicos a quem eu podia recorrer; principalmente no início da minha caminhada cristã, quando uma passagem bíblica ou um pensamento doutrinário simplesmente não fazia sentido para mim. Nós nos sentávamos juntos ou conversávamos ao telefone, eles me explicavam as Escrituras e tudo ficava claro. Esse agora é o papel do anjo para com João.

Montando a Besta

A misteriosa Babilônia tinha uma besta arreada, e estava vagueando com essa criatura. O que é essa besta? Quando o anjo a descreve, sua identidade rapidamente se torna clara:

> A besta que viste, era e não é, está para emergir do abismo e caminha para a destruição. E aqueles que habitam sobre a Terra, cujos nomes não foram escritos no Livro da Vida desde a fundação do mundo, se admirarão, vendo a besta que era e não é, mas aparecerá (Ap 17.8).

Ela é ninguém menos que o Anticristo, aquele que saiu do abismo. Para que seja aceito pelo povo, ele fingirá lealdade à liderança religiosa. Por um tempo, tudo ficará ótimo enquanto eles trabalham em conjunto. Todavia, por fim, ressentimentos se desenvolverão entre os dois – especialmente quando o Anticristo decidir que o objeto da veneração de todos deve ser ele mesmo. A separação não será amigável.

A besta é retratada com sete cabeças e dez chifres. Vamos começar com a explicação angelical sobre as cabeças:

> Aqui está o sentido, que tem sabedoria: as sete cabeças são sete montes, nos quais a mulher está sentada. São também sete reis, dos quais caíram cinco, um existe, e o outro ainda não chegou; e, quando chegar, tem de durar pouco. E a besta, que era e não é, também é ele, o oitavo rei, e procede dos sete, e caminha para a destruição (Ap 17.9-11).

Há alguns que comparam as sete montanhas a Roma. Isso é possível, mas não definitivo. De maior importância são os reis. Eles podem ser sete imperadores romanos ou sete impérios mundiais. Da perspectiva de João, cinco deles já haviam passado. O que "existe" é o império no tempo de João, Roma, ou o então imperador, provavelmente Domiciano. Depois ainda há um por vir, da perspectiva histórica de João, mas que para nós já está no passado. Finalmente, há um oitavo rei. Ele é o próprio Anticristo.

Caso você ainda não esteja farto de reis, descobrimos ainda mais deles quando chegamos aos chifres.

> Os dez chifres que viste são dez reis, os quais ainda não receberam reino, mas recebem autoridade como reis, com a besta, durante uma hora. Têm estes um só pensamento e oferecem à besta o poder e a autoridade que possuem. Pelejarão eles contra o Cordeiro, e o Cordeiro os vencerá, pois é o Senhor dos senhores e o Rei dos

reis; vencerão também os chamados, eleitos e fiéis que se acham com ele (Ap 17.12-14).

No futuro, haverá mais dez reis que reinarão simultaneamente com o Anticristo. Todos governarão, mas ele governará os governantes. Qual é o propósito deles em se alinharem? Essa é a base do grande exército. Quem pode enfrentar onze reis e sua enorme força militar? A resposta: um Cordeiro. Como vimos antes, tudo o que é natural no mundo não pode competir contra um Deus sobrenatural. Parafraseando o que os pais costumavam dizer: Deus trouxe todos a existência e Ele pode tirar todos dela.

O Fim da Prostituta

Ainda que leiamos mais sobre essa grande queda no próximo capítulo, aqui vemos o fim da prostituta:

> Falou-me ainda: "As águas que viste, onde a meretriz está assentada, são povos, multidões, nações e línguas. Os dez chifres que viste e a besta, esses odiarão a meretriz, e a farão devastada e despojada, e lhe comerão as carnes, e a consumirão no fogo. Porque em seu coração incutiu Deus que realizem o seu pensamento, o executem à uma e deem à besta o reino que possuem, até que se cumpram as palavras de Deus. A mulher que viste é a grande cidade que domina sobre os reis da Terra" (Ap 17.15-18).

Anteriormente eu disse que a Babilônia é uma entidade religiosa e política. Aqui, vemos o fim da Babilônia espiritual. Embora a mulher esteja montando a besta no início, a besta não quer permanecer em sua posição subserviente. Ela deve estar pensando: *eu sou o Anticristo; ela é quem deveria estar me carregando por aí*. Na visão de João, a mulher está nas águas. O anjo informa João que essas águas representam multidões e nações e línguas. O alcance religioso dela tocou todos os cantos do globo. Mas isso não seria suficiente para salvá-la.

Sob a direção da besta, os dez reis se voltarão contra a prostituta e a destruirão. Quem vai entrar no lugar dela? O anjo diz a João que os reis tinham um só pensamento, oferecer "à besta o poder e a autoridade que possuem". O Anticristo está agora totalmente no comando. Não só o mundo o segue politicamente, como também o amará.

Movendo-se para a Próxima Montanha

Quando começamos o capítulo 18, chegamos a outro daqueles picos de montanha proféticos. Lembre-se: já aprendemos que há passagens em que uma profecia é como uma série de montanhas, uma logo após a outra. Todavia, quando chega a um cume, você muitas vezes descobre que a próxima montanha fica a quilômetros de distância. Na profecia bíblica, a distância pode ser de séculos ou milênios. Entre os capítulos 17 e 18, estamos falando de uma lacuna de apenas três anos e meio.

Na verdade, para encontrar o antecedente do capítulo 18, precisamos voltar ao final do capítulo 16.

> E a grande cidade se dividiu em três partes, e caíram as cidades das nações. E lembrou-se Deus da grande Babilônia para dar-lhe o cálice do vinho do furor da sua ira. Todas as ilhas fugiram, e os montes não foram achados; também desabou do céu sobre os homens grande saraivada, com pedras que pesavam cerca de um talento; e, por causa do flagelo da chuva de pedras, os homens blasfemaram de Deus, porquanto o seu flagelo era sobremodo grande (Ap 16.19-21).

Quando nos lembramos dessa passagem, podemos entender como o capítulo 18 pode dizer que "em uma só hora, foi devastada!" (v. 19). Quando o sistema religioso entra em colapso no capítulo

17, trata-se ao mesmo tempo de um processo gradual causado pelo homem: "Os dez chifres que viste e a besta, esses odiarão a meretriz, e a farão devastada e despojada, e lhe comerão as carnes, e a consumirão no fogo" (v. 16). A devastação no final do capítulo 16 e no capítulo 18 ocorre no espaço de sessenta minutos e é o resultado do derramamento da sétima taça pelo anjo.

Walvoord descreve a distinção entre os capítulos 17 e 18, escrevendo:

> A destruição da Babilônia no capítulo 18 deve ser comparada ao anúncio anterior em 16.19 em que a grande cidade é dividida e as cidades dos gentios caem. Esse evento chega tarde na grande tribulação, pouco antes da segunda vinda de Cristo, em contraste com a destruição da prostituta do capítulo 17, que parece preceder a grande tribulação, abrindo caminho para a adoração da besta (13.8).[18]

Caiu, Caiu

Quando o capítulo 18 tem início, João vê outro anjo descendo do céu para a Terra. Esse anjo é intrigante pelo fato de sua autoridade ser evidente para o apóstolo, e a glória desse mensageiro de Deus iluminou a Terra.

> Depois destas coisas, vi descer do céu outro anjo, que tinha grande autoridade, e a Terra se iluminou com a sua glória. Então, exclamou com potente voz, dizendo: "Caiu! Caiu a grande Babilônia e se tornou morada de demônios, covil de toda espécie de espírito imundo e esconderijo de todo gênero de ave imunda e detestável, pois todas as nações têm bebido do vinho do furor da sua prostituição. Com ela

---

18 WALVOORD, John F. *The Revelation of Jesus Christ*. p. 259.

se prostituíram os reis da Terra. Também os mercadores da Terra se enriqueceram à custa da sua luxúria" (18.1-3).

A mensagem do anjo é enfática, duas vezes é repetido o fato de que caiu a grande Babilônia. Curiosamente, esse é o texto exato que é encontrado em Isaías quando uma carruagem com cavaleiros relatou: "Caiu, caiu Babilônia" (Is 21.9). Tudo está prestes a mudar porque as nações do mundo a conheciam, preocupavam-se com ela e enriqueceram através dela. Agora, tudo se foi.

De quem ou do que está se falando aqui? Essa é uma cidade literal ou é um símbolo do sistema político e econômico da época? Ao longo da Bíblia, a palavra Babilônia é usada de forma literal e figurativa. Muitas vezes ela se refere à cidade literal ao longo do rio Eufrates. No entanto, Pedro também a usa para se referir à capital do Império Romano, escrevendo: "Aquela que se encontra em Babilônia, também eleita, vos saúda" (1Pe 5.13). Há muitos comentaristas que caem em um lado ou outro da linha literal/simbólica, sendo que alguns acreditam que a Babilônia do Apocalipse 18 é uma realmente reconstruída. Outros acreditam que ela é Roma, o que permite que aqueles que ganham a vida a partir do mar vejam a destruição de seus navios (18.17-18), algo impossível de ocorrer se a cidade estiver no centro do Iraque, onde está localizada a Babilônia literal.

Charles Ryrie acreditava que a Babilônia era uma cidade literal e um sistema econômico. Ele escreveu: "Babilônia diz respeito a uma cidade (evidentemente Roma e talvez a Babilônia no Eufrates) e um sistema".[19]

Tim LaHaye e Timothy Parker apresentaram outra visão dos capítulos 17 e 18:

---

19 RYRIE, Charles C. *Revelation*.

O capítulo 17 se refere simbolicamente à Babilônia religiosa, enquanto o capítulo 18 se refere aos sistemas comerciais e políticos da Babilônia. O capítulo 18 descreve a destruição que livrará o mundo de males devastadores que há milhares de anos têm atormentado a humanidade.[20]

Charles Swindoll considera que a Babilônia do Apocalipse representa o falso sistema religioso na época da tribulação: "Isso significa que o falso sistema religioso que ela representa levará à perseguição zelosa e ao massacre de incontáveis verdadeiros servos de Deus".[21]

Como já mencionei, eu pessoalmente defendo que esses dois capítulos falam de um sistema religioso e de um econômico que são ao mesmo tempo ausentes de Deus e presentes em todo o mundo. No entanto, eu também prometi dizer quando as Escrituras não são claras, e essa é uma dessas vezes.

O que *está* claro nesse capítulo é que Deus está convocando os cristãos daquela época a não transigirem. Ele está dizendo que eles podem ter o sentimento de que o sistema é todo-poderoso. Mas não é. A destruição da Babilônia e a salvação para os santos estão a caminho. Não faça concessões. Não seja sugado para a mentalidade de máfia. Não participe da visão de mundo atual e nem se envolva em suas práticas. Esses comandos claros relembram uma mensagem muito semelhante que o profeta Jeremias falou ao povo de seu tempo quando enfrentaram a Babilônia literal:

> Fugi do meio da Babilônia,
> e cada um salve a sua vida;
> não pereçais na sua maldade;
> porque é tempo da vingança do Senhor:
> ele lhe dará a sua paga.
> A Babilônia era um copo de ouro na mão do Senhor,

---

20 LAHAYE, Tim; PARKER, Timothy E. *The book of Revelation made clear*.
21 SWINDOLL, Charles R. *Charles R. Swindoll's New Testament insights*: insights on Revelation. Grand Rapids, MI: Zondervan, 2001. p. 230.

> o qual embriagava a toda a Terra;
> do seu vinho beberam as nações;
> por isso, enlouqueceram.
> Repentinamente, caiu Babilônia e ficou arruinada;
> lamentai por ela,
> tomai bálsamo para a sua ferida;
> porventura, sarará (Jr 51.6-8).

Naquele momento, como agora e no futuro, o Senhor permite que quem está dentro do sistema político e econômico continue se sentindo protegido. Eles vivem em sua riqueza, popularidade e satisfação, mas a destruição está a caminho. Essa é uma das razões pelas quais Jesus disse que é tão difícil para um homem rico entrar no reino de Deus. A sensação de bem-estar vem de sua riqueza, de sua popularidade ou de sua própria sabedoria. Ele não está totalmente ciente do mundo espiritual que cerca o físico. Ele tem olhos que não podem ver, ouvidos que não podem ouvir. Chegará um dia em que, em uma hora, qualquer segurança que ainda lhe reste será tirada dele.

Tudo Acabou

Depois que o mundo foi destruído, as pessoas ainda vão manter a esperança. Acreditarão que algum dia todo o mal passará. De alguma forma, as coisas vão melhorar de novo. Elas acham que serão capazes de pegar os pedaços e reconstruir. Por que acham isso? Porque o cara delas ainda está no comando. Os sistemas delas ainda existem.

Então, tudo entrará em colapso.

> O fruto sazonado, que a tua alma tanto apeteceu, se apartou de ti, e para ti se extinguiu tudo o que é delicado e esplêndido, e nunca jamais serão achados. Os mercadores destas coisas, que, por meio dela, se enriqueceram,

conservar-se-ão de longe, pelo medo do seu tormento, chorando e pranteando, dizendo: "Ai! Ai da grande cidade, que estava vestida de linho finíssimo, de púrpura, e de escarlata, adornada de ouro, e de pedras preciosas, e de pérolas, porque, em uma só hora, ficou devastada tamanha riqueza!". E todo piloto, e todo aquele que navega livremente, e marinheiros, e quantos labutam no mar conservaram-se de longe. Então, vendo a fumaceira do seu incêndio, gritavam: "Que cidade se compara à grande cidade?". Lançaram pó sobre a cabeça e, chorando e pranteando, gritavam: "Ai! Ai da grande cidade, na qual se enriqueceram todos os que possuíam navios no mar, à custa da sua opulência, porque, em uma só hora, foi devastada!" (Ap 18.14-19).

Todos queremos segurança. Procuramos por ela em nosso casamento, nosso trabalho, nossa conta bancária, nossa casa e em muitas das coisas que possuímos. No entanto, toda essa segurança pode desaparecer em um momento. A única garantia está em nossa relação com Deus através de Jesus Cristo. Essa relação é eterna. Ela não depende se temos um emprego, uma conta bancária ou um cônjuge. Essa segurança vem do próprio caráter do Todo-Poderoso.

Deus disse ao Seu povo através do profeta Jeremias: "Eu é que sei que pensamentos tenho a vosso respeito, diz o Senhor; pensamentos de paz e não de mal, para vos dar o fim que desejais" (Jr 29.11). Esses pensamentos vêm com um propósito. São planos para sua vida. E sabemos que se eles vêm de Deus, então são bons.

Em Apocalipse 18, tudo aquilo de que as pessoas dependiam de repente desaparecerá. Qualquer futuro que elas pensavam que tinham irá evaporará no ar. Quando a Babilônia cair, haverá um colapso econômico mundial. Os bancos fecharão; corretores de ações saltarão das janelas se por acaso ainda houver arranha-céus em pé. Milhares terão ataques cardíacos e derrames, porque toda a sua segurança se resumia àquilo que possuíam. Tudo isso terá sumido, sem quem possa ajudar.

Como muitas vezes acontece em Apocalipse, em meio à miséria há alegria.

> Exultai sobre ela, ó céus, e vós, santos, apóstolos e profetas, porque Deus contra ela julgou a vossa causa (Ap 18.20).

Por que se diz aos apóstolos e profetas que se alegrem? Porque esse é o sistema que os perseguiu e tirou suas vidas. Esses são os que zombaram de suas palavras em vez de ouvir a verdade. Deus prometeu justiça de acordo com Sua linha do tempo e essa hora chegou.

Há mais nesse capítulo, mas tudo está relacionado ao mesmo tema. A Babilônia está no fim. Cavar muito profundamente nos detalhes só vai enlamear o ponto principal. Além disso, temos seguido em uma jornada muito sombria por muitos capítulos. Olhando para frente, vejo uma luz muito brilhante no fim deste túnel. Na verdade, é tão brilhante que só pode vir Daquele que disse: "Eu sou a luz do mundo" (Jo 8.12). Há também outro grupo que vai fazer uma aparição no próximo capítulo. E se você olhar de perto, pode enxergar a si mesmo na multidão.

PARTE 4
O REINADO DO REI

(Apocalipse 19-20)

CAPÍTULO 18

O RETORNO DO REI

APOCALIPSE 19

DEIXE-ME DAR UM AVISO SOBRE ESTE PRÓXIMO CAPÍTULO. Há muita coisa acontecendo, e está tudo bem! E para qualquer um de vocês que têm batido os dedos e pensado: *Tem sido interessante ler sobre o que enfrentarão todos aqueles que ficaram para trás, mas quando veremos a igreja novamente?* Prepare-se para fazer sua dança feliz. A noiva de Cristo está a caminho, e ela está vindo com seu noivo! Se isso não é razão suficiente para um culto de adoração espontânea, então eu não sei o que é. E é exatamente isso o que temos no capítulo 19.

Quando viajo de país em país e igreja em igreja, fico espantado com as diferentes maneiras que os cristãos expressam sua adoração. Em algumas igrejas, as pessoas adoram gritar: "Aleluia!". Outras gritam: "Amém!". Algumas não dão tantas demonstrações externas, mas seus corações estão logo ali, na sala do trono com Deus, louvando Seu santo nome.

O que quer que você faça em seus cultos aqui na Terra, quando chegarmos ao céu, todos estaremos clamando, curvando-nos, louvando e levantando nossas mãos para Aquele que nos salvou e nos chamou para fazer parte da família de Deus. Como eu sei disso? Enquanto continuamos nossa turnê de fim dos tempos com o apóstolo João neste capítulo, vamos ouvir as vozes de uma grande multidão. O que eles vão gritar? "Aleluia... Aleluia... Aleluia... Aleluia!" (v. 1, 3, 4, 6).

Uma Recapitulação de Louvor

O meu lado escritor adora esses primeiros versículos do capítulo 19. Uma grande parte do escritor profissional está tentando encontrar maneiras criativas de se repetir, seja revendo um ponto importante ou tentando garantir que você não use a mesma palavra duas vezes seguidas. Quando esse capítulo começa, o Espírito Santo está deixando o leitor a par do que acabou de acontecer, a fim de passar para os incríveis eventos que estão prestes a acontecer. Em vez de dizer "Então aconteceu isso, depois aquilo, depois aquilo", Ele deixa a recapitulação vir em forma de adoração.

> Depois destas coisas, ouvi no céu uma como grande voz de numerosa multidão, dizendo: "Aleluia! A salvação, e a glória, e o poder são do nosso Deus, porquanto verdadeiros e justos são os seus juízos, pois julgou a grande meretriz que corrompia a Terra com a sua prostituição e das mãos dela vingou o sangue dos seus servos". Segunda vez disseram: "Aleluia! E a sua fumaça sobe pelos séculos dos séculos". Os vinte e quatro anciãos e os quatro seres viventes prostraram-se e adoraram a Deus, que se acha sentado no trono, dizendo: "Amém! Aleluia!". Saiu uma voz do trono, exclamando: "Dai louvores ao nosso Deus, todos os seus servos, os que o temeis, os pequenos e os grandes" (Ap 19.1-5).

Vieram os justos julgamentos de Deus. A grande prostituta está morta. Tudo é fantástico – "Amém! Aleluia!". É claro que ainda há aquele enorme exército do Armagedom à espreita lá fora com o diabo, o Anticristo e o falso profeta; mas isso não é grande coisa. O Messias que retornará, cuidará desse pequeno problema até o final desse capítulo. Nosso trabalho como "seus servos e aqueles que O temem" é deixá-lo se preocupar em lutar enquanto nos concentramos nos louvores!

Com nossa revisão melódica, agora podemos esperar ansiosamente pelo próximo grande acontecimento, que é a segunda vinda de Cristo. No entanto, antes de irmos para lá, precisamos responder à pergunta fundamental: por que Jesus está voltando? Ele está voltando para um julgamento final da humanidade antes de passarmos para a eternidade? Ou Ele está vindo para criar um reino literal e físico em Jerusalém de onde reinará? A resposta a essa pergunta determinará como interpretamos o resto desse capítulo. Há três pontos de vista importantes que tentam responder à pergunta.

O pré-milenista acredita em um reino literal no qual Jesus reinará de Jerusalém por mil anos. Esse período começará no final da tribulação, quando Jesus retornar. Naquele momento, Deus derramará seu Espírito Santo sobre a nação judaica. Os judeus reconhecerão Jesus como seu Messias e se entregarão individualmente ao Senhor. Ao contrário das acusações de muitos que possuem outras opiniões, não há salvação aos judeus simplesmente porque eles são judeus. A salvação não vem porque você faz parte de uma certa etnia. Todos os judeus que recebem Jesus como seu salvador o farão da mesma maneira que você e eu fizemos. A singularidade daquele momento de Romanos 11.26 se deve a ele ser o único caso em que o Espírito Santo moverá os corações de um grupo inteiro de pessoas para arrependimento individual e salvação. Isso significará o cumprimento da promessa de um novo pacto com Israel, conforme prometido em Jeremias 31.31.

O pós-milenista acredita que estamos atualmente no milênio. *Quando começaram os mil anos?* Você pode se perguntar. Bem, é difícil responder sua pergunta porque, para eles, o período é baseado em uma falsa premissa. Os mil anos do milênio não são realmente mil anos, dizem eles, e o reinado de Cristo é espiritual e não literal.

O mundo de hoje não é bom e, no geral, nunca foi piedoso. No entanto, chegará um dia em que isso vai mudar. Os pós-milenistas estão otimistas com o nosso futuro e trabalham para inaugurar uma era de ouro de justiça antes que Jesus retorne. Quando conseguirmos isso, Ele estará de volta e trará com Ele o julgamento final. Então, Ele reinará na Nova Jerusalém pela eternidade.

O amilenismo é semelhante ao pós-milenismo, mas sem o otimismo. Como os pós-milenistas, eles adotam uma visão não literal dos mil anos e acreditam que Jesus já está governando sobre os assuntos da humanidade. Eles não veem, no entanto, um futuro período de uma igreja triunfante antes do retorno físico de Jesus. Quando o Senhor voltar, Ele criará um novo céu e uma nova Terra e inaugurará a eternidade.

Como um literalista bíblico, a posição pré-milenista é clara para mim nas Escrituras. Jesus Cristo reinará fisicamente de um trono físico na cidade física de Jerusalém nesta Terra física. Esse cenário não só se encaixa no contexto geral da profecia e do caráter de Deus, mas também se encaixa nas palavras que estão claramente impressas nas páginas da Bíblia. Em particular, a repetição da frase "mil anos" na narrativa focada no futuro do próximo capítulo de Apocalipse requer mil anos literais. A única maneira de interpretar o número de forma diferente é filtrá-lo através de uma ideologia preconcebida e dizer que as palavras não significam o que elas claramente significam.

O Retorno da Noiva

Uma multidão começa a cantar, e sua canção é alta e verdadeira. Quem é essa massa da humanidade? Provavelmente os santos de tribulação que foram martirizados pelos sistemas religiosos e políticos durante a tribulação. O que eles cantam? A versão de louvor celestial da marcha nupcial.

> Então, ouvi uma como voz de numerosa multidão, como de muitas águas e como de fortes trovões, dizendo: "Aleluia! Pois reina o Senhor, nosso Deus, o Todo-Poderoso. Alegremo-nos, exultemos e demos-lhe a glória, porque são chegadas as bodas do Cordeiro, cuja esposa a si mesma já se ataviou, pois lhe foi dado vestir-se de linho finíssimo, resplandecente e puro". Porque o linho finíssimo são os atos de justiça dos santos. Então, me falou o anjo: "Escreve: 'Bem-aventurados aqueles que são chamados à ceia das bodas do Cordeiro'". E acrescentou: "São estas as verdadeiras palavras de Deus". Prostrei-me ante os seus pés para adorá-lo. Ele, porém, me disse: "Vê, não faças isso; sou conservo teu e dos teus irmãos que mantêm o testemunho de Jesus; adora a Deus. Pois o testemunho de Jesus é o espírito da profecia" (Ap 19.6-10).

O que são as "bodas do Cordeiro"? Como aprendemos anteriormente, na noite antes de Jesus ser crucificado, Ele disse a Seus discípulos que Ele estava indo "preparar-vos um lugar. E, quando eu for e vos preparar um lugar, voltarei e vos receberei para Mim mesmo, para que, onde eu estou, estejais vós também" (Jo 14.2-3). Essa promessa será cumprida no arrebatamento da igreja.

Depois que o Noivo vier para a Sua Noiva, Ele a levará de volta para a casa de Seu Pai. Lá ocorrerá o casamento do Cordeiro e da igreja. A "ceia das bodas do Cordeiro" refere-se à festa de casamento, e não ao casamento em si. O que deve acontecer na Terra é a grande celebração do plano perfeito do Pai que uniu em matrimônio Seu Filho e aqueles que haviam sido prometidos a Ele por meio do selo do Espírito Santo durante a era da igreja na Terra.

A noiva é linda. Ela "se ataviou", e as roupas que está usando são feitas do linho fino de todos os seus atos de amor e devoção ao longo de dois mil anos. "Mas Amir, a igreja não é imperfeita hoje? Não há hipocrisia, imoralidade e apatia desenfreada?". Infelizmente, é verdade. Mas se você está esperando por um dia em que não haverá mais pecado na igreja, esperará por um longo tempo. A igreja é composta de pessoas, e nunca haverá um momento em que nós, por nossa própria vontade, seremos bons o suficiente, puros o suficiente e santos o suficiente. E odeio dizer a vocês, pós-milenistas, que nunca haverá uma era de ouro da justiça enquanto estivermos vivendo nesta carne.

Felizmente, embora lutar por santidade seja parte do que demonstra nossa fé genuína, não é nossa responsabilidade nos tornarmos dignos o suficiente para sermos a noiva. Paulo escreveu:

> Maridos, amai vossa mulher, como também Cristo amou a igreja e a si mesmo se entregou por ela, para que a santificasse, tendo-a purificado por meio da lavagem de água pela palavra, para a apresentar a si mesmo igreja gloriosa, sem mácula, nem ruga, nem coisa semelhante, porém santa e sem defeito (Ef 5.25-27).

Depois das primeiras quatro palavras dessa passagem, quem se torna a parte ativa? É Cristo. Ele deu a Si mesmo, Ele santifica, Ele purifica e Ele a apresenta a Si mesmo. Não há uma coisa na lista pela qual sejamos responsáveis; a não ser permanecermos lá em fé, para sermos purificados por Seu sangue, lavados pela Palavra, e apresentados sem manchas, santos e sem defeitos. É assim que estamos "ataviando a nós mesmos" como igreja. É da mesma maneira que nos preparamos como indivíduos para a eternidade. Nos arrependemos de nossos pecados, aceitamos o perdão de Cristo, comprometemo-nos a servi-lo como nosso Senhor e O deixamos cuidar do resto.

Como o casamento ocorre depois que somos arrebatados, isso significa que estamos agora no período de noivado. O Senhor nos deu a garantia de Seu Espírito Santo como um adiantamento para o que ainda está por vir (Ef 1.13-14). Depois do arrebatamento virá o casamento e o julgamento de Cristo. Esse tempo de julgamento é para recompensas; não é uma sentença sobre ir para o céu ou o inferno. Cristo já cuidou do nosso destino eterno. Esse é o *bema* (tribunal de Cristo) de que falamos no capítulo 3, quando as motivações de nossas obras passarão pelo fogo.

Agora que a cerimônia matrimonial está completa e o julgamento está feito, é hora do banquete. O noivo e a noiva retornarão à Terra porque os convidados da festa não serão seres angelicais, mas as pessoas pertencentes a Deus que sobrevivem até o fim da tribulação, incluindo os judeus recentemente "reavivados".

O Retorno do Rei

Nos primeiros dez versículos do capítulo 19, João "ouviu" (v. 1) as declarações de uma grande multidão, depois os vinte e os quatro anciãos e as quatro criaturas. Em seguida, uma voz veio do trono, seguida por uma resposta da multidão, então, a voz de um conservo que estava ao seu lado. Agora há uma mudança do que João "ouviu" para o que ele "viu".

> Vi o céu aberto, e eis um cavalo branco. O seu cavaleiro se chama Fiel e Verdadeiro e julga e peleja com justiça. Os seus olhos são chama de fogo; na sua cabeça, há muitos diademas; tem um nome escrito que ninguém conhece, senão ele mesmo. Está vestido com um manto tinto de sangue, e o seu nome se chama o Verbo de Deus; e seguiam-no os exércitos que há no céu, montando cavalos brancos, com vestiduras de linho finíssimo, branco e puro. Sai da sua boca uma espada afiada, para com ela ferir as nações; e ele mesmo as regerá com cetro de ferro e, pessoalmente, pisa o lagar do vinho do furor da ira do Deus Todo-Poderoso. Tem no seu manto e na sua coxa um nome inscrito:
>
> REI DOS REIS E SENHOR DOS SENHORES (Ap 19.11-16).

Não é a primeira vez em que vimos um cavaleiro em um cavalo branco. Se você se lembra, quando o Cordeiro abriu o primeiro selo, um cavalo branco veio à frente. O cavaleiro que o montava tinha "um arco; e foi-lhe dada uma coroa; e ele saiu vencendo e para vencer" (6.2). O que ele estava conquistando? Os corações e as mentes do povo, porque por fim ele os estaria chamando a adorá-lo. Esse novo cavaleiro também aparece como um conquistador. Mas, dessa vez, quando as pessoas se prostrarem para O adorar, será porque Ele é digno. Não será porque elas foram forçadas ou coagidas.

A descrição que João dá do cavaleiro é uma das maiores retratações de um herói guerreiro já escritas. É quase impossível ler as palavras sem sentir admiração, temor e uma gratidão imensa por Ele estar do seu lado.

Quem é esse cavaleiro? Não há dúvida de que é Jesus Cristo voltando para estabelecer Seu reino. Na verdade, cada uma das descrições de João pode ser encontrada em outro lugar nas Escrituras referindo-se ao Salvador conquistador. Ele é chamado de Fiel e Verdadeiro (Ap 3.14); Seus olhos são como uma chama de fogo (Ap 1.14); Seu manto foi salpicado de sangue (Is 63.2); Seu nome é a Palavra de Deus (Jo 1.1); uma espada afiada procede de Sua boca (Ap 1.16; 2.12); Ele governará as nações com um cetro de ferro (Sl 2.8-9; Ap 12.5); e é chamado de Rei dos reis e Senhor dos senhores (1Tm 6.15).

Adoro esse último título – Rei dos reis e Senhor dos senhores. Isso me traz à mente o *Messias* de Handel, quando os cantores invocam esses títulos e ecoam "Aleluia! Aleluia!", em louvor. Quando Paulo escreveu ao seu protegido, Timóteo, usou esse mesmo título majestoso em sua justa confissão:

> Exorto-te, perante Deus, que preserva a vida de todas as coisas, e perante Cristo Jesus, que, diante de Pôncio Pilatos, fez a boa confissão, que guardes o mandato imaculado, irrepreensível, até à manifestação de nosso Senhor Jesus Cristo; a qual, em suas épocas determinadas, há de ser revelada pelo bendito e único Soberano, o Rei dos reis e Senhor dos senhores; o único que possui imortalidade, que habita em luz inacessível, a quem homem algum

jamais viu, nem é capaz de ver. A ele honra e poder eterno. Amém! (1Tm 6.13-16)

Que evento glorioso! Que celebração grandiosa! Jesus Cristo está voltando para governar todos os reinos do mundo. Quando Ele voltar à Terra, não virá como o fez da primeira vez – fraco, humilde, indefeso. Desta vez, quando Ele vier cavalgando, o fará como Deus em toda Sua glória – divindade todo-poderosa, general de exércitos justos, líder de forças angelicais, o único verdadeiro governante sobre todas as coisas. Por séculos, a promessa do retorno de Jesus tem sido pregada em todo o mundo. Nações, tribos, famílias e indivíduos têm esperado por esse dia. Ele está chegando!

Quem voltará com Ele? Quem são os "exércitos do céu" que cavalgam após Ele? São seres angelicais como os que Eliseu viu durante o cerco de Dotã (2Rs 6)? O contexto deixa claro a identidade deles. Olhando para a descrição, lemos que eles estão "com vestiduras de linho finíssimo, branco e puro" (v. 14). Seis versículos atrás, a descrição que João deu da noiva dizia que ela estava vestida "de linho finíssimo, resplandecente e puro. Porque o linho finíssimo são os atos de justiça dos santos" (v. 8). Não só estamos voltando como a noiva; estamos voltando como o exército de Deus.

"Mas Amir, eu não quero fazer parte de um exército! Eu não mato nem aranhas quando elas entram em minha casa!". Não tenha medo, só há um Guerreiro justo que lutará nessa batalha, e não é você. Seu trabalho será cavalgar atrás de seu Rei, que é exatamente onde você vai querer estar. Na verdade, haverá apenas duas opções no dia do retorno de Cristo – ou você verá o rosto de Jesus ou as costas Dele. Nesse dia do Seu julgamento, será muito melhor estar atrás Dele do que na frente Dele fugindo.

O Exército dos Caras Ruins

Se o Guerreiro Jesus está cavalgando para a batalha com uma espada para ferir as nações, quem são os exércitos que se reuniram para lutar contra Ele? Esses são os reis da Terra que foram seduzidos pelos demônios que se parecem com sapos e saíram com as palavras sedutoras do diabo, do Anticristo e do falso profeta.

> Então, vi um anjo posto em pé no sol, e clamou com grande voz, falando a todas as aves que voam pelo meio do céu: "Vinde, reuni-vos para a grande ceia de Deus, para que comais carnes de reis, carnes de comandantes, carnes de poderosos, carnes de cavalos e seus cavaleiros, carnes de todos, quer livres, quer escravos, tanto pequenos como grandes". E vi a besta e os reis da Terra, com os seus exércitos, congregados para pelejarem contra aquele que estava montado no cavalo e contra o seu exército. Mas a besta foi aprisionada, e com ela o falso profeta que, com os sinais feitos diante dela, seduziu aqueles que receberam a marca da besta e eram os adoradores da sua imagem. Os dois foram lançados vivos dentro do lago de fogo que arde com enxofre. Os restantes foram mortos com a espada que saía da boca daquele que estava montado no cavalo. E todas as aves se fartaram das suas carnes (Ap 19.17-21).

Esses versículos retomam de onde Apocalipse 16.16 parou: "Os ajuntaram no lugar que em hebraico se chama Armagedom". Estamos no fim da tribulação. Os judeus perceberam agora que aquele que eles pensavam ser o seu Messias é na verdade um anti-Messias, que exige adoração de todas as nações do mundo. Sob engano diabólico, essas nações se reuniram para destruir Jerusalém, porém, antes que possam fazê-lo, há um barulho alto e uma luz brilhante. Eles olham para os céus e percebem que isso não vai dar certo. O profeta Zacarias descreve a cena:

> Eis que vem o Dia do Senhor,
> em que os teus despojos se repartirão no meio de ti.
> Porque eu ajuntarei todas as nações para a peleja contra Jerusalém;

e a cidade será tomada,
e as casas serão saqueadas,
e as mulheres, forçadas;
metade da cidade sairá para o cativeiro,
mas o restante do povo não será expulso da cidade.
Então, sairá o Senhor
e pelejará contra essas nações,
como pelejou no dia da batalha.
Naquele dia, estarão os seus pés sobre o monte das Oliveiras,
que está defronte de Jerusalém para o oriente;
o monte das Oliveiras será fendido pelo meio,
para o oriente e para o ocidente,
e haverá um vale muito grande;
metade do monte se apartará para o norte,
e a outra metade, para o sul (Zc 14.1-4).

Os exércitos serão imediatamente mortos por Cristo, e a besta e o falso profeta serão jogados no lago de fogo. Essa será a última vez que os veremos. Acredito que uma das razões pelas quais o diabo não quer que as pessoas leiam o livro do Apocalipse é porque ele quer que pensem que ele é mais poderoso do que realmente é. Ele se vangloria e tem poder aqui na Terra. Mas quando Jesus se junta à batalha, é revelado que Satanás é apenas mais um ser que não é páreo para seu Criador.

CAPÍTULO 19

TERMINANDO AS COISAS

Apocalipse 20

ENTRE OS MILITARES, A AUTORIDADE É DETERMINADA PELO posto. Enquanto estava nas Forças de Defesa israelenses, eu tinha o meu comandante, e ele tinha o comandante dele. A cadeia de comando subia até chegar ao único homem que estava no comando definitivo – o general, que comandava sobre todos. Se o seu comandante direto é uma pessoa difícil, então a vida pode ser miserável. Você estará tão envolvido cumprindo as exigências de seu superior imediato que não terá tempo nem inclinação para considerar que há alguém em um posto ainda maior. Para você, qualquer um ainda mais acima na hierarquia é totalmente irrelevante, porque você deve "servir seu mestre". Eles se tornam a finalidade e a razão de toda a estrutura de autoridade em que você está inserido.

É assim que funciona para os descrentes atualmente. Eles estão servindo a estrutura de autoridade maligna do mundo, da carne e do diabo. Quando essas autoridades mandam pular, eles perguntam de qual altura pular. Quando esses líderes dizem "pecar", eles dizem "sim, com toda certeza". Esse triunvirato de iniquidade é tão exigente e seus devotos são tão comprometidos que os seguir se torna uma tarefa de tempo integral. Quem consegue ver que há uma autoridade superior que está pronta para oferecer paz, esperança e perdão, quando sua atenção é tomada pelo sargento pecaminoso que está gritando em seus ouvidos para cair no chão e pagar dez?

O que aconteceria se algumas dessas influências fossem retiradas? As pessoas ficariam mais atentas ao comandante supremo se um, ou até mesmo dois, dos sargentos fossem presos? Em todo este capítulo, vamos ver o que acontece quando as influências do mundo, da carne e do diabo são reduzidas apenas para a carne. Será que aliviar momentaneamente a tentação irá levar ao sucesso de uma vida justa a longo prazo? Ou a humanidade voltará aos mesmos velhos padrões que levaram ao Dia do Senhor?

Satanás Encarcerado

Um dia, Davi estava se sentido poético. Ele pegou sua caneta para escrever e, movido pelo Espírito Santo, rabiscou as seguintes palavras: "Disse o Senhor ao meu senhor: 'Assenta-te à minha direita, até que eu ponha os teus inimigos debaixo dos teus pés'" (Sl 110.1).

Em Apocalipse 20, essa profecia messiânica é cumprida. Normalmente, as traduções da Bíblia não fazem justiça a essa passagem. O texto em hebraico diz: "Yahweh disse ao meu Adonai". Esse é o Pai falando com o Filho. Ele está dizendo: "Chegará um momento em que você governará comigo e todos aqueles que lutaram contra você serão derrotados". É o momento em que o Pai entrega as nações a Jesus, o Messias, como Sua herança, juntamente com os confins da Terra como Sua possessão. O rei legítimo virá para fazer morada neste planeta e restaurar o que foi perdido no Jardim do Éden. Gênesis é o livro do "Paraíso Perdido" e Apocalipse é o livro do "Paraíso Encontrado".

Para que isso aconteça, porém, aquele a quem a autoridade temporária do mundo havia sido dada precisa ser removido. Isso é exatamente o que acontece.

E vi descer do céu um anjo, que tinha a chave do abismo, e uma grande cadeia na sua mão. Ele prendeu o dragão, a antiga serpente, que é o Diabo e Satanás, e amarrou-o por mil anos. E lançou-o no abismo, e ali o encerrou, e pôs selo sobre ele, para que não mais engane as nações, até que os mil anos se acabem. E depois importa que seja solto por um pouco de tempo (Ap 20.1-3).

Satanás é poderoso, mas ele não é o Todo-Poderoso. Basta um anjo, agindo na força de Deus para amarrar o diabo e jogá-lo no abismo – o qual, se você se lembrar, é o lugar dos demônios e das forças das trevas. É o poço sem fundo do qual os gafanhotos demoníacos saíram quando a quinta trombeta foi soada (9.1-3). É o local ideal para o príncipe de todos os demônios passar uma estadia prolongada.

De volta às fontes de pecado: o mundo, a carne e o diabo. Nesse ponto do capítulo 20, Jesus está reinando sobre a Terra a partir de Seu trono em Jerusalém. Isso elimina o sistema maligno do mundo. O diabo está acorrentado e sofrendo no abismo. Ninguém mais pode dizer: "O diabo me obrigou a fazer isso". Tudo o que resta é a carne. Com certeza isso não é suficiente para tirar o mundo do mau caminho, não é? O discípulo de Jesus, Tiago, respondeu a esta pergunta quando escreveu:

> Ninguém, sendo tentado, diga: "De Deus sou tentado"; porque Deus não pode ser tentado pelo mal, e a ninguém tenta. Mas cada um é tentado, quando atraído e engodado pela sua própria concupiscência. Depois, havendo a concupiscência concebido, dá à luz o pecado; e o pecado, sendo consumado, gera a morte (Tg 1.13-15).

Os únicos que restarão na Terra serão Deus e o homem – tanto aqueles que já foram ressuscitados quanto aqueles que ainda estão na carne corrupta. Deus não induz ao pecado; então, se o pecado existe, é um problema humano. Infelizmente, mesmo com o desaparecimento do sistema mundano e do diabo, a mancha de pecado herdada da carne corrupta será forte o suficiente para afastar as pessoas da justiça. Quando o diabo for libertado após os mil anos, ele não terá que procurar muito para encontrar aqueles que estão prontos para segui-lo em rebelião contra o governo de Jesus.

O Milênio ou "o Milênio"

Neste capítulo, e ao longo deste livro, falei do milênio, também conhecido como o reinado de mil anos de Cristo na Terra. No entanto, mais uma vez, temos uma doutrina rotulada por uma palavra que muitos afirmam não estar na Bíblia. E, mais uma vez, isso não é verdade. A palavra grega traduzida por "mil" é *chilioi*, da qual obtemos o prefixo métrico *quilo*. Mas, antes que alguma forma "quilênio" pudesse pegar, a Bíblia foi traduzida para o latim. O *chilioi* grego tornou-se o *mille* latino, ao qual foi adicionado *ennium* da palavra *annus*, que significa "ano". Assim, do mesmo modo que *arrebatamento* tem sua origem na passagem do grego original para o latim, o mesmo ocorreu com *milênio*.

A questão em debate para muitos é se mil anos realmente significam mil anos. João não estaria simplesmente usando um número grande para falar de um tempo longo? Alguns dizem que ele nunca quis que o número "mil" fosse entendido literalmente. Para reforçar seu ponto de vista, recorrem a Pedro, que escreveu que "para o Senhor, um dia é como mil anos, e mil anos, como um dia" (2Pe 3.8). Percebem? Nem mesmo Deus considera que mil anos sejam realmente mil anos. Em Apocalipse, "mil anos" é simplesmente um termo literário bíblico usado para se referir a um longo período.

Concordo prontamente que Pedro usa essa frase como um termo literário tremendamente eficaz para demonstrar a natureza longânima de Deus. No entanto, só porque as palavras "mil anos" são usadas em um lugar como uma expressão literária não significa que em outros lugares elas são consideradas inadequadas para denotar tempo real. Caso contrário, a frase profética "Dia do Senhor" negaria qualquer possibilidade de uso da palavra "dia" para se referir a um período de vinte e quatro horas. E esqueça qualquer uso literal da palavra "em breve".

Em última análise, trata-se mais uma vez de como você interpreta as Escrituras. Você faz uma abordagem literal da Palavra de Deus, a menos que uma passagem tenha sido claramente destinada a ser entendida de outra forma com base em seu contexto e linguagem? Ou você aborda as Escrituras com uma inclinação alegórica, sempre em busca do possível significado mais profundo por trás das palavras? Há muitos teólogos em ambos os lados dessa moeda.

O falecido Grant R. Osborne foi professor de Novo Testamento na Trinity Evangélica Divinity School por muitos anos. Na opinião dele, os mil anos deveriam ser tomados simbolicamente:

> A questão para nós é se isso deve ser visto como um período literal de tempo ou um uso simbólico dos números. Os números em Apocalipse tendem a ser simbólicos, e esse é provavelmente o caso aqui. Como a meia hora em Apocalipse 8.1 e a hora em Apocalipse 18.9-19 referem-se a períodos muito curtos, esse provavelmente conota um longo período. Observe os contrastes entre o curto período do reinado do anticristo (42 meses) e o longo período do reinado de Cristo aqui.[22]

Primeiramente, note o uso das palavras "tendem" e "provavelmente" por Osborne. Tais palavras não são os fundamentos sobre os quais se deve construir uma doutrina teológica. O maior questionamento a ser colocado para essa afirmação tirada do comentário dele é se suas conclusões são o resultado de uma exegese cuidadosa (extrair a verdade a partir do texto) ou de uma eisegese (inserir significado no texto). Talvez você pense que com suas credenciais e

---

22 OSBORNE, Grant R. *Revelation verse by verse*. Bellingham, WA: Lexham Press, 2016.

experiência, Osborne seria um excelente exegeta – e ele talvez seja em outras partes das Escrituras. Mas ele deixou transparecer suas intenções logo no início de seu livro quando escreveu:

> Devemos entender Apocalipse como João escreveu, e ele entendeu todos os símbolos através de sua perspectiva judaica do primeiro século. O conhecimento do contexto do primeiro século ajudará a entender os símbolos do Apocalipse, e vamos peneirar os possíveis entendimentos para determinar o contexto mais provável.[23]

Ao olhar por meio de uma lente Reformada, Osborne abordou Apocalipse acreditando que João usou sua compreensão da literatura apocalíptica judaica como base para os "símbolos" que são mencionados no livro. Mas como sabemos disso? E como é que isso condiz com o Espírito Santo revelando a verdade a João para que ele possa ver, ouvir e copiar? João filtrar seu texto através de seu conhecimento do pensamento judeu do primeiro século seria como se ele dissesse: "Tudo bem, isso é o que estou vendo, o que me lembra desta representação que eu já li antes. Então, em vez de escrever o que eu realmente vejo, vou representá-lo usando o que é mais familiar para mim". Ou, então, podemos apenas fazer a suposição de que Deus revelou Sua verdade a João usando apenas conceitos e símbolos apocalípticos judeus. Mas como isso faria sentido, uma vez que a carta está sendo enviada principalmente para igrejas gentias? É um passo muito grande afirmar, sem qualquer apoio textual claro, que em vez de interpretar um texto bíblico como ele está claramente escrito, "eu vou filtrá-lo através de outras fontes e procurar encontrar seu verdadeiro significado".

Jesus é quem disse a João: "Escreve, pois, as coisas que viste, e as que são, e as que hão de acontecer depois destas" (Ap 1.19). Concordo que devemos reconhecer a cultura do primeiro século ao interpretar

---

23 OSBORNE, Grant R. *Revelation verse by verse*.

as Escrituras, mas também devemos ter cuidado para não impor essa cultura ao texto sagrado em lugares onde ela não cabe.

A abordagem alegórica diz, essencialmente, que os números em Apocalipse devem ser interpretados simbolicamente, ao invés de literalmente, a menos que seja óbvio que eles sejam literais – por exemplo, as sete igrejas. O literalista, no entanto, diz que os números do livro de Apocalipse devem ser interpretados literalmente e não simbolicamente, a menos que seja óbvio que eles sejam simbólicos.

A abordagem literal é usada por professores e estudiosos da Bíblia como David Jeremiah, Charles Swindoll, John Walvoord, Charles C. Ryrie, Tim LaHaye e Hal Lindsey. Eles, e eu, todos concordamos que quando é dito em Apocalipse 20 que Satanás será preso por mil anos, então Satanás será preso por mil anos. Quando João escreveu que Cristo reinará na Terra nesses mesmos mil anos, então Cristo reinará na Terra pelos mesmos mil anos. Por que é tão difícil de aceitar e entender isso? Por que deve haver um significado oculto? A única razão é forçar um pressuposto teológico em uma passagem que, quando tomada literalmente, contradiz o que uma pessoa já decidiu ser verdade.

Reinando com o Rei

Agora chegamos a um dos períodos mais interessantes de toda a existência humana – um tempo em que Deus governa na Terra, e a humanidade mortal e a imortal habitarão o mesmo espaço por mil anos. Lendo a última frase, às vezes entendo por que há aqueles que tentam encontrar uma explicação diferente para o milênio. Porque quando se olha para ele da forma como é descrito nas Escrituras, é possível observar que será uma época incomum.

> E vi tronos; e assentaram-se sobre eles, e foi-lhes dado o poder de julgar; e vi as almas daqueles que foram degolados pelo testemunho de Jesus, e pela palavra de Deus, e que

não adoraram a besta, nem a sua imagem, e não receberam o sinal em suas testas nem em suas mãos; e viveram, e reinaram com Cristo durante mil anos. Mas os outros mortos não reviveram, até que os mil anos se acabaram. Esta é a primeira ressurreição. Bem-aventurado e santo aquele que tem parte na primeira ressurreição; sobre estes não tem poder a segunda morte; mas serão sacerdotes de Deus e de Cristo, e reinarão com ele mil anos (Ap 20.4-6).

Quem entra no reino milenar de Cristo? Em primeiro lugar, haverá aqueles que ainda estão vivos na Terra em seus corpos físicos. Esses são cristãos que não adoraram ou aceitaram a marca da besta e que sobreviveram às perseguições e à devastação da tribulação. Isso também incluirá todos os judeus sobreviventes que se entregaram a Jesus durante o retorno Dele. Em segundo lugar, haverá os mártires da tribulação. Eles terão recebido seus corpos ressurretos – em um momento falaremos mais sobre isso – e reinarão com Cristo. Nesse momento, os santos do Antigo Testamento também estarão ressuscitados. Por fim, haverá a igreja, a Noiva de Cristo, que reinará com o Noivo, de acordo com a promessa que Jesus fez aos discípulos: "Em verdade vos digo que vós, os que me seguistes, quando, na regeneração, o Filho do Homem se assentar no trono da sua glória, também vos assentareis em doze tronos para julgar as doze tribos de Israel" (Mt 19.28).

Como é reinar com Cristo durante o milênio? Nós realmente não sabemos. Primeiro, não temos ideia de quantos sobreviventes mortais haverá que precisarão ser julgados ou que reinarão. Sem dúvida, porém, com o passar do tempo, esse número irá crescer. A população mundial no ano 1000 d.C. era de cerca de 310 milhões. Agora, são mais de oito bilhões. Você consegue imaginar a explosão demográfica que ocorrerá na Terra por um período de mil anos em um mundo sem doenças, desastres naturais e a violência de nossos tempos atuais? A expectativa é de que nossa carga de trabalho "de reinado" aumentará muito à medida que os anos passarem.

É emocionante pensar no fato de que teremos responsabilidades no reino de Deus. Como alguém que adora trabalhar, a ideia de férias de mil anos é suficiente para me fazer estremecer. Contudo, dez séculos para trabalhar em algo, aprimorando minhas habilidades enquanto sirvo ao Senhor? Conte comigo!

As Ressurreições

O profeta Daniel escreveu: "Muitos dos que dormem no pó da Terra ressuscitarão, uns para a vida eterna, e outros para vergonha e horror eterno" (Dn 12.2).

Há aqueles que leem essa passagem e veem nela uma grande ressurreição. No entanto, quando você estuda o restante das Escrituras, encontrará duas ressurreições divididas em vários eventos diferentes. Em Apocalipse 20, João menciona a primeira ressurreição, então diz: "Bem-aventurado e santo é aquele que tem parte na primeira ressurreição" (v. 6). Esses dois adjetivos deixam claro que a primeira ressurreição é a ressurreição de um cristão. Em nenhum momento alguém que não foi lavado pelo sangue do Cordeiro sacrificial poderia ser considerado "bem-aventurado e santo".

Enquanto a segunda ressurreição irá acontecer de uma só vez, a primeira ressurreição durará aproximadamente dois mil anos ou mais entre seu início e seu fim. Ela começou no túmulo de José de Arimateia numa manhã de domingo. Um grupo de mulheres tinha ido cuidar do corpo de Jesus, todavia encontrou a pedra removida. Ao invés de ver seu Salvador, descobriram dois homens brilhando que perguntaram:

> Por que buscais entre os mortos ao que vive? Ele não está aqui, mas ressuscitou. Lembrai-vos de como vos preveniu, estando ainda na Galileia, quando disse: "Importa que o Filho do Homem seja entregue nas mãos de pecadores, e seja crucificado, e ressuscite no terceiro dia" (Lc 24.5-7).

Jesus, o Messias, que foi crucificado na cruz, ressuscitou no terceiro dia. De acordo com Paulo, esse foi o advento de algo novo – algo que afetaria a eternidade de cada pessoa de todos os tempos.

> Mas de fato Cristo ressuscitou dentre os mortos, e foi feito as primícias dos que dormem. Porque assim como a morte veio por um homem, também a ressurreição dos mortos veio por um homem. Porque, assim como todos morrem em Adão, assim também todos serão vivificados em Cristo. Mas cada um por sua ordem: Cristo as primícias, depois os que são de Cristo, na sua vinda. Depois virá o fim, quando tiver entregado o reino a Deus, ao Pai, e quando houver aniquilado todo o império, e toda a potestade e força (1Co 15.20-24).

Por ser Jesus as primícias, há duas verdades de que podemos ter certeza. Como mencionamos anteriormente, se Ele é o primeiro, então isso significa que haverá mais por vir. Segundo, como as primícias são a coleta inicial de uma colheita, então espera-se que tudo o que for colhido depois disso seja uma colheita semelhante. Você não recolhe as primeiras maçãs de sua macieira, para depois recolher o restante de sua bananeira. Você recolhe as suas primeiras maçãs, depois colhe o resto delas. Você tira a primeira leva de suas bananas e depois junta o resto das bananas. Se queremos saber como serão nossos corpos em nossa ressurreição, só precisamos olhar para o corpo de Jesus em sua ressurreição. Neste mesmo capítulo de 1Coríntios, Paulo compara Adão, o homem que surgiu do pó, a Jesus, o homem celestial:

> O primeiro homem, da Terra, é terreno; o segundo homem, o Senhor, é do céu. Qual o terreno, tais são também os terrestres; e, qual o celestial, tais também os celestiais. E, assim como trouxemos a imagem do terreno, assim traremos também a imagem do celestial (v. 47-49).

O corpo ressuscitado de Jesus era incorruptível. Ele não estava limitado pela física. Ele era capaz de sobreviver tanto na Terra quanto no céu. Além disso, não sabemos como serão nossos corpos imortais, exceto que todas as dores, sofrimentos e doenças de nossos corpos atuais não existirão mais. Com os problemas nas costas que tive ao longo dos anos, mal posso esperar para conseguir meu upgrade!

A primeira ressurreição começou com Jesus, mas há dois milênios está pausada. A próxima vez que a ressurreição reiniciar, será em um dia maravilhoso em que encontraremos nosso Salvador nas nuvens.

> Porque o mesmo Senhor descerá do céu com alarido, e com voz de arcanjo, e com a trombeta de Deus; e os que morreram em Cristo ressuscitarão primeiro. Depois nós, os que ficarmos vivos, seremos arrebatados juntamente com eles nas nuvens, a encontrar o Senhor nos ares, e assim estaremos sempre com o Senhor (1Ts 4.16-17).

Esse é o arrebatamento da igreja e pode ocorrer a qualquer momento. O Senhor virá entre as nuvens, então "num momento, num abrir e fechar de olhos... A trombeta soará, os mortos ressuscitarão incorruptíveis, e nós seremos transformados" (1Co 15.52). Primeiro, os mortos serão trazidos de volta à vida, seguidos imediatamente por aqueles de nós que ainda estivermos vivos. Mas isso ainda não é o fim da primeira ressurreição. É apenas a igreja – os salvos sob a Nova Aliança – que é arrebatada. Ainda há outros que precisarão ser ressuscitados.

Vários capítulos atrás, testemunhamos outro evento na primeira ressurreição. As duas testemunhas completaram a missão. O Anticristo foi autorizado a atacá-las e matá-las. No entanto, três dias e meio depois, houve uma agitação nos corpos que haviam sido deixados para apodrecer ao ar livre. "Um espírito de vida, vindo da parte de Deus, neles penetrou, e eles se ergueram sobre os pés", para desânimo dos espectadores (Ap 11.11). Uma voz do céu os chamou e eles subiram em uma nuvem.

Há mais um grande evento na primeira ressurreição. Isso acontece no final da tribulação e é sobre isso que lemos em Apocalipse 20.4-6. Nessa ressurreição, todos os cristãos que foram martirizados durante os sete anos de ira, ou que foram mortos em meio à devastação, receberão seus corpos para a ressurreição. Juntamente com eles estarão os santos do Antigo Testamento. Eles têm esperado pacientemente todo esse tempo e agora finalmente receberão esta gloriosa recompensa. Esse é o tempo de que Jeremias falou quando disse que, após o período de "angústia para Jacó", o povo "servirá ao Senhor, seu Deus, como também a Davi, seu rei, que lhe levantarei" (Jr 30.9). Jesus, o Messias, será o governante sobre o mundo de Jerusalém, enquanto Davi, ressuscitado, será novamente o rei de Israel.

Há uma segunda ressurreição, mas lidaremos com isso logo, logo. Primeiro, parece que o relógio continuou correndo. Os mil anos acabaram e alguém está prestes a ser libertado.

De Volta às Ruas

Todos os dias por um milênio, o diabo esteve marcando os dias na parede do abismo. Sorte dele que é um poço sem fundo, então há espaço para um monte de marcas. Uma manhã, ele escreve o número 365.250 (teve que contabilizar os anos bissextos), o poço abre, suas correntes caem e ele está livre.

> E, acabando-se os mil anos, Satanás será solto da sua prisão, e sairá a enganar as nações que estão sobre os quatro cantos da Terra, Gogue e Magogue, cujo número é como a areia do mar, para as ajuntar em batalha. E subiram sobre a largura da Terra, e cercaram o arraial dos santos e a cidade amada; e de Deus desceu fogo, do céu, e os devorou. E o diabo, que os enganava, foi lançado no lago de fogo e enxofre, onde estão a besta e o falso profeta; e de dia e de noite serão atormentados para todo o sempre (Ap 20.7-10).

Quando Satanás sair, agirá com propósito. Ele terá tido um bom tempo para formular um plano. Seja porque ele acha que realmente pode ter sucesso ou porque só quer levar o máximo de pessoas que puder com ele, reúne um exército e lança um derradeiro ataque contra Deus. Quando sair recrutando, não terá dificuldade em encontrar voluntários. Como dissemos anteriormente, você não precisa do diabo ou de um sistema mundial corrupto para desejar o pecado. O diabo encontrará um exército "cujo número é como a areia do mar" pronto para derrubar o reinado de justiça. Nós, os santos, nos reuniremos em Jerusalém. Se Deus nos chamou ou se nós retornamos ao longo do tempo à medida que o pecado mais uma vez deteriora a humanidade, nós não sabemos. Enquanto o exército das trevas nos cerca, suspeito que estaremos distraídos em um grande culto de adoração. Todos nós já vimos o Pai por esse tempo; estamos na presença do Rei dos reis e Senhor dos senhores. Não creio que haverá receios ou preocupações de nossa parte.

Assim que as tropas do diabo lançarem seu ataque, o fogo descerá do céu e pronto. Fim de jogo. O diabo será novamente capturado. Dessa vez, ele será jogado no lago de fogo para se juntar aos seus velhos amigos: a besta e o falso profeta.

Uma imagem comum é que Satanás governa o inferno. Este é retratado como o quartel-general do qual ele controla todas as suas legiões demoníacas. Quando novas almas são enviadas para lá, ele está pronto para recebê-las e tem grande prazer em preparar seu sofrimento. A verdade é que o diabo é uma vítima do inferno, assim como o são todos os que se rebelam contra Deus e rejeitam Sua graça. Não haverá alegria, nem alívio, nem misericórdia – apenas uma expectativa de tormento eterno sendo a justa recompensa para os pecados dele.

Por um curto período, haverá apenas o Eixo do Mal no inferno. Mas eles se juntarão a outros muito em breve. É quando a nossa narrativa fica, verdadeiramente, de partir o coração.

O Grande Julgamento do Trono Branco

A maioria das pessoas não acredita em um inferno literal. Elas podem não ter ideia do que acontece depois que morrem, mas a única coisa que têm certeza é de que não vão para o inferno. Ainda que por algum acaso maluco, haja realmente um lugar de tormento eterno, elas têm certeza de que nunca fizeram nada de ruim o suficiente para ir para lá. Você teria que ser um Hitler, um Stalin, um Bundy ou um Dahmer para ir para lá. Infelizmente, para muitos, chegará um dia em que serão confrontados com a verdade de que quando nossas crenças e a realidade divergem, é a realidade que vence.

> E vi um grande trono branco, e o que estava assentado sobre ele, de cuja presença fugiu a Terra e o céu; e não se achou lugar para eles. E vi os mortos, grandes e pequenos, que estavam diante de Deus, e abriram-se os livros; e abriu-se outro livro, que é o da vida. E os mortos foram julgados pelas coisas que estavam escritas nos livros, segundo as suas obras. E deu o mar os mortos que nele havia; e a morte e o inferno deram os mortos que neles havia; e foram julgados cada um segundo as suas obras. E a morte e o inferno foram lançados no lago de fogo. Esta é a segunda morte. E aquele que não foi achado escrito no livro da vida foi lançado no lago de fogo (Ap 20.11-15).

Entre os versículos 10 e 11 de Apocalipse 20, ocorre um evento. É a segunda ressurreição. Todos os mortais que criam morreram durante o milênio serão ressuscitados, assim como todos os descrentes de todos os tempos. Perceba, não são apenas os cristãos que passarão pela ressurreição; é todo mundo. Quando os judeus estavam desafiando Jesus em João 5, ele os avisou que a Ele tinha sido dado autoridade para julgar (v. 22). Eles não deveriam ficar chocados, disse Ele, "porque vem a hora em que todos os que se acham nos túmulos ouvirão a sua voz e sairão: os que tiverem feito o bem, para a ressurreição da vida; e os que tiverem praticado o mal, para a ressurreição do juízo" (v. 28-29). Um corpo de carne é mortal e não suportaria o fogo do inferno. O corpo ressurreto destinado à condenação é projetado para sofrer as consequências eternas do pecado.

Aqueles que experimentarem a segunda ressurreição farão uma fila diante do trono de julgamento de Cristo. Um por um virão diante Dele. Se eles deram suas vidas a Jesus durante os mil anos do governo do Senhor, serão conduzidos a sua eterna recompensa. Todavia, se seus nomes não forem encontrados escritos no Livro da Vida, que registra todos aqueles que pertencem à família de Deus por meio do arrependimento e perdão, então o veredicto será "culpado". A pessoa será lançada no lago de fogo, onde passará a eternidade.

É difícil para mim escrever. Sendo um judeu que vive em Israel, tenho muitos familiares e amigos que ou têm um pensamento secular ou estão comprometidos com uma antiga doutrina de obras. Se eles estiverem diante desse trono e, em sua defesa, alegarem um compromisso com a lei; o caso deles é perdido. A realidade do inferno permanece comigo aonde quer que eu vá. Ela está nas reuniões de que participo, nos eventos escolares a que compareço, pelas ruas enquanto ando. Sim, chegará um dia em que toda Israel será salva, mas dois terços daqueles que vejo todos os dias não chegarão tão longe.

Meu amigo, o inferno é real. A boa notícia é que a única maneira de você acabar lá é se você escolher ir. Não seja vítima da segunda morte. A primeira morte separa você de sua vida física. A segunda vai removê-lo da Fonte da Vida para a eternidade. Decida hoje que irá receber a graça e o perdão que Deus está oferecendo a você.

Para aqueles de vocês que têm família e amigos descrentes, deixe que isso o motive. A única eventualidade pior do que eles terem de suportar a tribulação, é saber que há o julgamento e o lago de fogo esperando por eles quando tudo acabar. Não deixe que o medo, a apatia ou as falhas passadas o impeçam. Isso é muito importante. Não se trata de vida e morte apenas, trata-se da eternidade.

PARTE 5
ETERNIDADE

(Apocalipse 21-22)

CAPÍTULO 20

TODAS AS COISAS NOVAS

APOCALIPSE 21-22.5

Acabou. A ira se acabou. O reinado está estabelecido. O julgamento está completo. As punições foram decretadas. O que era antigo se extinguiu. Eis que chegou o novo.

Como será isso? É claro que só podemos especular. Durante anos houve tanta atividade com o reinado e o julgamento, então, no final, houve a grande agitação com a libertação do diabo, seguida pela batalha final. Quando chegar a hora do julgamento do Grande Trono Branco, não sei o que faremos. Não consigo me imaginar assistindo porque será de partir o coração. É possível que tenhamos uma compreensão tão clara da santidade de Deus, que seremos capazes de fazer uma separação entre a nossa tristeza pelo sofrimento dos outros e a nossa compreensão da justiça de Deus. Mas, para mim, é a empatia que sentimos pela dor dos outros que, em parte, expressa nossa *imago dei*, a imagem de Deus em nós. No entanto, é uma forma de sair pela tangente.

Agora que o julgamento está concluído, o que resta são as pessoas que amam a Deus e se comprometeram com Ele. Embora a nossa vida eterna comece quando recebemos Jesus como nosso

Salvador e Senhor, esse é o momento em que a eternidade realmente começa.

O Novo Céu e a Nova Terra

Há pouco tempo assisti um vídeo da China em que havia quinze prédios inacabados em uma propriedade. Pelo que pude perceber, o novo dono da propriedade queria que eles fossem retirados para que ele pudesse erguer seu próprio empreendimento. Enquanto eu observava, as bases dos edifícios eram implodidas e, um após o outro, desmoronaram. Em seguida, tudo o que podia se ver era uma enorme nuvem de poeira.

Deus nos poupa dos detalhes da demolição do céu e da Terra originais, embora eu esteja achando que será ainda mais espetacular assistir a esse momento do que a destruição desses quinze edifícios chineses. Em vez disso, Deus encaminha João para a abertura da grande cortina e a revelação do novo céu e da nova Terra.

> E vi um novo céu, e uma nova Terra. Porque já o primeiro céu e a primeira Terra passaram, e o mar já não existe. E eu, João, vi a santa cidade, a nova Jerusalém, que de Deus descia do céu, adereçada como uma esposa ataviada para o seu marido (Ap 21.1-2).

Um novo começo, que maravilhoso! Às vezes algo já se foi há tanto tempo que nada mais resta a fazer, senão começar de novo. Em grego, há duas palavras que podem ser traduzidas como "novo". Uma delas é *cronos* e se refere principalmente a algo que é "novo no tempo". Você costumava dirigir um carro velho, mas agora dirige um carro novo. A segunda palavra é *kainos* e significa "novo em espécie". É esse termo que encontramos João usando nessa passagem.

O novo céu e a nova Terra não são apenas os mais recentes, mas, mais importante que isso, são superiores em qualidade se comparados aos antigos. Esses nunca perecerão, como ocorreu com os antigos. Essa nova criação não foi infectada pelo pecado, nem nunca será. A morte nunca será vista na obra aperfeiçoada das mãos de Deus. Quando o velho se for e o novo chegar, tudo será melhorado.

Só porque o novo melhorou, não significa que o velho era ruim. Quando Deus criou tudo, Ele viu que era bom. Foi quando tocamos nossas mãos pecaminosas no que Deus havia feito é que tudo se deteriorou. Não é a primeira vez que Deus olha ao redor e decide recomeçar.

Embora a criação tenha começado com um relacionamento de intimidade entre Deus e os dois primeiros humanos, assim que o pecado entrou no mundo, a corrosão começou. Se há uma atividade em que as pessoas se destacam, é a rebelião. À medida que as gerações seguintes a Adão e Eva cresciam e se multiplicavam, sua capacidade e criatividade para o pecado também crescia. Quando Noé apareceu, tudo estava irrevogavelmente fora de controle.

> E viu o Senhor que a maldade do homem se multiplicara sobre a Terra e que toda a imaginação dos pensamentos de seu coração era só má continuamente. Então arrependeu-se o Senhor de haver feito o homem sobre a Terra e pesou-lhe em seu coração. E disse o Senhor: "Destruirei o homem que criei de sobre a face da Terra, desde o homem até ao animal, até ao réptil, e até à ave dos céus; porque me arrependo de os haver feito". Noé, porém, achou graça aos olhos do Senhor (Gn 6.5-8).

A esperança da humanidade aparece nessa última linha. A retidão daquele homem é a razão pela qual estamos vivos hoje. Deus viu que Ele tinha de se livrar do velho antes que pudesse criar o novo, então Ele enviou um dilúvio para destruir tudo, exceto o que estava na arca. Assim que o dilúvio diminuiu e Noé ficou novamente em terra firme, experimentou o novo começo de Deus.

Quando a humanidade pecou contra Deus, ela trouxe a morte. Essa mortalidade não era apenas para criaturas, mas também para a natureza. O profeta Isaías aludiu a esse fato:

> Levantai os vossos olhos para os céus,
> e olhai para a Terra em baixo,
> porque os céus desaparecerão como a fumaça,
> e a Terra se envelhecerá como roupa,
> e os seus moradores morrerão semelhantemente;
> porém a minha salvação durará para sempre,
> e a minha justiça não será abolida (Is 51.6).

Esse será o estado da Terra após a tribulação. Ela estará velha e dilacerada, como uma camisa manchada, desgastada nas costuras e cheia de buracos. Nenhuma quantidade de cuidados carinhosos e costura cuidadosa poderão restaurá-la. Será melhor destruí-la e comprar uma camisa nova. Isaías nos diz que é exatamente o que Deus diz que fará: "Pois eis que eu crio novos céus e nova Terra; e não haverá lembrança das coisas passadas, jamais haverá memória delas" (Is 65.17). O apóstolo Pedro também se refere a essa nova criação, até mesmo nos dando uma certa ideia sobre como talvez será a demolição da velha criação:

> Havendo, pois, de perecer todas estas coisas, que pessoas vos convém ser em santo trato, e piedade, aguardando, e apressando-vos para a vinda do dia de Deus, em que os céus, em fogo se desfarão, e os elementos, ardendo, se fundirão? Mas nós, segundo a sua promessa, aguardamos novos céus e nova Terra, em que habita a justiça (2Pe 3.11-13).

Assim como no tempo de Noé, Deus protegerá os justos da destruição do velho e nos porá em liberdade no terreno sólido de Seu novo começo.

Enquanto João verifica a nova criação de Deus, observa que não há mar. "Amir, como esse pode ser o paraíso? Eu não consigo me imaginar nunca mais mexendo os dedos na areia ou vendo o sol se pôr sobre o oceano". Em primeiro lugar, estamos nos aproximando da parte do "não haverá mais sol" do capítulo 21, então você está prestes a ficar duplamente desapontado. Em segundo, todavia, é aqui que você precisa confiar em Deus e em como é maravilhoso o que Ele fará. O que o grande Criador planejou para Seu novo céu e nova Terra fará com que você nem se lembre mais do que era mexer os dedos na areia.

A pergunta permanece: por que não há mar? Nós não sabemos. No entanto, antes que aqueles de vocês que anseiam por um sashimi de atum fatiado bem fino fiquem muito agitados, perceba que João diz que não haverá "mais *mar*". Ele não diz que não haverá mais corpos d'água. Atualmente, a maior parte da Terra é coberta por água salgada. É possível que Deus esteja simplesmente reformulando essa proporção água-terra.

Em seguida, a grande voz vinda do trono fala mais uma vez:

> E ouvi uma grande voz do céu, que dizia: "Eis aqui o tabernáculo de Deus com os homens, pois com eles habitará, e eles serão o seu povo, e o mesmo Deus estará com eles, e será o seu Deus. E Deus limpará de seus olhos toda a lágrima; e não haverá mais morte, nem pranto, nem clamor, nem dor; porque já as primeiras coisas são passadas" (Ap 21.3-4).

Este será um mundo do Emanuel – Deus conosco! As nossas orações não serão mais apenas de espírito para espírito ou de coração para coração, mas cara a cara. Imagine só! Não é de se admirar que não haverá lágrimas ou tristeza. Estaremos na presença do Todo-Poderoso! E, é claro, não haverá mais morte ou dor. Estaremos ostentando nossos corpos ressurretos incorruptíveis.

> Novos corpos equivalem à paz física.
> Presença de Deus equivale à paz espiritual.
> Senhor, estou tão pronto para esse dia!

Uma Mensagem vinda do Trono

Então Deus fala. Imagine a quietude em toda a criação enquanto a voz do Criador ecoa como trovão:

> E o que estava assentado sobre o trono disse: "Eis que faço novas todas as coisas". E disse-me: "Escreve; porque estas palavras são verdadeiras e fiéis". E disse-me mais: "Está cumprido. Eu sou o Alfa e o Ômega, o princípio e o fim. A quem quer que tiver sede, de graça lhe darei da fonte da água da vida. Quem vencer, herdará todas as coisas; e eu serei seu Deus, e ele será meu filho. Mas, quanto aos tímidos, e aos incrédulos, e aos abomináveis, e aos homicidas, e aos que se prostituem, e aos feiticeiros, e aos idólatras e a todos os mentirosos, a sua parte será no lago que arde com fogo e enxofre; o que é a segunda morte" (Ap 21.5-8).

O Senhor apresenta uma declaração sumária quando Ele diz: "Eis". Isso significa essencialmente "Preste atenção! Você precisa ouvir o que Eu estou prestes a dizer". O que Ele quer que todos saibam? Que Seu trabalho está completo. Ele terminou Sua recriação, e inerente às Suas palavras está a declaração "E ela é boa!". Essa é a declaração que Ele está dando a todos que estão com Ele em Seu novo céu e Sua nova Terra, incluindo nós no futuro.

Mas então Ele tem outra coisa a dizer – dessa vez, para nós no presente. Para demonstrar essa transição, Deus fala diretamente com João, o que provavelmente fez os joelhos do escriba começarem a tremer um pouco. Lembre-se: o propósito de João é trazer o que escreveu de volta para a igreja. Essa é Sua mensagem em quatro partes para nós.

Em primeiro lugar, o julgamento de Deus é por uma razão e apenas por uma. Ele deve ser realizado porque o pecado exige uma retribuição. Para aqueles que aceitam o pagamento que Jesus fez por seus pecados, não há mais preço que necessite ser pago. Para aqueles que rejeitam Seu dom da salvação, então o pagamento de seu pecado é a morte – separação eterna de Deus. Mas chegará um momento em que o plano de Deus estará concluído e Ele dirá: "Está feito!".

Em segundo lugar, podemos ter certeza de que o plano que Deus estabeleceu nesse livro se cumprirá. Por quê? Ele é o Alfa e o Ômega, o Início e o Fim. Ele é o soberano que tem o poder de realizar Seus desígnios, bem como a sabedoria e a bondade para garantir que seja um plano justo e perfeito.

Em terceiro lugar, para aqueles de nós que nos comprometemos a seguir a Deus, todas as coisas boas encontradas nos vinte capítulos anteriores do livro nos pertencem. Nós somos a família Dele e iremos herdar todas as coisas, assim como Paulo escreveu aos gálatas: "Já não és escravo, porém filho; e, sendo filho, também herdeiro por Deus" (Gl 4.7). Isso inclui a vida eterna, o novo céu e a nova Terra.

Finalmente, para aqueles que ainda vivem em seus caminhos pecaminosos, todas as coisas ruins encontradas nos vinte capítulos anteriores do livro pertencem a eles. Ira, julgamento e punição eterna estão reservados para aqueles que tomam a decisão de rejeitar a Deus ao confiar em si mesmos pela eternidade. Eles terão exatamente o que sua rebelião merece.

A Nova Jerusalém

Quando Deus terminou de dizer o que tinha a dizer, um dos anjos das taças voltou para levar João embora.

> E veio a mim um dos sete anjos que tinham as sete taças cheias das últimas sete pragas, e falou comigo, dizendo: "Vem, mostrar-te-ei a esposa, a mulher do Cordeiro". E levou-me em espírito a um grande e alto monte, e mostrou-me a grande cidade, a santa Jerusalém, que de Deus descia do céu. E tinha a glória de Deus; e a sua luz era semelhante a uma pedra preciosíssima, como a pedra de jaspe, como o cristal resplandecente (Ap 21.9-11).

Do ponto estratégico onde estava o anjo designado para João, ele vê algo incrível. Uma cidade descendo do céu. Ela é enorme! É grande não como uma cidade comum ou até mesmo um país. Ela é grande como um continente. É mais ampla que a Europa de Londres a Kiev. Qualquer que seja o topo da montanha em que João estava, tinha que ter uma altitude grande o suficiente para que ele fosse capaz de ver mais do que apenas uma pequena porção de uma enorme muralha. E, ah, ela é linda! Suas muralhas, suas fundações, seus portões e suas ruas são como as pedras preciosas mais perfeitas.

Pelos próximos vinte e dois versículos, João apresenta uma descrição da Nova Jerusalém que está vestida do mesmo modo que uma linda noiva estaria para seu marido. Por que Deus fornece esses detalhes? Talvez seja porque Ele queira criar um pouco de expectativa sobre nossa futura casa. Se Ele der muitos detalhes, nosso foco pode mudar excessivamente para o futuro e não nos será possível servi-lo hoje. Se Ele der poucos detalhes, não haverá expectativa. Assim como um pai que cobre um presente de Natal com papel de presente e laços elaborados para estimular a imaginação de uma criança, Deus nos apresenta uma imagem suficiente apenas para agitar nossas fantasias e aumentar nossas expectativas.

Como já mencionamos, João começa nos contando o tamanho da cidade. Houve um tempo em que Jerusalém era uma grande cidade. Quando o rei Salomão recebeu de Davi, seu pai, o controle de Israel, o Senhor o abençoou com sabedoria, poder e riqueza. A capital atraiu pessoas de muitas nações que vinham simplesmente para ouvir as palavras do rei e testemunhar a beleza da cidade. Todavia, sob o controle do filho de Salomão, Roboão, o reino se dividiu e Jerusalém nunca mais foi a mesma desde então. Ainda hoje, embora ela possa ser "grande" em sua influência regional, não pode ser considerada assim em seu tamanho e riqueza.

O que João viu descendo do céu está além de superlativos. Eu não sou fã de palavras inventadas como *giganorme*, contudo nesse caso terei que abrir uma exceção. Como a Nova Jerusalém não pode ser descrita com precisão – mesmo por frases como "super enorme" e "muito, muito grande" – Deus decidiu fornecer um número. João descreve a cena:

> Aquele que falava comigo tinha por medida uma vara de ouro para medir a cidade, as suas portas e a sua muralha. A cidade é quadrangular, de comprimento e largura iguais. E mediu a cidade com a vara até doze mil estádios. Seu comprimento, largura e altura são iguais (Ap 21.15-16).

Doze mil estádios equivalem a cerca de 2.220 quilômetros. Mais uma vez, grande como um continente. Contudo, essa cidade quadrada não só é grande dos lados, também tem a mesma medida de altura.

"Sabe, Amir, quando é assim você sabe que esses são números simbólicos. Eles são muito grandes". Concordo, meu amigo com inclinações alegóricas, que são números enormes. Mas dizer que é ridículo a cidade ser literalmente tão grande assim, como alguns dizem, é diminuir o Deus que acaba de completar sua segunda criação de um céu perfeito e de uma Terra perfeita. Eu não vou colocar meu Deus em uma caixa, nem vou colocar os atos de criação Dele em uma caixa que diz: "Grande, mas não maior". Você pode montar sua casa eterna em qualquer pequeno vilarejo que quiser. Eu estarei em busca de um apartamento de quatro quartos em algum lugar ao redor do 240.000º andar no topo da Nova Jerusalém. Ótima vista; certamente com elevadores rápidos.

O próximo fato que aprendemos sobre a Nova Jerusalém é que ela é tão linda que vai além de palavras. Se já fizemos uma exceção única na vida para *giganorme*, então talvez precisemos cunhar um novo termo como *gigalinda*. Enquanto João tentava descrever o brilho das cores que via, recorreu a comparações com o que há de mais bonito e valioso – pedras preciosas.

> E a construção do seu muro era de jaspe, e a cidade de ouro puro, semelhante a vidro puro. E os fundamentos do muro da cidade estavam adornados de toda a pedra preciosa. O

primeiro fundamento era jaspe; o segundo, safira; o terceiro, calcedônia; o quarto, esmeralda; o quinto, sardônica; o sexto, sárdio; o sétimo, crisólito; o oitavo, berilo; o nono, topázio; o décimo, crisópraso; o undécimo, jacinto; o duodécimo, ametista. E as doze portas eram doze pérolas; cada uma das portas era uma pérola; e a praça da cidade de ouro puro, como vidro transparente (Ap 21.18-21).

É bem possível que cada camada de fundação fosse exatamente o que João disse que era – uma enorme pedra preciosa, milagrosamente criada. Mas é o "ouro puro, como vidro transparente" que me faz pensar que talvez ele seja apenas um cara que é confrontado com algo tão incrível que a língua grega simplesmente não é capaz de ajudá-lo.

Quando João olha em volta, percebe que algo está faltando. Como essa pode ser a cidade de Deus se não há templo para adorar? Um templo, ou o desejo por um templo, tem sido um fator definidor de Jerusalém desde a época dos planos de Davi e da construção por Salomão. Agora, no entanto, nessa cidade final e permanente, o prédio sagrado está ausente. Rapidamente, porém, João percebe o que está acontecendo e explica que "o seu santuário é o Senhor, o Deus Todo-Poderoso, e o Cordeiro" (v. 22). Por que é necessário ter uma estrutura que represente a presença de Deus na cidade, quando você tem o próprio Deus na cidade? Todos terão acesso pronto ao Pai e ao Cordeiro, e não haverá necessidade de sacrifícios porque o pecado e a morte terão sido eliminados.

Há uma mudança também nos céus, de modo que o sol e a lua não são mais necessários. João escreveu: "A cidade não precisa nem do sol, nem da lua, para lhe darem claridade, pois a glória de Deus a iluminou, e o Cordeiro é a sua lâmpada" (v. 23). A luz para o mundo virá da Luz do Mundo. "Hum, Amir, eu tenho dificuldade em dormir a menos que esteja realmente escuro. Vou me transformar em um zumbi sem sono". Eu entendo, mas lembre-se de que você terá seu corpo ressurreto. Não envelhecerá como sua carne faz agora. Então não se preocupe se não tirar as suas oito horas de sono. E, se você quer tirar um cochilo só porque gosta de dormir, tente fechar as cortinas.

João é então atingido por mais uma verdade. A cidade santa é, por fim, literalmente, a Cidade Santa. Não haverá pecado ou escuridão nela. Só haverá justiça. Isso porque os únicos que viverão dentro de suas paredes serão "somente os inscritos no Livro da Vida do Cordeiro" (v. 27). Como pode João ter certeza disso? Porque isso é tudo o que resta. Todos cujo nome não estava naquele livro – um volume identificado aqui como pertencente ao Cordeiro – já foram julgados e estão tragicamente experimentando sua punição.

O Rio e a Árvore

Um dos filhos de Corá redigiu um salmo profético. Nele, escreveu sobre a cidade de Deus e uma hidrovia:

> Há um rio cujas correntes alegram a cidade de Deus, o santuário das moradas do Altíssimo. Deus está no meio dela; não se abalará. Deus a ajudará, já ao romper da manhã (Sl 46.4-5).

Durante a maior parte da existência de Jerusalém, havia uma grande fonte de água conhecida como a Fonte de Giom. Na segunda vinda, quando Jesus retorna no final da tribulação, Ezequiel nos diz que a água fluirá do templo e acabará se transformando em um rio. Mas ambas as fontes só produziam a velha água normal. Fluindo na Nova Jerusalém, haverá um novo rio com um tipo especial de água.

> E mostrou-me o rio puro da água da vida, claro como cristal, que procedia do trono de Deus e do Cordeiro. No meio da sua praça, e de um e de outro lado do rio, estava a árvore da vida, que produz doze frutos, dando seu fruto de mês em mês; e as folhas da árvore são para a saúde das nações. E ali nunca mais haverá maldição contra alguém; e

nela estará o trono de Deus e do Cordeiro, e os seus servos o servirão. E verão o seu rosto, e nas suas testas estará o seu nome. E ali não haverá mais noite, e não necessitarão de lâmpada nem de luz do sol, porque o Senhor Deus os ilumina; e reinarão para todo o sempre (Ap 22.1-5).

A água da vida flui da Fonte da Vida, o próprio Deus. À medida que se esparrama pela rua, traz nutrição para a árvore da vida, que se estende majestosamente pelo fluxo de água. A árvore dá frutos, e suas folhas são para a cura. Por que a cura é necessária se não há doença ou morte? A palavra em si não se limita à ideia de cura de uma doença. Ela também diz respeito à cura terapêutica, que se adequa à temática da árvore da vida e da água da vida como um todo. Embora seja possível que tudo isso se refira a alguma necessidade física que nossos corpos ressuscitados terão – ou seja, a necessidade de serem nutridos e revigorados para manter sua vitalidade – não parece ser esse o caso, devido à natureza incorruptível de nossos corpos.

Muitas explicações têm sido propostas, mas nenhuma é totalmente satisfatória. Como resultado, devemos nos contentar em considerar isso como é – uma maravilhosa declaração final oferecida por Deus para despertar nossa imaginação sobre o que Ele tem a nossa espera. Embora Ele ainda guarde a maioria dos detalhes, porque Ele sabe que nenhuma língua falada na Terra poderia descrever a maravilhosa eternidade que Ele tem a nossa espera.

CAPÍTULO 21
ORA, VEM

APOCALIPSE 22.6-21

FINALMENTE CHEGAMOS À ÚLTIMA ETAPA DA NOSSA EXCURsão pelo sexagésimo sexto livro da Bíblia. Lembro-me do que lemos no primeiro capítulo sobre a bênção de Deus para aqueles que leem, ouvem e aplicam as verdades desse livro em suas vidas. Sei que fui abençoado enquanto escrevia este livro e sei que você está sendo abençoado enquanto o lê. Como é que eu sei? Porque Deus prometeu, e aqui no final da carta Ele promete mais uma vez. Primeiro, porém, lemos estas palavras:

> E disse-me: "estas palavras são fiéis e verdadeiras"; e o Senhor, o Deus dos santos profetas, enviou o seu anjo, para mostrar aos seus servos as coisas que em breve hão de acontecer (Ap 22.6).

O anjo que está conduzindo João nessa turnê – que estava entre os anjos que haviam derramado as sete taças – assegurou-lhe a veracidade do que ele tinha ouvido e visto. Talvez você pensasse que, uma vez que foi o Senhor quem promoveu toda a turnê, essa afirmação não teria sido necessária. Todavia, como já falamos e como vemos hoje, há muitos que se apressam em dizer: "Sim, as palavras podem ser fiéis e verdadeiras, mas as palavras em si não significam realmente o que normalmente significam". O anjo aqui contesta isso dizendo que, com toda certeza, o que você está lendo é realmente o que você está lendo.

Jesus Aparece

De repente, Jesus entra na conversa, dizendo: "Eis que venho sem demora. Bem-aventurado aquele que guarda as palavras da profecia deste livro" (Ap 22.7). Essa é a primeira de quatro ocasiões nesse último capítulo em que o Senhor se insere (v. 7, 12-13, 16, 20). Em três das quatro, Suas palavras de abertura são "Eis que venho sem demora". Se você estiver dizendo "Sem demora? Sem demora é uma semana, um mês, um ano, até mesmo uma década. Dois mil anos? Isso não é sem demora!", então deixe-me lembrá-lo de que você deveria estar muito grato já que a definição de Deus de *sem demora* é muito diferente da sua. Se Ele limitasse Seu significado à nossa definição terrestre e temporal, em vez de olhar para ela através das lentes da eternidade, então Ele já teria retornado há muito tempo. Isso significa que você não existiria. Você não teria tido a oportunidade de experimentar as alegrias desta vida, a bendita esperança da salvação, as glórias de uma eternidade com Deus e a liberdade de reclamar da "lentidão" do retorno do Senhor.

A segunda parte da declaração de Jesus é onde encontramos a prometida benção do Apocalipse. Todavia, ao nos lembrar, o Senhor também reitera que ler Apocalipse não é um esporte para espectadores. Devemos guardar as palavras que lemos. Isso significa que aprendemos com as palavras de Jesus para as igrejas nos capítulos 2 e 3. Por isso, tenhamos certeza de que mantemos forte o nosso primeiro amor, permanecemos fortes em meio à perseguição, protegemos as nossas congregações da heresia e da imoralidade e de que não nos permitimos cair no estado nauseante da fé morna.

Também aprendemos com os julgamentos que precisamos confiar que Deus realizará Seu plano perfeito em Seu tempo perfeito; que podemos amar nossos inimigos sabendo que Ele trará justiça ao Seu tempo; e que, como o tempo é curto, devemos ser uma luz para nossos amigos e familiares descrentes, bem como para qualquer outra pessoa com a qual Ele nos coloque em contato.

Finalmente, esses últimos capítulos nos lembram de nossa recompensa futura, o que nos ajuda a perceber que essa vida curta que vivemos na Terra não é sobre nós. Estamos aqui como servos. Nós somos chamados a nos sacrificar, a seguir e a realizar o que o Senhor nos chama a fazer; sabendo que, de uma perspectiva eterna, nossos anos aqui na Terra são apenas um pontinho quando comparados com o para sempre que passaremos desfrutando das recompensas de nossa fé e serviço.

João Fica Confuso

Não sabemos quanto tempo se passou desde o momento em que Jesus apareceu para João em Patmos até o encerramento da revelação. Mas depois de tantas visões alucinantes, bem como altos e baixos em relação às emoções e aos deslocamentos daqui para lá e de volta – o tempo todo tendo que escrever tudo o que testemunhava – esse velho discípulo momentaneamente ficou perdido.

> E eu, João, sou aquele que vi e ouvi estas coisas. E, havendo-as ouvido e visto, prostrei-me aos pés do anjo que mais mostrava para o adorar. E disse-me: "Olha, não faças tal; porque eu sou conservo teu e de teus irmãos, os profetas, e dos que guardam as palavras deste livro. Adora a Deus". E disse-me: "Não seles as palavras da profecia deste livro; porque próximo está o tempo. Quem é injusto, seja injusto ainda; e quem é sujo, seja sujo ainda; e quem é justo, seja justificado ainda; e quem é santo, seja santificado ainda" (Ap 22.8-11).

Adorando um anjo? Seria fácil condenar João, mas não consigo imaginar como seria estar no lugar dele. Fico grato por como o anjo lidou com a situação embaraçosa. Ele corrigiu, mas não condenou. Ele impediu João e disse-lhe por que o que ele estava fazendo era errado. Em seguida, lhe disse o que deveria estar fazendo em vez disso. "Não me adore. Sou apenas um conservo. Adore a Deus".

Quanto mais graça e misericórdia haveria na igreja se tratássemos uns aos outros assim. Em vez disso, a cultura de ataque tornou-se impregnada na noiva de Cristo. Se você pudesse ver apenas um punhado dos e-mails e comentários nas redes sociais que recebo todos os dias de "pessoas da igreja" que me atacam violentamente porque discordam da minha teologia ou das minhas decisões pessoais, acho que ficaria surpreso. Pior ainda, aqueles que estão na igreja fazem a mesma coisa com aqueles que estão fora da família de Deus – estão lançando palavras de trevas para os outros quando deveriam estar refletindo a luz de Cristo.

Há mais uma lição a aprender com esse incidente. Vivemos em uma cultura baseada na personalidade. Os jovens podem conquistar milhões de seguidores em suas redes sociais. Isso também acontece dentro da igreja. Pastores, palestrantes e ministérios têm seus seguidores. Isso não é ruim em si mesmo. Mas devemos ter cuidado com duas possíveis consequências. Não podemos deixar que esses seguidores dividam a igreja e nunca devemos permitir que nossa admiração por uma pessoa atrapalhe nosso foco no Senhor, seja intencionalmente ou não. Foi o que aconteceu na igreja de Corinto. A congregação começou a ter grupos que se reuniam em torno de seu líder cristão favorito. Em vez de celebrar sua posição como seguidores de Cristo, eles se autodenominaram seguidores de Apolo ou seguidores de Paulo. Logo, surgiram divisões na igreja. Paulo rapidamente pôs fim a isso, dizendo: "Ninguém se glorie nos homens; porque tudo é vosso: seja Paulo, seja Apolo, seja Cefas, seja o mundo, seja a vida, seja a morte, sejam as coisas presentes, sejam as futuras, tudo é vosso, e vós, de Cristo, e Cristo, de Deus" (1Co 3.21-23).

Eu sou muito grato pelos muitos seguidores com os quais Deus tem abençoado a Behold Israel. A minha oração, porém, é que o ministério nunca se torne centrado em uma pessoa, a menos que essa pessoa seja Jesus Cristo, o verdadeiro Messias, o Rei dos reis e Senhor dos senhores, o Salvador do mundo. Sou abençoado por ser um simples servo, assim como todos vocês, apenas seguindo o chamado que Ele fez na minha vida.

De volta ao seu juízo perfeito, João escreve o resto da mensagem. O anjo diz a João que se assegure de que as palavras da mensagem que ele escreveu sejam disseminadas por toda a igreja – rapidamente, porque o tempo é curto. Esse é outro lembrete de que esse livro é para todas as pessoas. Ele não deveria estar confinado somente para o teólogo, o professor de profecias, o pastor e o professor de seminário. Como o restante da Bíblia, ele é escrito para que todas as pessoas leiam, aprendam e o usem como um modelo de como viver.

Jesus Aparece de Novo!

Mais uma vez, Jesus entra na conversa. Ele começa como esperamos:

> E, eis que cedo venho, e o meu galardão está comigo, para dar a cada um segundo a sua obra. Eu sou o Alfa e o Ômega, o princípio e o fim, o primeiro e o derradeiro (Ap 22.12-13).

Jesus está chegando, e Ele está trazendo Sua recompensa com Ele. Que recompensa é essa? Ir para o lugar que Ele preparou para nós e láw experimentar o julgamento do tribunal de Cristo, *bema*, durante o qual seremos recompensados pelo nosso fiel serviço aqui na Terra. Lembre-se: Ele não está vindo para nos levar a um julgamento de salvação. Isso não é necessário, porque se você não crê em Cristo, você não vai com Ele. Quando levantarmos voo desta Terra, somente o que é bom espera por nós pelo resto da eternidade.

Bênçãos do Livro

João mais uma vez lembra o leitor de que esse é um livro com aplicações. Faça o que ele diz e você será abençoado:

> Bem-aventurados aqueles que guardam os seus mandamentos, para que tenham direito à árvore da vida, e possam entrar na cidade pelas portas. Mas, ficarão de fora os cães e os feiticeiros, e os que se prostituem, e os homicidas, e os idólatras, e qualquer que ama e comete a mentira (Ap 22.14-15).

A bênção que João apresenta aqui é a última das sete bênçãos que encontramos enquanto percorremos esse livro.

> Bem-aventurado aquele que lê, e os que ouvem as palavras desta profecia, e guardam as coisas que nela estão escritas; porque o tempo está próximo (Ap 1.3).

> "Bem-aventurados os mortos que desde agora morrem no Senhor". "Sim, diz o Espírito", "para que descansem dos seus trabalhos, e as suas obras os seguem" (14.13).

> Bem-aventurado aquele que vigia e guarda as suas vestes, para que não ande nu, e não se veja a sua vergonha (Ap 16.15).

> Bem-aventurados aqueles que são chamados à ceia das bodas do Cordeiro (19.9).

> Bem-aventurado e santo aquele que tem parte na primeira ressurreição; sobre estes não tem poder a segunda morte; mas serão sacerdotes de Deus e de Cristo, e reinarão com ele mil anos (20.6).

> Bem-aventurado aquele que guarda as palavras da profecia deste livro (22.7).

> Bem-aventurados aqueles que guardam os seus mandamentos, para que tenham direito à árvore da vida, e possam entrar na cidade pelas portas (22.14).

Antes de abrir este livro, você tinha alguma ideia de que Apocalipse é um livro com esta bênção? A maioria o vê apenas como desgraça e melancolia. No entanto, a Resplandecente Estrela da Manhã brilha através da noite escura da ira. Jesus Cristo é nossa esperança, nossa alegria, nossa paz, nossa salvação!

Novamente, Jesus Aparece Novamente

Jesus nos lembra de que Ele é o autor desse livro, os anjos têm sido os guias turísticos, e João é apenas o escriba.

> Eu, Jesus, enviei o meu anjo, para vos testificar estas coisas nas igrejas. Eu sou a raiz e a geração de Davi, a resplandecente estrela da manhã (22.16).

Essa é a primeira vez que vemos menção à igreja desde o capítulo 3. Mais uma vez, para aqueles que estão tão desesperados para encontrar a igreja na tribulação, ela não está lá. A tribulação não é um período amorfo de "testes espirituais" do novo povo da aliança de Deus por um longo período, como alguns dizem. Também não é uma purificação de sete anos da noiva, como outros afirmam. A tribulação não é para a igreja! Há apenas dois propósitos para o período durante o qual a ira de Deus será derramada na Terra: a disciplina de Israel incrédula e a punição de gentios incrédulos. Se você está infeliz com essa declaração, devo dizer que eu não o entendo. O que eu digo não só se coaduna com o que temos visto biblicamente, mas conduz também a uma perspectiva muito mais feliz para o futuro.

Vem!

Quando minha esposa, Miriam, e eu estávamos noivos, eu apreciava cada momento que tinha com ela. Estar com ela parecia ser a coisa certa. Estávamos completos. Naqueles momentos em que ficávamos separados, eu não via a hora de estarmos juntos mais uma vez. O nosso desejo de estar juntos era baseado no amor, na alegria e no conhecimento de que Deus estava nos chamando para nos unirmos como um só. É o mesmo tipo de emoção que sinto quando leio estas próximas palavras:

> E o Espírito e a esposa dizem: Vem. E quem ouve, diga: Vem. E quem tem sede, venha; e quem quiser, tome de graça da água da vida (Ap 22.17).

Essas palavras estão cheias de paixão. Às vezes ouço pregadores lerem essas palavras na monotonia bíblica que é usada em tantos cultos religiosos. Minha vontade é pular e perguntar: "Você percebe o que você está lendo?". O Espírito Santo, que conhece os planos que o Pai tem para a igreja, pede que o Noivo venha. A noiva, cujo amor por seu noivo é tão profundo que se poderia escrever uma sequência de Cantares de Salomão com base nele, clama para que o Filho a apanhe e a leve com Ele para a casa que Ele preparou.

Então João olha para você, aquele que ouviu essas palavras, que leu essa carta, com toda a expectativa de que sua reação será igual à do Espírito e da noiva. "Vem!", você clama. "Senhor, estou tão pronto para te ver! Vem! Leva-me para ficar contigo! Vem, Senhor Jesus, vem!".

Se você não está pronto para clamar pelo retorno de Cristo, João tem uma palavra para você também. Se você não bebeu profundamente da água da vida, venha. Ela está lá para você – venha. Não custa a você nada de valor – venha. Ele vai dar a você tudo o que realmente importa – venha. Se o seu desejo é passar a eternidade com Deus no novo céu e na nova Terra, beba da água, meu amigo. Receba Jesus como seu Salvador. Siga-o como seu Senhor. Beba livremente a Água da Vida, e Ele fará com você pertença a Ele.

Um aviso

Quando a carta termina, João dá um aviso. Ele conhece a natureza das profecias na carta. Sabe que o enganador já está trabalhando na igreja tentando destruir o que Deus havia estabelecido por meio de seus apóstolos. Sabe que a última coisa que Satanás quer é que as pessoas saibam que os "rumores" de sua morte futura não são exagerados, mas precisos. Por isso João informa às pessoas que seria do interesse delas não interferir no texto.

> Porque eu testifico a todo aquele que ouvir as palavras da profecia deste livro que, se alguém lhes acrescentar alguma coisa, Deus fará vir sobre ele as pragas que estão escritas neste livro; E, se alguém tirar quaisquer palavras do livro desta profecia, Deus tirará a sua parte do livro da vida, e da cidade santa, e das coisas que estão escritas neste livro (Ap 22.18-19).

Essa não é a primeira vez que um escritor bíblico recebe um aviso como esse. Moisés queria ter certeza de que ninguém depois dele olharia para a Torá e começaria a mudar as coisas, então escreveu: "Nada acrescentareis à palavra que vos mando, nem diminuireis dela, para que guardeis os mandamentos do Senhor, vosso Deus, que eu vos mando" (Dt 4.2). Agur, no livro dos Provérbios, faz uma advertência geral para que não se mexa com as palavras de Deus, dizendo: "Toda palavra de Deus é pura; ele é escudo para os que nele confiam. Nada acrescentes às suas palavras, para que não te repreenda, e sejas achado mentiroso" (Pv 30.5-6).

Apocalipse, como o restante da Bíblia, é um presente dado à humanidade. Deus queria que déssemos uma olhadinha no quadro geral desde antes do tempo começar até quando o tempo não existir mais. Para isso, Ele comissionou o Espírito Santo para mover homens fiéis para escrever Sua história. Isso é exatamente o que é encontrado de Gênesis à Apocalipse. Todos os livros, todas as divisões, cada versículo tem seu propósito e foi dado por uma razão. Imagine como estaríamos no escuro, a respeito de tudo o que realmente importa neste mundo, se não tivéssemos sido abençoados com esse precioso livro.

Novamente, Jesus aparece Novamente... Novamente

Uma última vez, nosso amoroso Noivo nos lembra que Ele está vindo para nós:

> Aquele que testifica estas coisas diz: "Certamente cedo venho" (Ap 22.20).

Se você já quis ver o coração de Jesus Cristo, basta olhar para o Seu triplo lembrete nesse capítulo de que não vai demorar muito até que O vejamos. Sempre que duvidarmos, quando quisermos gritar "Até quando, oh Senhor?", só precisamos nos lembrar dessas palavras. Do mesmo modo que naqueles momentos em que eu finalmente estava – com a Miriam apagavam a memória do tempo em que estávamos separados, a emoção de finalmente ver o rosto do nosso Salvador irá gerar tanta alegria que iremos desconsiderar, como se nada fosse, a longa espera pela chegada Dele.

Portanto, quando Jesus nos diz que Ele está vindo sem demora, fazemos coro às palavras finais da carta de João e as usamos para concluir este livro:

> Amém. Ora vem, Senhor Jesus. A graça de nosso Senhor Jesus Cristo seja com todos vós. Amém (v. 20-21).

grupo novo século

Compartilhando propósitos e conectando pessoas
Visite nosso site e fique por dentro dos nossos lançamentos:
www.gruponovoseculo.com.br

Ágape

- Editora Ágape
- @agape_editora
- @editoraagape
- editoraagape

gruponovoseculo.com.br

Edição: 1ª
Fonte: Arnhem